엠마 왓슨이
해리 포터를 고민했다

엠마 왓슨이
해리 포터를 고민했다

Emma Watson

Pondered Harry Potter

박찬준 지음

이들 역시 어디까지나 불완전한 인간들로서
결코 완벽하지 않다.

엠마 왓슨, 키이라 나이틀리, 피터 딘클리지, 크리스 프랫, 조앤 롤링,
이들이 걸어온 삶에서 취할 것만을 취하면서
필요한 것을 배우고 적용한다면 고민과 방황의 기간을 단축하고
더 빨리 성장할 수 있을 것이라고 확신한다.

아마존에서
영문판
구매 가능!

조앤 롤링이 하버드대학교 졸업 연설에서 했던 말과 같이 우리가 가진 고유의 능력이라고 할 수 있는 상상력은 직접 같은 경험을 해보지 않고도 기록을 통해 다른 이의 삶을 간접적으로 살아볼 수 있도록 해준다.

표본 자체가 적고 개별 사례가 매우 특이해 통계 조사조차 쉽지 않은 세계에서 가장 유명한 여배우나 특정한 신체 조건을 가진 할리우드 배우, 세계에서 가장 많은 소득을 올리는 작가의 삶을 엿볼 수 있는 것이다.

여러 작품과 기사들로 우리에게 잘 알려진 5명의 인물은 나의 상상력 속에서와는 다른 방식의 삶을 살아내고 있었다. 나는 수많은 인터뷰 등을 참고해 관찰자적 입장에서 나에게 특별한 영감을 준 다섯 인물들의 삶을 소개하고자 했다.

어떤 사람과 반복적으로 관계를 맺느냐는 일종의 '거울 효과'를 일으키며 우리에게 적지 않은 영향을 미친다. 염세적이고 냉소적인 세상 속에서 희망을 현실로 만들어 낸 이 친숙한 인물들의 이야기가 진정으로 의미 있는 삶에 관한 통찰을 이끌어 낼 수 있게 되기를 기대한다.

워렌 버핏이 제시하는 인생 조언[1]과 같이 본으로 삼을 올바른 영웅들을 고르는 것은 중요하며 매우 신중해야 한다. 이들 역시 어디까지나 불완전한 인간들로서 결코 완벽하지 않다. 이들의 향후 행보가 어떨지 역시 알 수 없지만 이들이 걸어온 삶에서 취할 것만을 취하면서 필요한 것을 배우고 적용한다면 고민과 방황의 기간을 단축하고 더 빨리 성장할 수 있을 것이라고 확신한다.

가장 깊이 있는 이야기를 가장 부담스럽지 않은 방식으로 전하고자 했다. 일반화를 위해 다수의 연구 논문들을 참고했고 실제로 나의 삶에서 경험하고 도움을 받은 내용들을 이야기하고자 했다. 필요한 경우 주석에 추가적인 내용을 담았다.

평소 신조대로 '나와 같은 한 명'을 생각하며 글을 썼다. 부디 이 책을 통해 힘을 얻게 되기를 바라며 그런 진정성과 가치를 누군가 단 한 명이라도 알아준다면 정말 행복할 것 같다.

목차

프롤로그

chapter 1.

엠마 왓슨과 헤르미온느

chapter 2.

키이라 나이틀리, 그리고 비긴 어게인

chapter 3.

'135cm의 거인' 피터 딘클리지

chapter 4.

노숙자, 스트리퍼, 그리고 크리스 프랫

chapter 5.

작가 조앤 K 롤링과 해리 포터

에필로그

참고 자료

"인생이라는 각자의 무대에서

고민하며 성장해 나가고 있는

모든 사람들에게 이 책을 바칩니다."

엠마 왓슨과 헤르미온느

엠마 왓슨이 해리 포터를
그만두려고 했던 이유

엄마 왓슨의 소식을 듣고 내가 그토록 충격을 받았던 것은 어쩌면 지극히도 당연한 일이었다.

나는 '해리 포터 세대'였다. 해리 포터 시리즈의 시작을 처음부터 함께했고 10년 내내 '해리 포터 신드롬'을 몸소 느끼며 영화 속 주인공들과 함께 학창 시절을 보냈다.

실제로 나보다 나이가 몇 살 더 많긴 하지만 영화 촬영과 개봉 시기의 차이 등을 감안하면 영화 속 주인공들과 내 나이는 비슷했고, 우리는 그동안 함께 자라 왔다고 해도 과언이 아니었다.

특히 환상적인 영화 속 헤르미온느 역을 맡은 엠마 왓슨은 내게 세상에서 가장 성공한 사람의 상징과도 같은 존재였다. 본인이 지원한 첫 번째 오디션에서 주연으로 발탁되었고 그 영화가 곧바로 전 세계적인 대성공을 거둬 돈과 명예를 모두 얻었으니 그런 생각이 드는 것은 당연한 것이었다.

모두가 부러워하는 아름다운 외모까지 가진 그녀에게 부족한 것은 아무것도 없을 것만 같았다.

내가 엠마 왓슨의 삶을 떠올릴 때마다 머릿속에 펼쳐졌던 장면은 모두의 박수와 환호를 받으며 신나게 영화 촬영을 마친 뒤, 아름다운 드레스를 입고 파티에 참여해 유명 인사들과 이야기를 나누는 것과 같은 모습이었다.

자신을 바라보는 모든 사람들의 미소, 대화 속에서 피어나는 웃음, 다 쓰기도 힘들 만큼의 돈과 명예…. 상상만 해도 내 일처럼 기분이 좋아지곤 했다.

그렇기에 그처럼 완벽한 삶을 살아가는 엠마 왓슨에 관한 충격적인 제목의 뉴스 기사들이 포털 사이트의 연예면을 뒤덮었을 때는 쉽게 믿어지지가 않았다.

"엠마 왓슨, 해리 포터 그만둔다, 마지막 두 편 출연 최종 거부"
"엠마 왓슨 전격 은퇴 선언, 다른 직업 고민 중, 연기는 안 해"

심지어 엠마 왓슨은 토크쇼(<Live with Regis and Kelly>(2009년)) 등에서 배우 외에도 하고 싶은 일이 있냐는 질문에 메이크업 아티스트라고 답했던 적이 있었는데, 이것이 와전되며 연기 은퇴 후 메이크업 아티스트로의 변신을 꾀하고 있다는 식의 황당한 기사까지 등장했다.[2]

엠마 왓슨이
해리 포터를 고민했다

게다가 얼마 뒤에는 '합성된' 반라 사진이 온라인에 퍼지고 가짜 동영상까지 포함된 사망설이 돌기도 했다.[3]

이처럼 검증되지 않은 루머들을 기정사실화하는 자극적인 기사들이 연일 보도되며 그녀의 스트레스는 아마 극에 달했을 것이다.

결과적으로 연기 은퇴 기사는 오보로 밝혀졌고 엠마 왓슨의 반박 등과 함께 각종 루머들은 곧 잠잠해졌지만 어찌 되었든 기사들 안에는 진실도 숨어 있었다.

엠마 왓슨이 실제로 해리 포터 영화에 더 이상 참여하지 않을 생각을 했었기 때문이다. 이는 이후 여러 인터뷰를 통해 밝혀졌다.

가령 2010년 MTV News[4], 그리고 TIME지와 진행한 영상 인터뷰[5]를 보면 엠마 왓슨은 '해리 포터를 실제로 그만둘 생각이 있었는지' 물어보는 질문에 이렇게 답한다.

"저는 실제로 그런 생각을 했었던 적이 있어요. 제가 해리 포터를 계속하지 않았다면 아마 저는 제1의 공공의 적이 되었을 것이라고 생각해요."

당시 엠마 왓슨이 어떤 이유 때문에 이 같은 생각을 했는지는 그녀가 직접 은퇴를 반박하며 보여주었던 반응 등을 통해 추측해 볼 수 있다. 엠마 왓슨은 2009년 '해리 포터와 혼혈 왕자 런던 기자 회견'에서 작심한 듯한 표정과 말투로 이렇게 이야기했다.[6]

"8월 말에 저는 미국의 대학에 진학해요. 그래서 매우 신나고, 잠시 동안의 약간 '평범한 생활'을 기대하고 있어요, 괜찮겠죠? 그렇지만 제가 대학에 간다고 해서 그것이 결코 앞으로 다시 일을 안 한다거나 연기를 안 한다는 것을 의미하는 게 아니에요. 제 생각에 미디어들 사이에서 뭔가 많은 혼란이 있는 것 같은데, 제가 대학에 가기 때문에 그 일로 인해, 글쎄요. 대학 생활은 상호 배타적이잖아요, 동시에 연기와 공부를 할 수는 없죠, 현시점까지는 그래도 어떻게든 잘 처리해 온 것 같네요. 그게 앞으로 제가 계속하고 싶은 것이고, 휴일 근처에 무엇이든 제가 하고 싶은 일을 위해 일정을 잘 **조율**하고, 그러니까 제 말은, 제 생각에 사실 정말 무엇이든 가능한 것 같아요, 저는 19살이에요, 제가 뭘 하고 싶은지 아직 알 수 없죠, 그냥 지금은 그렇게 할 생각이에요, 그렇지만 대학에 관해서는 정말 들떠 있어요."

'평범한 생활', '조율'이라는 단어에 주목할 필요가 있다. 앞서 언급했던 2개의 인터뷰들에서 지난 시절과 결별이라도 하듯 내내 길러 온 머리를 숏컷으로 짧게 자른 엠마 왓슨은 해리 포터를 그만둘 생각을 했던 이유에 관해 다음과 같이 밝혔다.

"저는 10년 동안 같은 헤어 스타일을 해왔잖아요. 저는 정말 제 머리 스타일이 그 배역(헤르미온느)과 너무 깊이 연관된다고 느꼈어요. 해리 포터 시리즈를 마친 뒤에는 새롭게 시작하기 위해 변화가 필요했어요. … 아주 상징적으로 느껴졌죠. 머리카락을 잘라 버리는 것 말이에요."[7]

"저는 항상 제 삶에서 무엇이 자신을 위해 가장 옳은 것인지에 근거해 결정을 내리려고 노력해요. 그리고 스스로에게 솔직하려고 노력하죠, 하지만 그건 주로 일정 조율 때문이었어요, 저는 제가 대

학 생활을 할 수 있도록 확실히 하기 위해 정신이 없었죠."- MTV News

"만약 해리 포터를 계속하기로 결정하지 않았다면 일들이 조금 쉬워지긴 했겠죠, 잠도 더 자고요, 조금 덜 빡빡했겠죠, 그렇지만 전 분명히 옳은 결정을 내렸다고 생각해요."- TIME지

엠마 왓슨은 당시 대학 진학과 영화 촬영 모두를 병행하느라 굉장히 스트레스를 받았던 것 같다.

그러나 중요한 것은 그렇게 힘듦에도 왜 군이 외국의 대학에 가 탄탄대로가 보장된 해리 포터 시리즈를 그만둘 생각까지 했느냐는 것이다.

영국인인 엠마 왓슨은 앞선 TIME지 인터뷰에서 왜 미국의 '브라운대학교'에 진학하기로 결정했냐는 질문에[8] 학풍 외에도 '미국에서 가질 수 있는 익명성'을 언급했다. 런던 기자 회견에서 언급한 '평범한 생활'과 연결되는 것이다.

2022년 방영된 〈해리 포터 20주년: 리턴 투 호그와트〉에서는 그 이유를 더 분명하게 밝혔다. 다음은 해당 다큐멘터리에서 공개된 내용들이다.[9]

"제작에 착수했을 때 데이빗 헤이먼 프로듀서와 영화사 측이 감독인 제게 말해 주었던 한 가지는 엠마가 해리 포터의 차기작에 더 참여할지를 고민하고 있다는 것이었습니다."

말포이 역의 톰 펠튼은 이렇게 말한다.

"사람들은 분명히 잊어버리곤 해요. 엠마가 당시 얼마만큼을 떠

안았었는지, 또 그것을 얼마나 품위 있게 받아들였었는지를요. 다니엘(해리 포터 역)과 루퍼트(론 위즐리 역)에게는 서로가 있었고, 저도 제 친구들이 있었어요. 반면 엠마는 더 어렸을 뿐만 아니라 혼자이기도 했어요."

엠마 왓슨은 약간 울먹이며 이렇게 말했다.

"이런 식으로 시작하는 당시의 일기를 본 적이 있어요. '**때때로 내가 참 외로웠다는 사실을 보게 된다.**'"그녀는 수많은 팬들의 환호를 받으면서도 동시에 외로움을 느끼고 있었던 것이다.

이에 관해 해리 포터 역의 다니엘 래드클리프는 다음과 같이 말한다.

"영화 촬영 당시에는 그런 이야기를 잘하지 못했어요. 우린 그저 어린아이들이었거든요. 14살짜리 소년이었던 저는 다른 14살짜리 아이한테 '잘 지내고 있니? 정말 다 괜찮아?'라고 할 수 없었죠."

그리고 론 위즐리 역의 루퍼트가 엠마 왓슨에게 묻는다.

"불사조 기사단 때였지. 모두에게 쉽지 않은 시기였잖아. 너 그만둘 생각도 했었던 거지? 내가 너랑 그런 이야기를 해본 적은 없었잖아."

"그래, 나는 무서웠어. 너는 그런 적 없었니? 임계점에 도달하는 순간 말이야. 약간 이렇게 되는 거지. '이런, 이제 이런 게 영원하겠구나.'"

엠마 왓슨은 카메라를 바라보며 마지막으로 이렇게 말한다.

"**그래요, 결국은 유명세가 결정타를 제대로 날렸었던 것 같아요.**"

엠마 왓슨이
해리 포터를 고민했다

엄마 왓슨은 이미 각종 인터뷰들에서 수차례 유명인의 고충을 토로한 바 있다. 그녀가 실제로 겪는 삶의 현실은 내가 그동안 머릿속으로 떠올리던 환상과는 분명 괴리가 있었다.

"사람들은 저와 함께 다니며 하루를 보내기 전까지는, 대중 앞에서 함께 걸어 다녀 보지 않고는, 제 삶을 제대로 이해하지 못해요. 그렇게 하고 나서야 '아…. 이런 것들이 매일매일 네 삶에 영향을 끼치는구나.' 하고 이해하게 되죠."[10]

나는 화제가 되었던 엄마 왓슨과 파파라치들의 영상을 본 적이 있다. 내가 본 역대 최악의 영상들 중 하나인 이 영상에서 엄마 왓슨은 로스앤젤레스의 한 영화관을 빠져나오다 한 무리의 파파라치들과 맞닥뜨리고, 함께 있던 여성 친구는 당황한 엄마 왓슨을 보호하려 온몸으로 파파라치들을 격하게 막아선다.

그러자 다수의 건장한 파파라치들은 "네 친구에게 무슨 문제가 있냐.", "정신이 나갔다(crazy)." 등의 말을 하며 계속 플래시를 터트려 사진을 찍고, 큰소리로 웃고 떠들며 끝끝내 차에 탄 엄마 왓슨을 끈질기게 조롱하고 희롱한다.

"마법을 연습하고 있니 엄마? 뭘 할 수 있어?"

"차가 고장 났나 보네 하하하하!"

엄마 왓슨은 최대한 침착한 태도를 유지하며 결국 무사히 친구와 차를 타고 현장을 급히 떠나는 데 성공한다.

비단 이런 일들뿐만 아니라 심지어 런던에서 열렸던 엄마 왓슨의 18세 생일 파티에서는 사진사들이 밖에서 왓슨의 치마 속 사진을

찍는 사람에게 포상금을 걸기도 했었다고 한다.[11]

"제가 18살 생일 파티를 마치고 나왔을 때 사진사들이 도로에 누워 제 치마 속을 찍어 댔어요. 사진들은 다음 날 아침 영국 찌라시들의 일 면에 실렸죠. 만약 사진들이 24시간 전에 공개되었다면 불법이었겠지만 제가 18살이 된 후라 그 사진들은 합법이었어요."[12]

2009년 한 토크쇼[13]에서 엠마 왓슨은 "이렇게 대단한 커리어를 가지고 있으면서도 여전히 학업에 집중하는 것이 대단하다."는 진행자의 말에 이렇게 답했다.

"해리 포터와 여러 가지로 완전히 정신없는(craziness) 와중에 학교는 제게 '탈출구'이자 '위로'를 주는 곳이었고 전 그런 학교를 사랑했어요."

1년 뒤 같은 토크쇼에 출연한 엠마 왓슨은 미국에서 대학을 다니고 있다는 사실에 관해 이야기하면서도 '사람들이 찾아와 괴롭히지 않을 수 있도록 원하지 않으면 어느 학교를 다니고 있는지 말하지 않아도 된다.'는 진행자의 말에 감사를 표하며 학교명을 밝히지 않았다.[14]

고민 끝에 유명 배우로서 누릴 수 있는 많은 것들을 포기하고 연기 생활만을 계속하기보다 유학을 택한 것은 유명인으로서의 삶이 그만큼 좋지만은 않았다는 방증일지도 모른다.

또 당시 만 19세의 청소년으로서 현재 가고 있는 길이 맞는지에 대한 회의도 있었던 것 같다. 어쩌면 대학 진학은 정말로 엠마 왓슨에게 일종의 학구적인 '탈출'이자 또 다른 삶에 대한 갈망의 표현이

엠마 왓슨이
해리 포터를 고민했다

아니었을까?

그저 아름답기만 해 보이는 레드 카펫 행사 이면의 모습도 위에서 말한 '정신없음'의 한 예가 될 수 있다. 그리고 이는 〈해리 포터와 죽음의 성물 1부〉 개봉 당시 현장에서 촬영된 리포터와의 짧은 인터뷰 영상만 보아도 어느 정도 이해할 수 있다.[15]

영상을 보면 주변의 모든 곳에서 환호라기보다는 비명에 가까운 소리가 들리고 리포터들은 이곳저곳에서 계속 질문을 던진다. 정신없는 와중 누구에게 답해야 할지 고민하다 한 리포터의 질문에 대답을 하려고 해도 주변인들의 소리 때문에 잘 들리지 않아 인상을 쓰고 귀를 기울인 뒤 대답을 한다.

천천히 자리를 뜨기 시작하기 전 엠마 왓슨은 '대학 생활에서 무엇이 가장 신나는지'에 대한 리포터의 질문을 받고 이렇게 답한다.

"제가 듣는 수업들도 좋고, 친구들 역시 좋아요, 음… **그저 저일 수 있는 시간**을 가질 수 있게 되어서 좋네요(It's just great to have *time to just be me*)."

그렇다. 엠마 왓슨의 삶은 '근본적으로' 누구의 것인가? 그저 대중의 상품에 불과한가? 대중과의 약속인 기자 회견 등은 그렇다 치더라도 파파라치들의 행태를 보면 그 선을 넘어서는 때가 종종 있었던 것 같다.

그녀는 그저 모든 것을 스스로 감내하기에는 너무도 어린 나이에 엄청난 유명세를 얻었다.

엠마 왓슨의 말마따나 그녀는 불과 9살 때 학교 체육관에서 처음

으로 본 오디션에서 발탁돼 그것이 지금까지 이어진 매우 '특이한 (bizarre)' 경험을 했다.[16]

사람들은 어린 나이에 부와 명예를 얻은 사람들을 부러워하곤 하지만, 비단 엠마 왓슨의 사례가 아니더라도 아직 미성숙한 어린 나이에 얻은 부와 명예 때문에 오히려 어려움을 겪는 사례는 적지 않다.

내 머릿속에서 막연히 펼쳐졌던 상상과는 달리 엠마 왓슨이 겪는 실제 삶의 모습은 그렇게 달콤하기만 하지는 않았다.

"저는 가능하다면 저에 관해 이야기되는 것들에 관해 답을 하지 않으려고 해요. 하지만(루머에 관해) 제가 할머니로부터 전화를 받는다면 제가 나서서 바로잡을 때죠. '그래, 내가 이제 이것에 대해 뭐라고 말을 해야 하겠네.'라고 생각하게 하는 것은 대개 할머니로부터의 전화예요."[17]

엠마 왓슨이
해리 포터를 고민했다

행복의 신기루

진로를 고민하며 유학을 택한 엠마 왓슨의 결정은 당시 내게 큰 영향을 주었다. 나는 비록 고3 때 생각을 바꾸기는 했지만 한때 한국을 떠나 미국 대학에 진학하기를 희망했던 적이 있었는데, 엠마 왓슨의 이 같은 결정이 여기에 적지 않은 영향을 끼쳤을 정도였다.

어찌 되었든 엠마 왓슨의 고민은 내게도 생각해 볼 거리를 던져주었다. 여러모로 가장 성공한 여배우 순위를 발표할 때면 항상 최상위권에 오르내리는 엠마 왓슨이 자신에게 가장 많은 돈과 명예를 가져다주는 것을 포기하고 대학에 진학할 생각을 했다는 것은 꽤나 당황스러운 일이었기 때문이다.[18]

세계에서 가장 행복해야 할 사람들의 순위가 있다면 1위를 차지해야만 할 것 같은 엠마 왓슨이 도대체 왜 대학에 가고자 했는지 당시의 나로서는 이해하기가 힘들었다. 한국에 사는 나와 주변의 모든 사람들에게 사실상 당연하고 일상적인 일과도 같은 대학교를 가기 위해 해리 포터를 포기한다는 것은 쉽게 납득이 되지 않았다.

솔직히 대학교에 가는 것은 더 많은 소득을 올릴 수 있는 명예로운 직업을 얻기 위함이 아니던가? 그런데 반대로 대학교 진학을 위해 많은 돈과 명예로 상징되는 헤르미온느를 포기하겠다니, 그 결정은 내게 일종의 모순처럼 느껴졌다. 본인이 밝혔듯 당시 해리 포터는 전 세계에서 가장 성공한 시리즈 영화였다.[19]

단번에 일약 스타덤에 오른 엠마 왓슨도 해리 포터를 그만두려고 했었다면 누가 행복할 수 있다는 말인가? 도대체 행복은 어디에 있는 것인가?

당연하게도 우리는 재정적으로 스스로를 돌볼 수 있을 때 통계적으로 행복할 가능성이 크다. 그것이(논쟁적이긴 하지만) 소득과 행복에 관한 최근의 연구들이 이야기하는 것이기도 하다.

이러한 연구들은 주로 미국인들을 대상으로 한 것이지만 한국인들이 특별히 이해할 수 있는 다른 부분도 있다. 미국의 퓨리서치센터가 17개 선진국을 대상으로 조사해 2021년 말 발표했던 전 세계 태도 설문조사 결과에 따르면, '삶을 의미 있게 만드는 요소' 중 '물질적인 풍요'를 1순위로 꼽은 국가는 한국이 유일했다.[20]

대한민국은 OECD 주요 국가들을 대상으로 살펴본 지표에 따르면 경제 규모를 나타내는 GDP 순위는 세계 10위[21]지만 자살률은 1

위[22]다.

1인당 소득 수준은 1인당 GDP의 상승과 함께 지난 30년(1990~2017년)간 4배 넘게 증가했는데 행복 수준은 오히려 1계단 떨어졌다.[23][24]

돈이 궁극적인 목표가 될 수는 없는 것이다. 짧은 인생을 정신없이 살아가는 우리는 한 번쯤 돌아볼 필요가 있다. 끝내 도착한 그곳에는 아무것도 없을 수도 있기 때문이다.

스스로를 돌보기 위해 소득을 얻는 것 자체는 전혀 문제가 되지 않지만, 행복을 저버리는 등의 과한 비용을 지불하면 문제가 된다. 어떤 면에서 한국의 심각한 자살률은 우리 사회가 매우 큰 비용을 지불했음을 나타내는 것이기도 하다. 잔고가 없어 빚을 갚지 못하면 삶은 결국 파산하게 된다.

비단 돈뿐만 아니라 사회적 지위와 연결된 명예(인기) 등이 자동적으로 궁극적인 행복을 가져다줄 것이라는 끊임없는 속삭임은 착각으로 인해 생기는 일종의 신기루이다. 그 자체만 맹목적으로 추구하다 보면 이것이 끝이 없다는 사실을 깨닫게 되고, 곧 허무함으로 이어진다. 엠마 왓슨은 이를 잘 알고 있었던 것 같다.

"저는 사실 그저 돈이 없는 것처럼 생각하며 살고 싶어요. 얼마나 많은 아이들이 어린 나이부터 돈이 그토록 중요하다고 생각하고 있는지를 보면 놀라워요. 13~14살 정도 되는 아이들은 종종 제게 다가와 '해리 포터에 나오는 여자분이죠? 얼마나 버세요?'라고 물어보곤 해요."[25]

"제가 가진 너무 많은 돈을 어디에 써야 할지 모르겠어요. 노트북과, 운전면허를 딴 뒤 도요타 프리우스를 사긴 했지만 그게 교육을 제외하면 제가 가장 비싸게 주고 산 것들이에요. 제 나이의 사람이 이렇게 많은 돈을 필요로 할 이유가 뭐가 있나요?"[26]

"그렇게 되면 삶 전체가 '어떻게 느끼느냐.'가 아니라 '어떻게 보이느냐.'가 되어 버려요, 그리고 거기에는 정말 큰 공허함이 있죠."[27]

행복감이 더 이상 증가하지 않으면 인간은 필연적으로 공허함에 빠지게 된다. 그럼 이제 무엇으로 행복을 증가시켜야 할까? 끝없이 증가하는 역치를 만족시키기 위해 뇌에 주는 마약과 같은 자극? 곧 사라질 허무한 쾌락?

단번에 스타가 되었지만 술과 마약, 방탕한 성생활 등에 빠져 패가망신한 유명인들의 사례는 이제 진부한 이야기가 되어 버렸다.

NBA 역대 최고의 선수 중 한 명으로 꼽히는 윌트 체임벌린은 55세였던 1991년 출간한 자서전(『A View From Above』)에서 자신이 약 20,000명의 여성들과 잠자리를 가졌다고 밝힌 적이 있다.[28] 그러나 그런 윌트 체임벌린조차 1997년 코난 오브라이언 쇼에 출연해 다음과 같이 말했다.

"마침내 제가 알게 된 건 1,000명의 다른 여자와 자는 것보다 한 명의 여자와 1,000번 잠자리를 갖는 것이 더 낫다는 겁니다."[29]

나는 뉴욕대학교에서 경제학 박사 학위를 받은 교수님 한 분에게 다음과 같은 이야기를 들은 적이 있다. 교수님은 부자들을 만난 뒤 어느 날 좋은 차나 집, 비싼 밥이 큰 의미가 없다는 것을 깨닫게 되었다고 한다.

엠마 왓슨이
해리 포터를 고민했다

근본적으로는 부자든 일반인이든 누구나 똑같이 하루 세 끼를 먹으며 한정된 공간 안에서 차를 타고 이동하고 집에 돌아오면 씻고 자녀들과 이야기한 뒤 침대에 누워 잠이 들더라는 사실을 알게 되었다는 것이다.

너무 넓은 집에 살면 어딘가에 무심코 놓아둔 물건을 잃어버리거나, 숨바꼭질을 하다 키우던 햄스터를 영영 찾지 못하게 될지도 모른다.

결국 아무리 먹을 것이 많아도 한 끼 식사를 위해 먹을 수 있는 양은 제한되어 있으며, 집에 아무리 방이 많아도 자신의 지친 몸을 눕힐 방은 하나면 충분하다. 이런 것들은 곧 익숙해지고[30] 그 자체로 의미가 없다는 것을 깨닫게 된다.

물론 앞서 말한 것처럼 가난은 분명히 결코 유쾌한 것이 아니며, 우리는 가능한 한 최선을 다해 우리 자신을 돌볼 의무가 있다. 또 의미 있는 일의 성취로서 소득이나 명예를 얻는 것도 잘못된 일이 아니다.

그러나 방향을 잘 설정해야 쓸데없이 시간을 낭비하며 돌아가지 않을 수 있는 법이다.

자신의 시간과 노력을 들여 돈을 버는 것은 행복한 삶을 살기 위해서이다. 그렇다면 더 중요한 질문은 나는 '얼마를 벌어야 하는가.'가 아니라 '어떨 때 행복한가.'가 아닐까? 그다음 질문이 그렇다면 '그것을 위해 돈은 어느 정도 벌면 될까.'가 되어야 하는 것 아닐까? 이는 명예도 마찬가지다.

목적과 수단이 전도되어서는 목적을 이룰 수 없고 오히려 수단을 위해 더 크고 중요한 목적을 희생하는 결과를 초래하게 된다. 돈 또는 인기와 불행을 맞바꾸는 것은 엄청난 손해이며 사기를 당하는 것이다.

엠마 왓슨의 경우를 통해 알 수 있듯 각자의 상황과 가치관에 따라 돈이 많아도 불행할 수 있고 돈이 없어도 행복할 수 있다. 그리고 어떻게 해야 행복할 수 있는지는 다른 사람보다 본인이 가장 잘 알 수 있다.

엠마 왓슨은 결국 해리 포터 시리즈에 복귀해 끝까지 헤르미온느의 역할을 감당함으로써 팬들과의 의리를 지켰다. 그러나 이와는 별개로 설사 이미 성공한 배우인 엠마 왓슨이 영화 촬영으로 얻을 수 있는 수많은 돈과 명예를 포기하고 대학에 진학해 영문학을 배우겠다고 결정한다고 하더라도 누가 그 결정을 어리석다고 하거나 비난할 수 있을까?

"저는 아침 세미나 시간에 집단 토의를 들으며 앉아 있었어요. 바로 전날 밤에 데이비드 레터맨이 진행하는 〈레이트 쇼〉에 출연한 뒤 이 수업에 늦지 않기 위해 다시 프로비던스(브라운대학교의 소재지)로 기차를 타고 왔죠. 저는 제가 배울 점이 있는 엄청나게 똑똑한 사람들 사이에 있을 수 있다는 사실에 너무나도 큰 안도감을 느꼈어요."[31]

"저는 9살 때부터 일하기 시작했어요. 항상 일을 해야 할 시기가 있으면 좋을 것이라고 생각하기도 했지만, 제 인생에 있어서 지금은 저 자신과 저를 둘러싸고 있는 세상에 관해서 공부하고 배우는

28

것이 정말 중요한 할 일이었다고 생각해요. 그리고 전 제 삶에서 그것을 하기 위한 시간과 공간을 만들어 낼 수 있었다는 사실에 정말로, 정말로 기뻐요. 영문학을 전공했어요. 이제 5월에 졸업하는데 신이 나네요!"[32]

그것이 잘못된 일이 아니라면 당당히 자신의 길을 갈 수 있다. 잘못된 일을 해도 괜찮은 때는 없지만 옳은 일을 하면 안 되는 때도 없다. 그것이 옳지 못한 일이 아니라면 나이 등에 관계없이 언제든 시작해도 되는 것이다.

마침내 돈이 전부가 아님을 깨닫게 되는 지점은 사람마다 다 다르다. 어떤 사람은 죽음이 가까워져서야 비로소, 어떤 사람은 고등학생 때 깨닫기도 한다.

나는 재벌이 아니고 평범한 가정에서 자랐지만 부자가 된 나를 상상해 보며 이를 이해할 수 있었다. 대단한 재벌처럼 하루를 사는 것은 생각보다 어렵지 않다.

여행 갈 돈 등을 아껴 모은 돈으로 비싼 차, 비싼 옷(모조품일 수도 있다) 등을 빌린 뒤 최고로 부유한 동네의 카페에 가서 커피 한 잔을 마시는 것이면 충분하다.

또는 평범하게 길거리를 거닐고 있지만 사실은 자신이 변장한 왕이라고 생각해 보는 것이다. 사실 존엄한 인간인 우리는 살아 있는 한 근본적으로 정말 변장한 왕족들과도 같다.

나는 가끔 실제로 이와 비슷한 실험을 해보곤 했는데 이런 것들은 모두 그 자체로는 큰 의미가 없고 곧 익숙해짐을 체험해 볼 수 있었다.

엠마 왓슨은 최고 수준의 부와 유명세를 얻은 뒤 각종 고충을 겪으며 회의를 느낀 덕분에 남들보다 빨리 이 같은 사실을 깨달을 수 있었던 것 같다.

모두가 유명해지고 싶어서 유명해지는 것은 아니다. 때로는 좋아하는 일을 즐겁게 하다 보니 불가피하게 유명해질 수도 있다. 그리고 사실 이는 비단 엠마 왓슨뿐 아니라 우리 모두에게 해당될 수 있는 이야기이다.

가령 배우가 아니더라도 기업 회장, 고위 공직자 등 어떤 한 분야에서 소위 말하는 사회적인 성공을 하게 되면 커진 책임과 함께 더 많은 관심을 받게 되기가 쉽다.

교수가 강의 중 한 발언이 논란이 돼 뉴스에 출연하게 되는 경우는 이제 비일비재하다. 심지어 이런 사례는 평범하게 공공기관에 다니다 권유를 받고 기관 홍보용 유튜브 채널에 정기 출연하게 된 홍보팀 직원에게 해당될 수도 있다.

유명세나 돈 자체가 잘못된 것이 아니라면 어떻게 좋아하는 일을 더 잘하기 위해 노력하면서도 진정한 의미의 성공을 할 수 있을까?

엠마 왓슨이
해리 포터를 고민했다

고통에도 그 일을 기쁨으로
지속할 수 있게 해주는 힘

엠마 왓슨은 혼란스러운 시기를 거치며 다음의 사실을 깨닫게 되었던 것 같다.

배우를 그만두지 않더라도 삶의 우선순위와 방향을 올바르게만 설정한다면 선한 영향력을 끼치기 위해 유명세 등을 감수할 수 있다는 것이다.

먼저, 엠마 왓슨에게 있어 삶에서 중요한 것은 맹목적으로 돈을 벌거나 유명해지는 것과 같은 것이 아니다.

엠마 왓슨은 돈과 유명세 등이 아닌 다른 것에서 삶의 의미를 찾아야 했다. 화려한 배우로서의 삶도, 영화 촬영도 그 자체로는 권태를 비껴갈 수 없고 위기가 오면 그 재미가 사라질 수밖에 없다.

그러나 단순한 재미가 아니라 그 일에서, 자신의 삶에서 '의미'를 찾아낸다면 상황에 관계없이, 심지어는 어려움도 극복하고 그 일을 계속 해나갈 수 있는 힘을 얻게 된다.

인터뷰 등을 살펴보면 유명세로 곤욕을 치른 엠마 왓슨이 찾은 첫 번째 의미는 '관계'였던 것 같다. 엠마 왓슨은 유명인으로서의 고충에 대처하는 방법을 이야기하며 거의 매번 빼놓지 않고 이를 언급했다.

엠마 왓슨은 보통 먼저 계산적이 되어 온갖 사건·사고로부터 자신을 지켜야 함을 언급한다. 심지어는 자신의 삶을 몸을 뒤로 젖혀 총알들을 피하고 있는 영화 〈매트릭스〉의 한 장면에 비유하기도 했다.

"저는 매우 계산적이 되어야 해요, 왜냐하면 저는 굉장히 개인적인 사람이거든요. … 정말 영리해져야(smart) 해요."[33]

"직업적으로든, 개인적으로든 삶에서 무엇이 가장 자랑스럽나요?"

"온전한 정신으로 평범하게 있을 수 있는 게 가장 자랑스러워요. 가끔은 저 자신을 돌아보면서 '다른 쪽으로 일이 풀려서 참 운이 좋았구나.'라고 생각하곤 해요. 때로는 제가 약간 매트릭스 안에 있는 것처럼 느껴지기도 해요, 총알들을 이렇게 피하면서요, 그래, 내가 그래도 잘 처리해 내고 있구나, 어떤 날은 정말 아침에 일어나서 그것 자체로 감사하고 자랑스러운 마음이 들어요."[34]

당연하지만 우리는 가능한 한 지혜롭게 우리에게 닥친 문제들을 해결해 나가야 한다. 그러나 엠마 왓슨을 포함한 모두는 인간인 이상 실수를 하기 마련이고 모든 상황을 스스로 통제할 수는 없다.

그렇기에 엠마 왓슨은 대처 방안으로 관계의 중요성을 언급한다.

"유명세는 어두운 측면도 가지고 있잖아요, 어떤 사람들에게는 자기 파괴적이기도 하고요, 어떻게 그에 대처하시나요?"

"맞아요, 쉽지는 않죠, 하지만 그럼에도 견뎌 내는 유일한 방법은 정말 좋은 사람들을 주변에 두는 거예요. 저는 그동안 참 운이 좋게도 진정으로 제 행복을 생각해 주고, 저를 하나의 인간으로서 보살펴 주고, 저를 위해 가장 좋은 것을 해주고 싶어 하는 사람들을 만날 수 있었어요. 솔직히 저를 지켜 주는 그 사람들이 아니었다면 제 직업을 계속해 여기까지 올 수 없었을 거예요."[35]

"저는 가능한 한 많은 시간 동안 제 주변을 저를 평범하게 느끼도록 해주는 사람들로 채우고자 노력해요. 왜냐하면 끊임없이 비정상적으로 느껴지거든요, 그건 꽤 힘들어요."[36]

아이러니하게도 엠마 왓슨은 화려함보다는 오히려 반대로 소박한 일상 속에서 만나는 관계의 중요성을 언급한다.

관계의 양과 관계의 질이 꼭 비례하는 것은 아니다. 따라서 가까이에 좋은 관계를 만들 기회를 놓쳐서도 안 되며[37] 자신을 좀먹는 관계로부터 스스로를 지킬 수도 있어야 한다. 물론 상대방의 입장도 고려해야 할 테니 결국은 자신이 좋은 사람이 되는 것이 먼저이다. 매일 같이 다투는 배우자와 함께 큰 집에서 사는 것보다는 움막에서 사는 것이 나을 것이다.[38]

실제로 UC 샌디에이고의 파울러 교수와 예일대 크리스타키스 교수의 유명한 연구 결과[39]에 따르면 행복한 사람은 행복한 사람들과, 불행한 사람은 불행한 사람들과 서로 연결되어 있었으며, 더 많은 친구가 행복할수록 자신도 행복할 가능성이 높았다. 심지어는 친구의 친구의 친구가 행복할 때 자신 역시 행복할 가능성이 컸다.

가능하다면 혼자의 힘으로만 세상을 살아 내려 하기보다는 함께 있을 때 따듯하고, 길을 가다 넘어졌을 때 서로를 붙들어 일으켜 줄 수 있는 관계를 갖는 것이 중요하다. 삶 속에 그런 관계들이 있다면 이미 행복하기에 충분한 조건을 갖춘 셈이다. 그리고 이는 보다 본질적인 것을 의미하기도 한다.

"모든 것이 그냥 너무도 크게 느껴지는 순간들이 있었어요, 너무도, 제 삶이 현기증이 날 정도로 너무도 크게 다가와서 심지어는 그 사실과 단절된 것처럼 느껴졌었죠.

그럴 때 제 내면의 평화는 제 정체성을 기억함에서 나왔어요. 나는 누군가의 딸이야, 나는 내 어머니의, 아버지의 딸이야, 나는 누나야, 나는 이 가족에 속해. 나는 뿌리가 있어. … 저는 때로 이렇게 물어봐야 했어요. '제가 여전히 당신의 딸인가요?'"[40]

결국 우리는 키가 크든 작든, 돈이 많든 적든, 유명하든 지극히 평범하든 하늘 아래 모두 같은 인간들이다. 우리 자신의 진정한 정체성은 결국 허무한 돈의 액수나 수많은 사람들의 환호성에서 나오지 않는다.

팬들과의 관계도 물론 중요하겠지만 사실 그것 역시 주변인들, 심지어는 자기 자신과의 관계가 제대로 설정되어 있을 때 더욱 지속 가능하고 좋을 수 있을 것이다.

자신을 '상품'이나 '수단'으로 생각하지 않고 조건과 상관없이 '있는 그대로 사랑해 주는' 사람들이 곁에 있다는 것은 엄청난 축복이다.

영화로도 나온 프랑수아 를로르의 『꾸뻬 씨의 행복 여행』은 열네 번째 행복의 조건으로 '행복이란 있는 그대로 사랑받는 것임'을 제시한다. 엠마 왓슨은 두 눈을 질끈 감은 채 한 인터뷰에서 다음과 같이 말한 적이 있다.

"어떤 사람이 지금 여기에 속하지 못한다는 느낌을 받도록 만드는 건…. 정말로 고통스럽고 끔찍한 일이에요. 그건 아주 큰 영향을 줘요. 혹시 어딘가에 속하지 못한다고 느껴 본 적이 있으세요? 어딘가에서 환영받지 못하고, 초청받지 않았다는 느낌을 받은 적이 있으세요?"

"네, 엠마 왓슨 씨는 그렇게 느낀 적이 있으신가요? 감정이 느껴지네요."

"네, 그런 적이 있어요."

"많이 외로우셨겠어요."[41]

완벽한 인간은 없기에 누구나 실수를 하고 용서를 받으며 살아가기 마련이다. 그리고 그것은 성공적인 커리어를 가지고 아이비리그 대학을 졸업한 엠마 왓슨 역시 마찬가지다.

"모든 사람에게는 스토리가 있죠. 사람들은 그 행동의 근원은 알려고 하지 않은 채 행동을 판단하고 해석하는 경향이 있어요. 이런 말이 있잖아요, '모든 성인군자에게도 과거가 있고 모든 죄인에게도 미래가 있다.', 이건 정말 사실이에요. 사람들은 변할 수도 있고 실수를 하죠, 인간이니까요. 그렇기에 그들을 사랑해야 되고 음, 사람들이 자기 자신과 다른 사람들의 불완전함을 사랑할 방법을 찾게 되었으면 좋겠어요."[42]

"…겸손을 보이는 거죠. … 제 생각에 스스로를 너무 심각하게 생각하지 않는 한, 아주 심하게 잘못되지는 않아요."[43]

유명하든 아니든 자신을 너무 중요한 사람이라고 생각해 '과하게' 몰아붙이거나 자책할 필요는 없다. 기본적으로 자기 자신이 이 세상에서 '객관적으로' 얼마나 작은 존재인지를 기억할 필요가 있다. 완벽한 인간은 아무도 없기에 나는 기본적으로 누구든 용서받을 자격이 있다고 생각한다.

물론 이때 용서는 결코 잘못을 '용인'하라는 말은 아니다. 여전히 죄를 잘못된 것이라고 간주하면서도 앞으로 더 잘되기를 바라는 안타까운 마음으로 자신을, 다른 사람을 바라볼 수 있다. 만약 그렇지 않다면 전 세계의 모든 사람들은 결국 서로를 향한 분노를 삭이지 못한 채 크고 작은 죄로 전부 사형에 처해지고 말 것이다.

겸손하게 자신의 한계를 인정하고 가능한 한 최선을 다해 더 나은 사람이 되고자 노력해야 한다. 나는 개인적으로 가끔 '가능한 한' 최선을 다한다는 말을 마음속에 되새기곤 한다.

이는 자신의 한계를 인정하고 지속 가능한 삶을 유지하자는 내 나름의 표현인데, 가령 운동을 할 때도 진정한 의미의 '최선'을 다해서 운동을 하면 스트레스로 정신적인 문제가 생기거나 온몸이

박살나 버릴 것이다. 그때에야 비로소 최선을 다했다고 말할 수 있을 테니 말이다. 역설적이게도 그것은 최선이 아니다.

한계에 가까이 갈 정도로('가능한 한') 열심히 운동을 하되 팔이 골절되거나 팔꿈치가 부러질 정도로 무거운 무게를 들고 운동을 해서는 안 된다. 잘못했다면 사과하고 또 진정한 사과를 받았다면 용서해 주며 살아갈 수밖에 없는 것이 우리다.

끊임없이 공격받는 세상에서(한계가 있기 마련이지만) 부족한 서로를 근본적으로 있는 그대로 존중해 주고 사랑해 주는 해리 포터 삼총사와 같은 관계는 정말 소중하다.

그리고 혹 주변에 그런 사람들이 아무도 없다고 해도 자신부터 조건에 관계없이 스스로의 보호자, 지지자가 되어야 한다. 그것이 바로 자존감 아닐까? 때로는 지친 자신에게 온전히 휴식을 취하도록 허락해 주기도 하고 아무리 작은 일이라도 잘 해냈다고 칭찬해 줄 필요도 있다.

그리고 엠마 왓슨의 말처럼 이것들은 서로 깊이 연결되어 있다.

"정말로 자기 자신을 받아들이기 전까지는 다른 사람들을 진실로 받아들일 수 없어요. 또 다른 사람을 받아들이기 전까지는 진실로 자기 자신을 받아들일 수 없죠. 모든 것이 기묘하게 관련되어 있어요. 그리고 자기 자신에게 친절함과 동정심을 보일 때 그것을 넓혀 갈 수 있죠. 모두 불가분하게 연결되어 있어요."[44]

단순한 로맨스가 아닌 보다 성숙한 사랑의 관계는 평생 지속 가능하다. 전문가들에 따르면 불타올랐던 연인들의 사랑은 약 2~3년이 지나면 뇌에서 분비되던 도파민이 줄어들며 권태기에 빠진다고 한다.

그러나 권태기를 이겨 내고 얼굴의 이목구비 등이 아닌 그 사람을 있는 그대로 사랑해 줄 수 있는 보다 성숙한 단계로 넘어가면 사랑은 계속 이어질 수 있다.[45]

평생 동안 서로를 사랑하며 행복하게 살았던 노부부를 곁에서 지켜본 적이 있는 사람이라면 그런 관계의 힘을 확실히 알 수 있을 것이다(만약 그것이 힘들다면 영화 <님아, 그 강을 건너지 마오> 속 시골에 사는 아름다운 노부부의 모습을 참고하라). 사랑하는 가족처럼 좋은 관계는 지속 가능하다.[46]

그리고 모두가 이런 관계를 맺게 된다면 사회는 전체적으로 훨씬 행복해질 것이다.

서로를 잠재적 경쟁 상대로 보고 적개심을 가지게 되는 곳보다는 기본적으로 존엄한 인간으로서 서로를 존중하고 지지해 주는 관계로 구성되는 곳에서 더 행복할 수 있을 것이다.

또 발생할 수밖에 없는 결과의 차이는 각자 자신만의 선한 행복을 추구하는 가운데 기회(또는 조건)의 평등과 과정의 공정함에 의해 납득되는 곳에서 더 행복해질 수 있지 않을까? 그때 비로소 '잘 살면서도 행복한' 사회를 이뤄갈 수 있을 것이다. 이는 연구 논문들을 하나하나 살펴보지 않아도 알 수 있다.

엠마 왓슨이 두 번째로 찾은 삶의 의미는 '가치'였다. 해리 포터 시리즈 막바지에 엠마 왓슨이 느꼈던 회의감은 〈해리 포터와 죽음의 성물 2부〉개봉 1년 뒤 개봉했던 영화 〈월플라워〉를 통해 먼저 해소되었던 것 같다.

"혹시 연예 산업 밖에서 다른 일을 하는 자신의 모습을 생각해 본 적 있나요?"

"얼마간은 제가 결국 다른 일을 하게 될지도 모른다고 생각했었어요. 그리곤 펜실베이니아주의 피츠버그에서 촬영한 이 〈월플라워〉라는 영화에 참여하게 되었죠. 그리고 최고의 시간을 보냈어요. 해리 포터 시리즈를 벗어나 그것만큼 좋은 경험을 가졌던 것이 제게 연기가 정말 제가 하고 싶었던 것이 맞고 집중해야 할 일이라는 사실을 증명해 줬어요."[47]

"어떤 장면이 가장 찍기 어려웠나요?"

"제 생각에 저에게는 그게 헤르미온느를 연기했던 데서 왔던 것 같아요. 감정을 속으로 삭이는 고지식한 영국인 여학생에서 망사 스타킹을 신고 깃털 목도리를 한 채 마구 뛰어다니며 〈록키 호러 쇼〉를 하는 정반대의 샘을 연기해야 했으니까요."

"제게 그건 '사람들이 어떻게 생각할까?', '이런 건 전에 해본 적 없는데.', '나 정말 무대 위에 올라가서 수잔 서랜든(70년대 컬트 영화 <록키 호러 픽쳐 쇼>에서 여주인공을 맡았던 배우)처럼 춤을 춰야 할까?', '지금 너무 창피하다. 도저히 못 하겠어.'와 같은 장벽들을 허무는 것이었어요."[48]

"아역 스타시잖아요. … 물론 어렸을 때 그 일을 좋아하셨겠지만 어느 정도까지 결정들은 부모님과 같은 다른 사람들에 의해서도 내려졌을 텐데요. 제 생각에 분명히 성인으로서 '그래, 이것이 내가 계속하고 싶은 게 맞아.' 하는 때가 있었을 것 같아요. 그런 특정한 때가 있었나요?"

"…저는 제가 할 수 있다는 것을 알았고 오랜 기간 해왔던 헤르미온느 역을 벗어나면 배우로서 아직 스스로를 믿고 있는지 여부를 정말 알 수 없었어요. 제 안에 다른 누군가가 더 있는지 아닌지를 정말 알 수 없었죠. 그래서 저는 약간 저에게 나타나 '아냐, 넌 할 수 있어.'라고 말해 줄 사람이 필요했어요. 그리고 그게 스티븐(영화 <월플라워>의 감독·책 원작자)이었어요."[49]

스티븐 크보스키 감독은 "어떤 면에서 엠마 왓슨이 자신이 생각하던 샘과 꼭 맞는다고 생각했는지"에 관한 질문을 받고 이렇게 답했다.

"두 가지 이유 때문이었어요. 먼저 <해리 포터와 불의 잔>에서 헤르미온느가 무도회 계단에서 감정적으로 무너지는 장면을 보았을 때, 제 마음도 함께 무너졌던 경험을 한 적이 있었어요. 두 번째로, 엠마를 직접 만나게 된 뒤 이 아이가 어떻게 해서든 지난 10년간을 폭풍의 눈 속에서 살아왔고, 그것 때문에 더 현실에 기반을 둔 너그럽고 다정한 사람이 되었다는 사실을 알게 되었어요. 그리고 전 제게(영화 속에서 언급되는) '불량품들의 섬'의 여성 지도자(샘)가 있다는 사실을 알고 있었죠."[50]

엠마 왓슨은 해리 포터 시리즈를 마무리한 직후 돈을 바라보지 않고 자신에게 나름의 의미가 있고 도전이 되는 영화들에 참여했다. <마릴린 먼로와 함께한 일주일>의 주연이 아닌 '조연'으로 복귀

한 뒤, 고예산 영화들 대신 〈월플라워〉와 같은 더 소규모 영화들에 집중했던 것이다. 〈월플라워〉의 제작을 위해서는 직접 발로 뛰기도 했다.

"그런데 제 에이전트에서 전화가 와서는 '있잖아요, 아무도 제작을 위한 자금을 대고 싶어 하지 않아요.'라고 하는 거예요. 전혀 관심을 가지지 않는다고요. … 그래서 저는 LA로 날아가 파라마운트, 워너 브라더스, 서밋, 디즈니 등의 모든 영화 제작사들을 찾아가서는 '제발 제작 좀 해주세요.'라고 했어요."[51]

점차 다시 길게 자라기 시작한 머리카락과 함께 엠마 왓슨은 작지만 의미 있는 영화들에 참여하며 자신을 찾아갔다. 그리고 그 과정에서 때로는 사회가 강요하는 메시지에도 '노(no)'할 수 있어야 했다.

"그동안 일을 하면서 영화 제작사나 에이전트가 '너 지금 큰 실수를 하는 거야.'라고 말할 때는 어려웠던 순간들이 있었어요."

"그렇지만 완전히 정신이 나가 버릴 것 같은 느낌이 드는데 대단한 성공을 하는 것이 도대체 무슨 의미가 있겠어요? 저는 이렇게 말해야만 했죠, '여러분, 저는 학교로 돌아가야 해요.', '저는 집으로 돌아가서 제 고양이들과 놀아야 해요.'"[52]

우리 역시 그녀처럼 회의감이나 매너리즘에 빠졌을 때 〈월플라워〉와 같은 도전적인 경험을 통해 환기의 기회를 갖고 스스로를 더 알아가며 좋은 사람들을 만나 도움도 받아야 할 것이다.

그러나 그것이 전부는 아니다. 언제까지나 도전만 하며 새로운 자극을 찾아다니는 삶을 살 수는 없기 때문이다. 단순한 재미에는 한계가 있기 마련이다.

엠마 왓슨에게 〈월플라워〉가 특별했던 것은 단순히 이전에 해보지 못했던 배역을 맡아 재미가 있었기 때문이 아니라 자신에게 배우로서의 자신감과 희망을 선물해 준 영화였기 때문이었다.

결국은 보다 높은 차원의 가치를 찾을 때 성숙하고 지속 가능한 행복감을 느낄 수 있다. 같은 일을 해도 의미를 부여하면 보람차게 일할 수 있는 것이다.

엠마 왓슨에게는 그것이 '성평등(페미니즘) 운동'에의 참여였던 것 같다.

"제 일부분이 그 직위(UN 여성 친선 대사, 여성 인권 신장 운동인 HeForShe 캠페인 진행)를 맡고 난 뒤 얼마나 편안해졌는지 몰라요, 그것은 저에게 소속감과 목적의식을 주었죠. 그 전까지는 그렇지 못했던 방식으로 모든 것이 분명해졌어요. 제가 무엇을 하러 이 자리에 있는지 이해했고 제게 왔던 이 모든 에너지를 어디에 쏟을지 알았죠.

저는 이제 이런 평화로운 감정을 느껴요. 사람들은 제가 그 일을 한 뒤로 달라졌다고 말하죠."[53]

엠마 왓슨을 알고 있는 사람이라면 이 부분을 이야기하지 않고는 그녀를 제대로 설명하기 어렵다는 사실을 잘 알고 있을 것이다. 또 아마 그녀가 2014년 UN에서 했던 연설 장면을 한 번쯤은 본 적이 있을 것이다. 그 일은 엠마 왓슨의 삶을 바꿔 놓았고 자신의 삶에 의미를 부여해 주었다.

42

내가 하는 그 일이 분명히 가치가 있다는 사실을 알게 되면 비로소 동기가 부여되고, 앞으로 나아가야 할 방향이 보이며, 어려움을 감수할 수 있는 용기가 생긴다.

일단 가치가 부여되면 같은 일이라도 새로운 의미로 자신에게 다가올 수 있다. 가치를 따라 설정된 삶의 큰 방향이 일상과 차후 선택에도 영향을 미치기 때문이다.

엠마 왓슨의 경우에는 자신의 직업인 배우로서의 영화 선택에도 이것이 큰 영향을 끼쳤다.

가령 2017년 개봉한 〈미녀와 야수〉에도 엠마 왓슨이 전하고자 했던 자신만의 메시지가 숨어 있었다. 비단 '진실한 사랑'이라는 원작 애니메이션의 주제 외에도 자신이 특별히 초점을 맞추었던 부분들이 있었던 것이다.

"저는 배경이 되는 벨의 이야기를 조금 더 만들고 싶었어요. 그녀는 책 읽기를 좋아하고 필사적으로 개스톤을 사랑하지도 않죠. 그녀는 왜 그처럼 아웃사이더가 되었을까요? 저는 그것의 진짜 이유를 정말 알아내고 싶었어요."

잠깐 스포일러를 하자면 영화 속 벨은 원작과 달리 아버지 대신 본인이 직접 '발명가'로 등장하는데 당나귀의 힘을 이용하는 일종의 세탁기를 발명하기도 한다. 그리고 그렇게 남게 된 여유 시간에는 더 어린 소녀에게 글을 읽는 법을 가르친다. 그러자 마을 사람들이 와 이를 책망하며 그녀의 기계를 부숴 버린다.

"세탁기를 부순 것은 상징적인 것이에요. 그저 그들이 벨이 몇 시간 동안 공을 들인 것을 파괴했다는 점에서뿐 아니라, 그들이 정말 그녀의 영혼을 파괴하고 그녀가 스스로를 보다 받아들여질 만한 모습으로 바꾸도록 압박을 가했다는 점에서요. 제 생각에 그것이 많은 여성들, 그리고 많은 소녀들에게 일어난다고 생각해요."[54]

영화의 메시지에 관해 보다 직접적으로 밝힌 인터뷰 내용을 굳이 언급하지 않더라도, 엠마 왓슨의 〈미녀와 야수〉가 추구하는 또 다른 주제는 원작과 달라진 벨의 의상 등 영화 곳곳에서 분명하게 나타난다.

2020년 개봉한 〈작은 아씨들〉도 마찬가지다.

"멕 마치(엠마 왓슨) 캐릭터를 보면 그녀가 페미니스트가 되는 방식은 선택지들을 만드는 것임을 알 수 있어요. 어쨌든 그게 정말 페미니즘이 제게 의미하는 것이기도 하고요. 선택지들을 갖는 것 말이에요.

멕의 선택은 그녀가 전업주부, 아내, 어머니가 되는 것이었어요. 멕은 자신의 가정을 사랑하고 또 그 환경 안에서 아름답고, 아늑하고, 애정이 넘치는 공간을 만들어 내는 걸 사랑해요. 그게 멕의 재능이죠. … 작중에서 조와 제가(멕이) 굉장한 대화를 나누잖아요.

조는 멕이 결혼식 날 도망쳐야 한다고 설득하려 하죠. '어서, 우리 지금 떠나면 그 남자랑 결혼할 필요 없어. 넌 이럴 필요가 없어.' 왜냐하면 조에게는 결혼을 하는 게 일종의 징역형을 선고받는 것과 같거든요. 하지만 멕은 이렇게 말해요.

'난 그 남자를 사랑해. 이게 내 선택이야. 난 정말로 행복하고 이게 내가 원하는 거야. 그리고 내가 가진 꿈이 네 꿈과 다르다고 해서 그게 중요하지 않은 건 아니야.'라고 말하죠.[55]

엠마 왓슨이 이런 주제를 다루는 영화들에 출연하는 것은 앞서 언급했던 본인이 찾은 '삶의 가치, 또는 의미'와 결코 무관하지 않다.

비단 두 영화뿐 아니더라도 엠마 왓슨은 분명 어떤 영화에 출연을 결정하기 전 분명히 그 영화가 의미하는 바를 미리 염두에 두었을 것이다.[56]

"제 생각에 그때가 바로 영화를 찍고 싶어지는 시점이에요. 그것을 모두와 나누고 싶어질 때요. 그것을 읽자마자 저는 모든 사람에게 그 대본의 내용을 이야기하고 싶어졌어요. 저는 모두가 그것을 보길 바랐죠. 저는 그 영화를 만들어 내고 싶은 충동이 들었어요."[57]

"만약 그 영화가 제가 사람들이 들어야 할 중요한 것이라고 느꼈던 그 무엇을 전하지 않았다면 제가 오스카상을 타느냐 마느냐는 신경 쓸 필요도 없다고 생각해요."[58]

엠마 왓슨은 2022년 8월 자신의 메시지를 담은 Prada Paradoxe의 CF를 직접 연출하며 감독으로도 데뷔했다.

"프라다에서 제게 모델을 제안해 왔을 때 전 제가 그 광고를 연출하고 싶다는 걸 알았어요. 가능하지 않을 것 같았지만, 그동안 아무도 제게 연출직을 제안하지 않았었기 때문에 스스로 허락을 하고 직접 요청을 드려야 했죠."[59]

"커리어를 위해서는 이런 일들을 할 필요가 없잖아요. 배우로서 성공했지만 이와 같은 프로젝트들에 참여하지 않는 사람들도 있죠. 하지만 왓슨 씨는 아주 많은 시간과 노력, 에너지를 여기에 쏟고 있잖아요. 그 이유를 알 수 있을까요?"

"저는 항상 그런 마음을 가지고 있었던 것 같아요. 왜인지는 모르겠지만 솔직히 말해서 이 부분을 제외한다면 제가 하는 다른 모든 일들이 의미 없게 돼요. 그렇지 않으면 전 공허함을 느껴요."[60]

내가 하는 그 일에는 어떤 가치가 있는가? 나는 왜 그 일을 하고 싶은가? 그 일을 통해 어떤 가치를 실현시키고 싶은가?

위와 같은 질문에는 각자 저마다의 답이 있을 수 있고 그것은 꼭 세계 평화나 인류 복지처럼 거창한 것은 아닐 수도 있다. 그러나 중요한 것은 그 가치가 반드시 '객관적으로 선한 것'이어야 한다는 것이다.

당연하게도 우리는 결코 행복한 사이코패스 범죄자나 굳은 신념을 가진 나치 당수가 되어서는 안 된다. 그런 의미에서 우리 삶의 목적은 단순히 '행복해지는 것'만은 아니다.

그리고 일단 이처럼 자신에게 일종의 '사명'이 생기면 어려움도 극복할 수 있게 된다.

엠마 왓슨을 가장 힘들게 했던 유명세 역시 그것을 가치 있는 데 사용하면, 사회적 성공으로 인해 따르는 부작용을 감수하는 것을 넘어 오히려 어려움을 원동력 삼아 더욱 성장할 수 있다.

UN 연설 후 인터넷에는 기한을 두고 엠마 왓슨의 나체 사진을 유출하겠다는 협박 게시물이 올라왔다.

아래는 엠마 왓슨이 2015년 세계 여성의 날에 런던에서 생방송으로 진행되었던 HeForShe 캠페인 질의응답 시간[61]에 그에 관해 밝혔던 내용이다.

"지난 9월에 제가 연설을 한 뒤에, 저는 원래 이 말을 하지 않으려고 했는데 말이 나온 김에 그냥 할게요, 제 누드 사진을 유포하겠다고 협박하기 위해 만들어진 웹 사이트가 생겼어요, 카운트다운인지 뭔지를 하면서요. 저는 그게 거짓말인 줄 알고 있었어요, 그러니까 그 사진들이 존재하지 않는다는 걸요.

제 주변의 많은 사람들은 양성평등이 중요한 문제라는 것은 알았지만 그것이 정말 시급하다고는 생각하지 않았어요. … 그런데 그들이 제가 나서서 여성 인권에 대해 말하자마자 즉시, 12시간도 채 되기 전에 협박들을 받기 시작하는 걸 보게 된 거죠. 그건 일종의 기상벨이었어요.

…재밌는 건 사람들이 '오 어떡해 그녀가 이 일로 이제 낙심하겠어.'라고 했지만, 그 일이 오히려 그 무엇보다도 훨씬 더 제가 단호히 결심하도록 만들었다는 거예요. 저는 그저 맹렬해져서, 그 일이 저를 너무나도 화나게 만든 덕분에 오히려 '그래 이게 이 일이 필요한 이유야, 이게 내가 이 일을 해야만 하는 이유야!' 하게 됐죠. 만약 그들이 저를 방해하려고 했던 거라면, 실제로는 그 정반대의 일을 하게 된 셈이죠.

그 에너지를, 분노를 더 나은 것에 쏟는 거예요."

엠마 왓슨은 동일한 질의응답 시간에 일종의 기사도 정신에 관해 이야기하며 남성에 대해서도 합리적인 태도를 보여 주었다.

"사실 저는 한 남자분과 저녁 식사 자리를 가졌던 적이 있어요, 제가 식당을 골랐고, 제가 비용을 내겠다고 했죠. 그런데 그것이 그 남자분을 약간 화나게 만들었어요.

제가 식당을 골랐으니까, 제가 좋아하는 레스토랑이었거든요, 제가 비용을 내고 싶었던 거예요, 하지만 다음번에는 상대편이 식당을 고르고 비용을 내면 되는 거죠, 아니면 뭐가 됐든지 서로가 편하도록 나누는 거예요. 제 생각에 중요한 건 기사도 정신이 합의되어야 한다는 거예요, 양쪽이 모두 그것에 대해 기분이 좋을 수 있도록요. 저도 기사도 정신(예의 바름)을 좋아해요."

"저도 누군가가 저를 위해 문을 열어 주는 것을 좋아해요, 그건 그저 예의 바른 것 아닌가요? 다른 사람을 위해 해줄 수 있는 친절한 행동 아닌가요? 저도 저녁 식사를 대접받는 게 좋아요, 정말 좋죠. 제 생각에 요점은 '그렇다면 제가 당신을 위해 문을 열어드리면 마음에 거리끼실까요?'인 것 같아요."

또 정작 직접 해당 UN 연설[62]을 살펴보면 내용이 상당히 균형 잡힌 시각에서 쓰인 것을 알 수 있다.

"페미니즘에 대해 발언하면 할수록 여성의 권리를 위한 투쟁이 자주 '남성에 대한 증오'와 동의어가 되어 버린다는 사실을 깨달았습니다. 제가 한 가지 확실히 아는 것이 있다면 바로 이것이 멈춰져야 한다는 것입니다."

"오직 절반만 초대받거나 대화에 참여할 수 있도록 환영받는 느낌을 받는다면 우리가 어떻게 세상을 바꾸는 변화에 영향을 끼칠

엠마 왓슨이
해리 포터를 고민했다

수 있을까요?"

"지금까지 저는 제 아버지의 부모로서의 역할이 사회에서 덜 가치 있게 여겨지는 것을 봐왔습니다. 자식으로서 아버지의 존재가 어머니만큼이나 필요했는데도 말이에요. 저는 젊은 남성들이 정신 질환으로 고통받으면서도, 남자다워 보이지 않을까 두려워서 도움을 요청하지 못하는 것을 보아 왔습니다."

"…저는 남성들이 무엇이 남성의 성공을 구성하는 것인지에 대한 왜곡된 인식 때문에 연약하고 불안정해지는 것을 봐왔습니다. 남성 역시 평등의 혜택을 보고 있지 못합니다. 우리는 남성이 성 고정관념에 갇히는 것에 대해 자주 이야기하지 않지만 저는 그들도 그렇다는 것을 알 수 있습니다."

나 역시 엠마 왓슨의 모든 주장에 동의하지는 않지만[63] 자신의 견해가 어떻든 생각이 다르다고 나체 사진을 유출하겠다는 식의 협박을 하는 것은 분명히 잘못된 것이다.

그럼에도 악의적인 공격은 때로 필연적이다. 엠마 왓슨은 앞으로도 수차례 비슷한 협박을 받게 될지도 모른다.

이런 경우 되도록이면 마음의 평정을 유지하며 냉철해질 필요가 있겠지만 그 일이 가치 있는 일이라면, 그 일로 인해 종종 어쩔 수 없이 느껴야만 하는 '의로운 분노'조차 엠마 왓슨이 그랬던 것처럼 오히려 원동력으로 활용할 수도 있는 것이다.

엠마 왓슨은 인터뷰에서 UN 연설 준비와 관련된 이야기를 하며 당시의 심정을 다음과 같이 밝힌 바 있다.[64]

대망의 공개를 앞둔 전날 밤, 엠마 왓슨은 공황 발작에 가까운 고통을 느꼈다고 한다. "저는 '나 이거 못하겠어.'라고 생각하면서 제 호텔 방에서 서럽게 울고 있었어요. 저는 그저 겁이 났죠. 그리고 그러다 이렇게 말해 준 한 친구와 스카이프를 하게 됐어요. '다시 정리해 봐. 그리고 너 자신한테 물어봐, 만약 네가 내일 버스에 치인다면 너 네가 쓴 모든 구절에 대해 편안한 마음이 들 것 같아?'" 원고 수정을 고민하던 엠마 왓슨은 결국 한 단어도 지우지 않았다고 한다.

자신이 가치 있다고 생각하는 일을 공개적으로 할 때는 많은 용기가 필요하다. 엠마 왓슨이 애초에 여전사로 태어난 것이 아니듯 이는 우리 모두가 감수해야 하는 것이다.

그러나 분명 그토록 고민 끝에 내놓았던 UN 연설은 그럴 만한 가치가 있는 일이었던 것 같다. 엠마 왓슨이 그날의 연설을 후회하거나 위축되기는커녕 오히려 더욱 활발하게 활동하고 있기 때문이다.

"그래요, 때로 저는 두려워요. 하지만 제 꿈들이 저를 다른 편으로 이끌어 줘요."[65]

엠마 왓슨은 UN 연설 이후 스스로와 한 다음의 다짐들[66]을 공개한 바 있다.

"나는 계속해 나가기를 원한다."

"나는 다른 사람들이 하는 말에도 귀를 기울이길 원한다."

"나는 내가 혼자라고 느낄 때도 계속 앞으로 나아가길 원한다."

"나는 매일 밤 스스로와 평화를 이룬 채 잠자리에 들길 원한다."

엠마 왓슨이
해리 포터를 고민했다

자신의 마음에 열정을 불러일으키는 가치 있는 일, 즉 '사명'이 생긴다면 더 나아가 유명세나 부를 가치 실현을 위한 강력한 도구이자 힘으로 역이용할 수도 있게 된다.

"트위터 활동을 많이 하시는 것 같은데요, 그것이 세상이 알 수 있도록 당신의 생각을 말하는 데 활용할 수 있는 좋은 도구라고 생각하시나요?"

"네, 그러니까, 제 생각에 요즘 '트위터는 그저 네가 아침에 뭘 먹었는지를 알리고, 셀카나 찍어 올리는 것'이라는 인식이 있는 것 같아요. 하지만 사실은 믿을 수 없을 정도로 강력한 도구예요. 클릭 한 번으로 대중과 직접적으로 소통할 수 있는 방법이죠. 몇 초 내에 수많은 사람들이 당신이 공유하고 싶은 내용을 읽도록 할 수 있어요."[67]

당시 인터뷰에서 언급한 트위터가 아니더라도 엠마 왓슨의 SNS에는 성평등 이슈와 같은 여러 운동들에 관한 내용들이 가득하다. 상품 홍보 등에 관한 게시물은 아예 찾아보기 힘들 정도다. 어떤 유명인들처럼 계정이 눈길을 끌기 위한 비키니 사진들로 도배되어 있지도 않다.

다른 인터뷰에서 SNS를 포함해 기술이 가진 심각한 위험성에 대해 이야기하기도 했지만 기본적으로 엠마 왓슨은 여러 매체들을 통해 이미 얻은 유명세를 충분히 활용하고 있다. 이 외에도 엠마 왓슨은 직장 내 성범죄 문제 해결을 위한 기금에 100만 파운드(한화 약 15억 원)를 직접 기부하기도 했다.[68]

결국 중요한 것은 자신의 삶에 가치 있는 목적이, 방향이 잘 설정되어 있느냐는 것이다. 그렇다면 도대체 자신의 사명은 어떻게 찾을 수 있는 걸까? 여기에 정답은 없을 것이다.

누군가는 존경할 만한 인물(롤 모델)과의 만남을 통해, 누군가는 우연히 보게 된 책 또는 영화를 통해, 누군가는 깊은 성찰 혹은 기도를 통해 이를 발견할 수도 있다.

그러나 엠마 왓슨의 경우만 살펴보자면 그것은 '독서'였던 것 같다. (전혀 유쾌하지 않았던 사건들을 포함한) 여러 경험들을 통해 성평등 이슈에 관심을 가지게 되었을지 모르겠지만 결국은 독서를 통해 자신감을 얻고, 가치 실현 방안을 구체화하고 실제로 실행에도 옮길 수 있었던 것 같기 때문이다. 적어도 큰 도움을 준 것만은 확실하다.

"해리 포터와 관련된 일을 하지 않을 때는 앉아서 책을 읽는 것이 제게 최고의 휴식이에요. 그게 제가 스트레스로부터 도피하는 방법이죠."[69]

엠마 왓슨은 알려진 독서 애호가로 2017년 〈미녀와 야수〉가 개봉했을 때는 한국의 V Live(현 위버스)에 함께 출연한 르푸 역의 조시 게드가 배우들 중 영화 캐릭터와 가장 닮은 인물로 엠마 왓슨을 꼽은 뒤 농담처럼 이렇게 말했을 정도였다.

"엠마는 벨의 모든 좋은 점을 가졌어요. … 정말 똑똑하고 슈퍼히어로처럼 실제로 하루에 약 12권의 책을 읽어 버릴 수 있죠."[70]

하루에 12권이라는 엄청난 숫자는 그녀의 평소 스케줄을 고려하면 과장되었을지 모르겠지만, 엠마 왓슨은 실제로 세계 최대 독서

커뮤니티인 '굿리즈(Goodreads)'를 통해 자신이 1년간 읽었던 '39권' 의 책을 추천했을 정도로[71] 독서에 일가견이 있다.

"제 개인적인 과제는 일주일에 책 한 권을 읽는 거예요, 그리고 제 북클럽과 함께 한 달에 또 한 권을 읽고요."

"이전보다 훨씬 더 여성으로서 저 자신을 받아들이고 사랑할 수 있게 된 건 독서를 통해서였어요."[72]

엠마 왓슨과 인터뷰를 진행한 저널리스트이자 작가, 그리고 '그 녀의 친구'인 Derek Blasberg가 밝힌 것처럼[73] "그녀가 목표를 분명 하게 하는 데 도움을 주었던 것은 결국 독서"였던 것 같다.

2016년 엠마 왓슨이 페미니즘 독서 문화 커뮤니티인 '공유책장 (Our Shared Shelf)을 시작한 것도 이와 무관하지 않다.

엠마 왓슨은 이 북클럽에 책을 소개하는 것에서 그치지 않고 사 비로 책 100권을 구매해 "책을 재미있게 읽었다면 생각을 굿리즈 에 남겨주세요."라는 메시지를 적은 뒤 런던의 지하철역 곳곳에 숨 겼다.

이 모습을 담아 엠마 왓슨이 페이스북에 업로드한 영상은 단 이 틀 만에 272만 조회수를 기록하는 등 폭발적인 반응을 얻으며 화 제가 되기도 했다.[74]

엠마 왓슨은 말 그대로 '책 요정'이 되어 런던뿐 아니라 뉴욕의 지하철과 파리의 거리, 그리고 각종 상징적인 동상들 앞에도 지속 적으로 성평등 관련 서적을 몰래 놓아두었다.

아마 그녀는 자신이 인상 깊게 읽은 책을 사람들이 읽도록 하는 것이 사람들을 설득하는 데 가장 효과적인 방법이라고 생각했기 때문에 다른 방법이 아닌 이와 같은 프로젝트들을 시작했던 것 같다. 그리고 여기에는 본인의 경험이 큰 영향을 끼쳤을 것이다.

변호사였던 엠마 왓슨의 부모님은 프랑스에서 태어난 그녀가 불과 5세가 되었을 때 영국으로 이주했는데, 같은 해 이혼했다. 엠마 왓슨은 그 뒤 평일에는 어머니와 옥스퍼드주에서, 주말에는 런던에 있는 아버지와 지냈다.

"학교는 제게 정말 중요한 곳이었어요, 왜냐하면 제 어머니는 자주 늦게까지 일하셨거든요."

"부모님은 휴가를 낼 수 없었고, 직장도 있는 데다 함께 지내시지도 않으셨죠. 그분들은 루퍼트 그린트(론 위즐리 역)나 다니엘 래드클리프(해리 포터 역)의 부모님들처럼 들락거리며 교대하실 수 없었어요. 그리고 제 어머니에게는 돌봐야 할 남동생이 있었죠, 어머니는 동생에게서 떨어져 있을 수 없었어요."[75]

"저는 좋은 교육을 받았어요. 제가 좋은 학교에 진학할 수 있도록 아버지께서 학비를 내주셨죠. 그렇지만 아시다시피, 부모님이 이혼하셨을 때, 얼마간 저희는 돈이 정말 없었어요. 제 생일 선물은 교복, 그리고 필통이었죠.

그리고 제 생각에 그게 제게 교육이 그토록 큰 의미를 가졌던 이유 중 하나였던 것 같아요. 왜냐하면 아버지는 당시 정말로 그 학교에 저를 보낼 형편이 되지 않으셨었거든요. 그 시기 아버지에게는 그저 그만한 돈이 없으셨어요.

그래서 저는 그 학교에서 하루도 거르지 않고 열심히 공부했어요. 아버지가 저를 자랑스러워하실 수 있도록, 제가 감사하고 있다는 사실을 아실 수 있도록요. 그리고 전 정말로 감사해요, 지금도 감사하고 있어요."[76]

해리 포터 시리즈를 마무리할 즈음 엠마 왓슨은 위와 같이 말하며 당시의 상황이 부모님의 무관심에서 비롯된 것이 아님을 분명히 했지만, 어쩔 수 없었던 부모님의 부재감을 채우는 데에는 독서가 매우 중요한 역할을 했다.

"책들은 제가 아버지와 연결될 수 있는 길을 제공해 주었어요. 제가장 소중하고 귀중한 순간들 중 하나였죠…. 저는 아버지가 자기 전에 제게 책을 읽어 주시던 것을 기억해요, 그리고 얼마나 다양한 목소리들로 읽어 주셨는지를요.

저는 영화 촬영장에서 자랐어요. 책들은 바깥세상과 제 연결고리였죠. 책들은 학창 시절 친구들과 저를 연결해 주었어요. 만약 제가 친구들이 읽는 것과 같은 책을 읽고 있다면 우리는 공통점이 하나 생긴 것이었으니까요. 훗날 그것들은 제게 탈출구이자 힘을 실어주는 수단, 의지할 수 있는 친구가 되었어요." 엠마 왓슨은 독서를 '신성한 것'이라고까지 표현했다.[77]

그녀가 해리 포터 시리즈에 출연하기 전 이미 원작의 팬이 될 수 있었던 것도 잠들기 전 아버지가 해리 포터 책들을 읽어 주었기 때문이었다.[78]

이처럼 엠마 왓슨에게 독서는 특별한 것이었다. 자신이 처한 환경과 관계없이 앞으로 어떤 삶을 살아갈지 결정하는 것은 궁극적으로 자기 자신이지만, 만약 엠마 왓슨이 이 시기 책이 아니라 다른 것에 빠졌다면 그녀 역시 할리우드의 흔한 악동 스타가 되었을지도 모른다.

무엇이 되었든 어떤 계기로 자신의 사명을, 삶의 의미와 가치를 찾았다면 나는 그것을 본인이 가장 좋아하는 일, 열정 있는 일을 통해 지혜롭게 실현해 가면 된다고 생각한다.

후회는 필요 없다

엠마 왓슨은 오디션을 보기 전부터 이미 해리 포터 시리즈의 팬으로서 『해리 포터와 아즈카반의 죄수』를 읽고 있었다.[79] 또 헤르미온느 캐릭터는 어렸을 적 자신의 영웅들 중 한 명이었다고 고백하기도 했다.[80]

그렇기에 해리 포터 시리즈의 오디션에 선발된 것은 정말로 운이 좋았던 것이라고 말하기도 했지만, 사실 그것은 꼭 본인의 의지로 이루어진 것만은 아니었다.

엠마 왓슨은 16명의 다른 학생들과 함께 있다가 체육관에 찾아온 사람들에 의해 헤르미온느 역에 선발되었다. 오디션이라기보다는 마치 드라마 수업 같았다고 한다.

"그렇지만 제가 그 역할을 얻고자 추구했던 것은 아니었어요. 말하자면 그들이 저를 찾아온 거죠."[81]

너무나 어린 나이에 스타덤에 올라 인생의 방향이 정해지면서 고민도 많았던 것 같다.

"가장 극단적인 형태의 메소드 연기를 했었던 셈이에요."[82]

"그렇다면 정말로 배우가 되고 싶었던 것이었을까요? 아니면 그저 그것이 어쩌다 자신의 직업이 되었던 것일까요?"

"그건 제가 이제껏 정말 씨름해 왔던 질문이에요. 저는 되돌아가서 부모님에게 여쭤 보곤 했죠. 제가 더 어렸을 때는 그냥 했어요, 그냥 연기를 했고 그게 그 자리에 있었죠. 그래서 이제 와 제가 연기로 인정을 받게 되니 정말 믿을 수 없을 정도로 불편함을 느껴요. 저는 스스로 그 문제에 몰입하곤 해요. 제가 마치 사기꾼처럼 느껴지거든요. 그건 그저 제가 했던 무언가에 불과했어요."[83]

"너무 어려서 일을 시작하면, 사실 내가 어떤 사람인지, 내 적성이 무엇인지 제대로 알 수 없죠. 아직 어린아이잖아요. 그러니 여전히 배우고 알아 가야 할 것들이 많죠. 여러 가지 의미로 나중에, 자기 자신에 대해 더 잘 알게 되었을 때 시작하는 것이 좋아요."[84]

공교롭게도 영화 〈노아〉(2014년)가 개봉할 당시 이루어졌던 위의 인터뷰는 사실 엠마 왓슨이 UN 연설을 하기 불과 몇 개월 전에 진행된 것이었다.

엠마 왓슨은 아이러니하지만 헤르미온느로 얻은 유명세 덕분에 이후 진정으로 자신이 원하는 것들을 찾은 뒤 이를 실현해 갈 수 있었다.

그리고 사실 현재 그녀가 마음속에 가지게 된 성평등에 대한 열정 또한 이미 해리 포터 촬영 당시 싹트고 있었던 것 같다. 2009년 〈해리 포터와 혼혈 왕자〉의 개봉을 앞두고 연기를 그만둘지 여부에 미디어의 이목이 집중될 당시 이루어졌던 Entertainment Tonight과의 인터뷰에서 그녀는 파파라치에 관한 질문을 받고 이렇게 답했다.

"제 생각엔 제가 여자이기 때문에 패션 쪽에 더 많이 관련되고, 사람들은 제가 무엇을 입는지에 관심이 많아요. 그저 여성이라면 남성의 경우보다 더 많은 관심을 받게 되는 것 같아요. 왜인지는 모르겠지만요, 분명히 그래요."[85]

게다가 비로소 자신의 생각을 세상에 내놓을 때가 되었을 때 이미 해리 포터로 연단된 그녀는 보다 담대하게 용기를 낼 수 있었다.

"그래도 좋은 점은 해리 포터 이후에는 그 무엇도 다시는 그것보다 무섭거나 정신없을(crazy) 수 없을 거라는 거예요. 그 무엇도 그만큼이나 정신이 없을(mental) 수는 없죠."[86]

결과적으로 해리 포터는 마지막 편인 〈해리 포터와 죽음의 성물 2부〉 촬영을 모두 마친 뒤 본인이 언급했던 것처럼[87] 그녀가 '사랑하는 경험'을 선물했다.

"저는 어린아이였을 때 유명해졌어요. 지금은 모습이 달라졌죠. 이제는 얼굴에 주름들이 있잖아요. 그건 제가 얻은 거예요."[88]

엠마 왓슨은 자신이 30대가 되는 것에 관해 이야기한 한 인터뷰에서 유명세에 관한 질문을 받고 다음과 같은 말을 했다.

"그건 제가 심리(정신과) 치료 중에 이야기했던 거예요. 그리고 솔직히 말하면 죄책감을 갖고 있는 것이기도 해요. '왜 나죠, 왜? 다른 사람이었다면 더 즐길 수 있었을 텐데, 내가 그랬던 것보다 이런 부분을 더욱 원했을 텐데.' 저는 이것과 관련된 죄책감으로 고심하고 많이 씨름했어요. '나는 이걸 더 즐겨야만 해, 나는 더 신나야 해.'처럼 생각하면서 말이에요. 사실은 정말로 힘겨워했는데 말이죠."[89]

지극히 자연스럽게도 누구에게나 엠마 왓슨이 그랬던 것처럼 고민의 시기가 찾아온다. 지금 걷고 있는 이 길이 맞는 것인지, 어쩌면 평생 고민해야 할지도 모른다. 그러나 과거의 경험을 통해 무엇이라도 깨달음을 얻었다면 살아온 시간 그 자체에 대한 후회는 의미가 없다.

그녀는 이런 말을 한 적이 있다.

"지금 알고 있는 것을 안 채로 과거로 돌아갈 수 있다면, 그리고 헤어 디자이너나 다른 무언가가 될 수 있다면, 그럼에도 여전히 지금까지 걸어온 길을 택하시겠어요?"

"개인적으로 저는 모든 일이 일어나는 데에는 이유가 있다는 신념 체계를 가지고 있어요. 저는 이 여행을 하는 것이고, 그것이 나의 여행이었기 때문에, 그러니까 그렇게 될 것이었기 때문에요. 저는 후회를 갖는 것이 좋다고 생각하지 않아요. 그런 것은 제 사고방식과는 맞지 않아요. '오 네가 다르게 할 수 있었다면 그렇게 할 것이니.'와 같은 것은 심지어 현재를 살아가고 있는 제게 일어나지도 않을 일인 거죠. 이곳이 제가 있는 곳이고 음, 저는 그저 살아가는 거죠. 삶은 한 번뿐이잖아요."[90]

그저 한순간의 결정이 지금의 엠마 왓슨을 만든 것일까? 그렇지 않다. 앞서 죄책감에 대해 이야기했던 보다 최근의 인터뷰[91]에서 엠마 왓슨은 이렇게 말한다.

"또 다른 엠마 왓슨이 있을까요? 그 오디션을 보지 않은, 거기서 뽑히지 않은 엠마 왓슨이요. 그렇다면 어떤 사람이 되었을까요?"

"약간 영화 〈슬라이딩 도어즈〉[92] 같네요. 저는 이제 29살이고 9살 때 해리 포터에 캐스팅되었었죠. … 그(헤르미온느) 배역을 맡기 전에 저는 시 낭송 대회에서 우승했었어요. 언제나 시를 사랑했고, 글쓰기를 좋아했고 그런 식의 일들을 사랑했어요. 어떤 방식으로든 그 일을 하게 되었을 거라고 생각해요. 비록 해리 포터는 아닐지라도 말이죠. 그것이 제 삶의 일부분이 되었을 것이라는 사실에 대해서는 의심의 여지가 없어요."

"저는 절대로 항상 같지 않죠. 하지만 전 언제까지나 저 자신이에요."[93]

해리 포터 출연을 온전히 본인이 선택했다고 할 수는 없지만 처한 상황에서 운명은 그녀의 손에 있기도 했다.

결정의 기로에 섰을 때 엠마 왓슨은 본인의 의지로 해리 포터를 그만둘 수도 있었다. 헤르미온느가 그랬듯 그녀가 겪는 삶 속 모험의 전개는 자신의 선택에도 달려 있었던 것이다.

엠마 왓슨은 마치 사기꾼이 된 것만 같은 죄책감을 느끼며 자신이 이 자리에 있어도 되는 것인지 심각하게 고민하곤 했다고 하지만, 우리가 엠마 왓슨을 사랑하는 것은 아이러니하게도 바로 그런 그녀의 성격 때문이다.

돈과 유명세를 실컷 즐기며 생각 없이 살아가는 사람들은 많고 특별하지도 않다.

그러나 신중한 성격 탓에 그토록 깊이 생각하고 고민한 결과 자연스럽게 얼굴에 드러나는 지적이고 사려 깊은 표정과 말투, 제스처, 바로 그 자체 때문에 사람들이 그녀를 좋아하고, 그토록 많은 대중에게 사랑을 받아 현재의 위치에 오를 수 있었던 것이다.

해리 포터 시리즈와 여러 영화들을 통해 수많은 사람들에게 즐거움을 선사한 것을 제외하더라도, 엠마 왓슨은 불완전하지만 계속 고민하며 나아가는 그 모습 그대로 사랑받을 자격이 있기에 그런 문제로 고민할 필요가 없다.

앞으로 이어질 그녀의 행보를 모두 알 수 없더라도 결론적으로 9살의 엠마 왓슨에게 씌워졌던 마법의 분류 모자는 옳은 결정을 내린 셈이다.

"엠마 왓슨 씨는 해리 포터 시리즈가 시작되었을 때 정말 어린 소녀셨잖아요. 그리고 저희는 그런 엠마 왓슨 씨가 자라는 모습을 지켜봐 왔죠. 마치 우리가 함께 자라 온 것처럼 말이에요. 그동안 연기해 오신 헤르미온느 캐릭터가 현재 자신의 모습을 만드는 데 도움을 주었다고 생각하시나요?"

"(마지막 편의 개봉을 앞두고)얼마 전 그 부분에 대해 생각해 본 적이 있어요. 제가 헤르미온느에게 영향을 얼마나 미쳤고 또 헤르미온느가 저에게 얼마나 영향을 주었는지 말이에요. 그 경계는 정말 희미해요. 그렇지만 한 가지는 분명히 알고 있죠. 헤르미온느는 정말로 굉장한 인물이에요. 하루 중 8~9시간을 헤르미온느의 몸 안에 있다 보면 영향을 받을 수밖에 없죠. 헤르미온느 캐릭터는 분명히 저를 더 긍정적인 사람으로, 더 나은 사람으로 만들어 주었어요.

이후에도 정말로 저 스스로에게 진실되다고 느껴지는 일을 찾아서 하고 싶은 마음이 간절해요."[94]

"'이 해리 포터 여자애가 뭔데 유엔에서 연설을 하고 있는 거지?'라고
생각하고 계실지도 모르겠습니다.
그리고 그건 정말로 좋은 질문이에요.
저도 지금까지 스스로 같은 질문을 해왔거든요.
제가 아는 것이라곤 제가 이 문제에 대해 관심을 가지고 있고
더 낫게 만들고 싶다는 것뿐이에요."

"이 연설을 준비하며 겁이 났을 때, 의심이 들었을 때,
저는 스스로에게 이렇게 단호하게 말했습니다.
'내가 아니면, 누가? 지금이 아니면, 언제?'
기회들이 주어졌을 때 만약 여러분께서 비슷한 의심을 가지고 계신다면,
이 말들이 도움이 되었으면 좋겠습니다."[15]

- HeForShe Campaign UN 연설 中

키이라 나이틀리, 그리고 비긴 어게인

탈모, PTSD, 난독증을
당당히 고백하는 여배우

많은 사람들이 걸어 다니는 거리에 있으면서도 뭐라 표현할 수 없는 외로움이나 공허함을 느껴 본 적이 있을 것이다.

적어도 나는 그랬던 적이 있다. 캠퍼스를 거닐며 흩날리는 벚꽃을 맞으면서도, 삼삼오오 모여 웃고 떠드는 사람들을 바라보면서도 그런 감정을 느꼈었다. 그렇게 되면 곧 마음속의 따뜻함이 사라지고 냉소적이 되곤 했다.

그런 감정을 느끼는 것은 어떤 사건 때문일 수도 있지만 스스로 명확한 이유를 알 수 없을 때도 많다.

사람의 기분이라는 것은 수많은 다양한 요소에 의해 영향을 받기 때문에 내가 미처 인지하지 못할 수도 있기 때문이다. 가령 그것은 날씨에 따른 호르몬의 변화, 뜬금없는 상황에서 연상된 무언가, 수면 부족이나 허기 등 욕구 불만 때문일 수도 있다. 키이라 나이틀리가 연기했던 〈비긴 어게인〉 속 그레타의 경우는 사랑하는 사람과의 이별 때문이었다.

지금부터 할 이야기는 영화 〈비긴 어게인〉의 스포일러를 포함하고 있다. 그러니 아직 영화를 보지 않은 독자는 상당히 주의할 필요가 있다. 그러나 필자가 강력하게 추천하는 것은 만약 아직 영화를 본 적이 없다면 글을 읽기 전이든 글을 읽고 나서든 〈비긴 어게인〉을 시청하는 것이다. 영화는 글의 이해를 훨씬 쉽게 만들어 줄 것이다.

영화 캐릭터와 배우는 분명히 전혀 다른 인물로 구분되어야 하지만 비긴 어게인은 조금 특별한 부분이 있다.

〈비긴 어게인〉은 경찰들을 피해 다니며 야외에서 녹음을 하는 영화 속 밴드의 버스킹과 유사한 상황에서 촬영되었다.

댄 역할을 맡은 마크 러팔로는 영화 촬영에 관해 이렇게 말한다.

"존 감독과 키이라, 카메라맨과 저만 밤 11시에 뉴욕의 42번가(타임스퀘어)를 이리저리 돌아다녔어요. 그건 사실 불법적인 이동이었는데, 가장 좋았던 거였죠. 불법적인 상태로 동시에 영화까지 찍다니 말이에요!"[96]

유명 가수로서 처음으로 영화 촬영에 임한 마룬5의 보컬인 애덤 리바인(데이브) 등에게 연기를 하도록 하고 배우인 키이라 나이틀리(그레타), 제임스 코든(스티브)에게는 직접 노래를 부르도록 한 존 카니 감독은 이렇게 밝혔다.

"배우들에게는 노래를 부르게 하고, 가수들에게는 연기를 하도록 했던 것이 좋았습니다. 사람들이 자신의 안전지대에서 벗어나도록 떠밀고 촬영을 시작한 뒤에 즐기게 하고 전 뒤에 서서 '하하' 하는 거죠."[97]

그리고 키이라 나이틀리는 촬영의 즉흥성에 관해 보다 분명히 말한다.

"〈비긴 어게인〉은 매우 저예산으로 제작된 영화예요. 우리에게는 촬영할 시간이 많지 않았죠. 우리는 대부분 밴을 타고 뉴욕을 돌아다니다 갑자기 차에서 내려 사람들이 알아채기 전에 무언가 촬영을 하고는 다시 차에 탔어요. 그런 정신(spirit)을 영화 속에서 느끼실 수 있을 거예요."[98]

"뉴욕의 특징은 모든 사람들이 너무도 냉담해서 아무도 깊이 신경 쓰지 않는다는 거였어요. 정말 많은 촬영들이 이루어지는 곳이기에 그들이 원하는 건 우리가 자신들의 길에서 비키는 것뿐이었죠. 우리는 자주 소리침을 당했어요. 영화 촬영의 관건은 대부분 우리에게 누군가 소리를 지르기 전에 그 장면 촬영을 마치는 거였죠."[99]

"제가 노래를 부르고 애덤 리바인(데이브)과 씨 로 그린(트러블검)은 연기를 하고, 제 생각에 그건 이런 식이었어요. '가자, 촬영 시작! 알겠어요, 생각할 시간은 없네요, 하지만 괜찮아요.'"[100]

키이라 나이틀리에 따르면 대본은 불과 촬영 5일 전에 주어졌고 나머지는 즉흥 연기로 진행된다는 말을 들은 후 영화 촬영이 시작되었다고 한다.[101] 또 평소 노래와 전혀 친하지 않았음에도 이틀 전이 되어서야 노래들의 가사를 알 수 있었다.

"대본에는 대화 장면들이 많았어요. 그리고는 밑에 아주 작은 글씨로 '그리고 그녀가 노래한다.'는 말이 있고 또다시 대화 장면, 대화 장면, 대화 장면들이 이어지는 식이었죠.[102] 그래서 너무 심각하게 생각하지 않고 그저 '어떻게든 되겠지.' 하고 넘길 수 있었어요. 다행히도 정말 뭔가가 되긴 했네요! 아니, 사실은 신경이 많이 쓰였었어요."

"〈비긴 어게인〉과 같은 영화를 만들 때에는 예산이 적기 때문에 일단 생각하지 않은 채 의욕적으로 시작하고 잘되기를 바라야 해요."[103]

"전체적으로 정말 직감을 가지고 촬영에 임해야 했어요. 잘되기를 바라면서요. 모든 사람들이 자주 '당일에는 괜찮을 거야.', '어떻게 괜찮을 수가 있는데?', '나도 잘 몰라, 하지만 잘될 거야.' 하고 있었죠. 그리고 지금까지는 실제로 잘 되어 가고 있는 것 같네요."[104]

그녀의 말처럼 때로는 세세한 부분을 너무 신경 쓰며 불가능한 수준의 완벽을 기하기보다는 도전할 수 있어야 한다.

키이라 나이틀리(그레타), 마크 러팔로(댄)와 함께 이야기를 이어 나가던 스티브 역의 제임스 코든은 '일단 즉흥 연기를 시작하고 감독이 컷을 하지 않는다면 그냥 이어 나가는' 식의 이러한 촬영 방식을 이렇게 표현했다.

"Do the scene and then carry on(일단 촬영에 돌입한 뒤 연기를 계속 이어 나가 본다)."[105]

비단 제임스 코든 외에도, 마크 러팔로(댄), 애덤 리바인(데이브) 등

엠마 왓슨이
해리 포터를 고민했다

의 유명 배우와 가수들이 이 저예산 영화에 출연하기로 한 것은 키이라 나이틀리의 말마따나 영화의 내용이 가지는 특별한 힘이 있기 때문일 것이다.[106]

키이라 나이틀리는 이러한 즉흥 연기를 해본 적이 없다고 밝혔는데,[107] 어쩌면 이 덕분에 실제 그녀의 모습이 영화 속 캐릭터에 반영되었던 것일지도 모른다.

키이라 나이틀리는 직접 이렇게 이야기하기도 했다.

"지금껏 우리가 보아 왔던 영화 속 당신의 모습 중 그레타가 실제와 가장 닮아 있다고 볼 수 있나요?"

"네, 분명히 아주 유사한 모습들이 있죠. 제가 뉴욕에 살지는 않지만 말이에요. 영화의 대부분이 즉흥 연기로 이루어졌기에 그레타는 아마 저와 가까운 어딘가에 위치해 있을 거예요. 적어도(시대극을 연기한 예전 영화들에서처럼) 코르셋이나 특수한 의상들을 입고 해적선 위에 있지는 않잖아요. 네, 실제와 상당히 가깝죠."[108]

이는 존 카니 감독이 의도한 것이기도 하다.

"키이라가 지금껏 해오던 일, 안전지대를 벗어나 무언가 다른 일을 하는 것을 보는 것 자체가 저를 신이 나게 만들었습니다. 장면들에서 즉흥적으로 연기를 하고, 그렇기 때문에 진실되고 말이죠. 그것이 처음에 제가 그녀에게 관심을 갖고 다가가게 만든 거였어요."

"맞아요, 진실성 때문입니다. 그들 자신의 삶을 캐릭터에 가지고 오는 거죠. … 마크 러팔로를 예로 들자면, 제가 즉흥 연기를 부탁했던 장면들이 있었어요. 그러면 그는 즉흥적으로 연기를 하지만 자신의 풍부한 경험을 바탕으로 합니다. 아무렇게나 막 하는 게 아니라요. 그게 모든 배우들이 정말 하는 거예요. 세상에 대한 자신의 경험을 영화에 기여하는 거죠. '이게 내가 세상을 보는 방식이야.' 하고 말입니다."[109]

즉흥 연기를 통해 드러나는 키이라 나이틀리의 솔직한 표정과 진솔한 모습, 진정성 있는 연기와 감정 표현은 그레타에 무의식적, 의식적으로 반영된 그녀의 실제 모습을 볼 수 있게 한다.

물론 그것은 감독이 말한 것처럼 또 다른 주인공인 댄(마크 러팔로)의 경우에도 마찬가지일 것이다. 배우로서 밥벌이를 하게 되기까지 바텐더로 일하며 약 800번의 오디션을 보았다는 마크 러팔로는[110] 댄에 관해 이렇게 설명했다.

"댄은 중년기 위기의 끝자락에 있었죠. 삶이 손안에서 바스러지고 있었던 거예요. 어디에 기대야 할지도 모르겠고 공허감을 느끼죠. 더 이상 자신이 도대체 누구인지, 무엇인지도 알지 못하겠고요. 그러다 그레타를 만난 뒤 정확히 내가 무엇을 가장 잘하는지, 그리고 왜 자신이 세상에서 중요한 존재인지, 무엇이 자신에게 온전함을 가져다 주는지 기억하게 하는 여행을 떠나는 거예요."

키이라 나이틀리도 영화를 자신을 찾아 떠나는 과정으로 묘사하며, 자신의 과거 경험이 그레타를 이해할 수 있도록 도왔다고 이야기한다.

"제 생각에 그레타는 자신이 아주 분명하다고 생각하는 사람과 아주 분명하다고 생각하는 삶 속에서 자신이 어디로 가고 있는지를 분명히 안다고 생각했어요. 그런데 어느 순간 뒤통수를 맞은 것처럼 그 모든 것이 사라지죠. 자신의 정체성이 사라지고, 함께 있던 사람이 사라지고, 갑자기 스스로를 일으켜 두 발로 설 방법을 찾아야만 하는 상황에 처하는 거예요."[111]

"제가 이 영화에 관해 좋았던 점은 음악 산업에 대한 이야기를 빼더라도 본질적으로 영화가 삶 속에서 쓰러진 사람들이 다시 스스로를 일으켜 세우고자 하는 것에 관한 내용이라는 점이에요. 그것이 연애에 관한 것이든, 커리어에 관한 것이든, 그 무엇이든 말이죠. 제 생각에 무엇이든 그처럼 극단적인 감정을 느껴보지 않고는 어른이 될 수 없는 것 같아요.

그래서 저는 분명히 그레타의 마음을 전적으로 이해할 수 있었어요. 완전히 영화의 시나리오와 동일한 건 아니지만, 자신의 삶이 어떤 방향으로 가는지 알고 있다고 생각했는데 갑자기 내가 누구인지, 어디로 가는지, 무슨 일이 벌어지는 건지 전혀 알지 못하게 될 때의 감정을 알 수 있었죠."[112]

또 키이라 나이틀리는(즉흥 연기를 포함해) 영화의 보다 '자연스러운 촬영 방식'이 싫지 않았다고 한다.[113]

"네, 분명히 제 안전지대를 많이 벗어난 것이었지만 아주 신나는 경험이었어요. … 고여 있어서는 안 되죠. 영화는 저를 겁나게 했지만 저는 항상 저를 겁나게 하는 것을 찾아 나서기도 해요. 반드시 쉬운 길이나 '오, 저건 내가 어떻게 하는지 정확히 알지.' 하는 것을 찾을 필요는 없죠. '그래, 이건 내게 도전이구나, 한번 해보자.' 하는 거예요."[114]

우리도 자리에서 일어나 작은 도전들을 해나갈 때 그레타와 댄이 그랬듯, 바로 그 한 사람, 그 기회를 만날 수 있지 않을까? 부정적인 사회의 시각에 의해 규정되는 것이 아니라 삶을 직접 주도해 나가는 그레타와 키이라 나이틀리처럼 말이다.

자신의 삶을 통해 조건과 상관없이 "나는 소중하다."는 자존감을 보여준 키이라 나이틀리와 비긴 어게인 속 그레타는 그런 면에서 닮아 있다.

외모지상주의 사회에서 더욱 아름다워 보이기 위해 스스로를 포기하는 경향이 가장 짙은 연예계에서 키이라 나이틀리는 반대의 특이한 행보를 보여 왔다.

키이라 나이틀리는 〈킹 아더〉, 〈공작부인〉 등의 영화들을 거치며 수차례 자신의 특정한 신체 사이즈(가슴)를 포토샵으로 수정하는 영화 제작사에 반대를 표해 왔고, 심지어는 이에 대한 항의로 "어떠한 조작도 가하지 말라."는 조건을 걸고 자발적으로 인터뷰 매거진과 상반신 누드 촬영을 하기도 했다.

그녀는 이와 관련해 2014년 TIME지와의 인터뷰[115]에서 다음과 같이 밝혔다.

"파파라치 사진이든, 영화 포스터든 저는 그동안 여러 가지 이유로 제 몸을 조작당해 왔어요. 사진을 조작하지 말아 달라는 조건을 건 것은 당신의 모습이 어떻든 문제가 되지 않는다고 말해 줘야 할

74

엠마 왓슨이
해리 포터를 고민했다

필요성을 느꼈기 때문이기도 해요.

우리 사회는 사진처럼 점점 더 체형의 다양성을 보지 못하게 되고 있어요."

그녀가 22살이던 2007년 데일리 메일은 거식증으로 사망한 소녀의 기사를 실으며, "만약 이 키이라의 사진과 같은 사진들에 건강 경고문이 붙어 있었다면 제 사랑하는 딸이 살았을지도 모릅니다."라는 제목과 함께 비키니를 입은 키이라 나이틀리의 사진을 게재했다.

거식증에 걸린 것이 아니라 평소 마른 몸매를 가지고 있었을 뿐이었던 그녀는 해당 언론사를 고소했고 결국 승소한 뒤 손해 배상금 전액을 섭식 장애 자선 단체에 기부했다.[116]

키이라 나이틀리는 보다 최근에도 2020년 개봉한 영화 〈미스비헤이비어〉와 관련해 인터뷰에서 "우리 사회는 여전히 당신이 하는 말보다 당신의 외모가 더 중요하다고 생각한다."는 이야기를 했다.[117]

"이게 우리가 가진 유일한 몸이잖아요, 그리고 굉장히 강력한 도구죠. 다른 몸이었으면 하고 바라지 마세요. 결코 다른 몸이 되지는 않을 테니까요. 결국은 우리가 가진 그 몸이겠죠. 그렇지만 괜찮을 거예요. 우리가 가진 이 몸을 돌보자구요."[118]

물론 우리는 기본적으로 스스로 건강을 지켜 자신의 몸을 돌보고 타인을 의식하며 살아야 한다. 자기 자신을 사랑하라는 말은 자기 자신을 방치하라는 말이 아니기 때문이다. 사랑은 그 대상이 진정으로 잘

되기를 바라는 것이다. 그러나 동시에 잘못된 것이 아님에도 타인에 의해 선호가 제약받거나 정해져서도 안 된다.

현실은 냉정하다. 인간의 가치마저도 돈이나 인기에 의해 평가받는 세상에서 우리는 살고 있다. 그렇기 때문에 누구나 필요를 뛰어넘어 끝없이 많은 인기와 돈을 얻기를 추구하게 되기 쉽다. 그리고 그렇게 되기 위해서는 자신의 모든 것을 주류의 선호에 맞추어 바꾸는 것이 필수적이다. 그러나 키이라 나이틀리는 이와 관련해 특이한 행보를 보여 왔다.

키이라 나이틀리는 2016년 영국 인스타일과의 인터뷰를 통해 본인이 탈모증을 겪고 있다는 것과 지난 5년간 가발을 사용해 왔음을 스스로 밝혔다. 이런 공개적인 고백은 여배우로서 결코 쉽게 할 수 없는 것이었다.

"영화에 출연할 때마다 온갖 종류의 색깔들로 머리를 염색하다 보니 머리카락이 점점 빠지게 됐어요. 그래서 지난 5년 동안 가발을 사용하고 있는데, 지금까지 제 머리에 일어났던 가장 좋은 일이에요."[119]

키이라 나이틀리는 출연했던 영화들의 성공 후 자신이 겪었던 정신적인 문제들에 관해서도 털어놓은 바 있다.[120]

"밖에서 그걸 바라보면 정말 굉장했죠. '와, 성공, 성공, 또 성공이잖아!' 하지만, 제 안에서는 비난만 듣는 거예요, 정말로요."

연기 훈련을 제대로 받지 못했던 것은 그녀가 부정적인 것에만 초점을 맞추도록 했다고 한다.

"저는 정말로 제가 쓸모없다고 느꼈어요. … 제가 마치 존재하지 않는 것처럼 느껴졌어요, 저는 이상한 얼굴을 가진 이상한 사람이고 사람들이 상당히 극단적인 방법으로 여기에 반응하는 거라고 생각했죠."

〈러브 액츄얼리〉와 〈캐리비안의 해적〉의 흥행은 오히려 키이라 나이틀리에게 독이 되었고 이런 상태는 〈오만과 편견〉(2005년)에서의 연기로 골든 글로브와 아카데미(오스카) 여우 주연상 후보로 오른 뒤에도 계속되었다고 한다.

그리고 불과 22살에 '외상 후 스트레스 장애(PTSD)' 진단을 받게 된다. 이처럼 키이라 나이틀리가 갑작스러운 유명세로 고통을 받는 데는 엠마 왓슨의 경우에서와 같이[121] 파파라치들도 크게 한몫했다.

매일 집 밖을 나서는 것은 마치 전투 같았고 최대 약 20명의 사진사들은 무엇이든 반응을 끌어내기 위해(그들 앞에서 감정을 주체하지 못하게 만들도록) 미끼를 던져 댔다고 한다.

한때 이 때문에 집 밖을 3개월 동안 나가지 않은 적도 있으며 '공황 발작'을 막기 위해 최면 요법 치료를 받기도 했다고 한다. 다행히도 키이라 나이틀리는 이후 치료를 통해 더 이상 "다른 사람들의 시선에 개의치 않을 수 있게 되었다."고 한다.

또 키이라 나이틀리는 인터뷰에서 본인의 '난독증'에 관해 밝히기도 했다.[122]

5살 때 반에서 1등이었던 그녀는 사람들 앞에서 글을 읽으며 자신이 정말 똑똑하다고 생각했었다고 한다. 그런데 6살이 되어 알고 보니 자신이 책을 읽고 있었던 것이 아니라는 사실이 알려지자 상황이 완전히 달라졌다고 한다.

키이라 나이틀리는 당시 글을 읽고 있었던 것이 아니라 책을 자주 읽어 주셨던 어머니의 말을 외워 말하던 것이었다. 누군가 어머니가 읽어 준 적이 없는 책을 주자 그녀가 글을 전혀 읽을 줄 모른다는 것이 탄로 났던 것이다.

난독증 진단을 받은 키이라 나이틀리는 그렇게 6세 때 최상위 우등생에서 갑자기 최하위 열등생이 되었다고 한다. 그리고 여전히 그 당시 그것이 얼마나 충격이었는지를 기억한다고 말한다. "그때부터 스스로를 얼마나 완전히 다르게 보게 되었는지"를 말이다.

다행히 키이라 나이틀리는 당시 훌륭한 공립 초등학교에 다니고 있었고 학교는 이미 먼저 난독증 진단을 받고 같은 학교에 다녔던 오빠를 다뤄 본 경험이 있었기에 잘 대처할 수 있었다고 한다.

선생님들은 부모님에게 키이라가 학교에서 잘 해내지 못할 이유가 없으며 동기부여를 위한 당근만 찾으면 된다고 했고, 그것이 '연기'였던 키이라는 성적이 같거나 상승할 때 그 당근을 받을 수 있었다.

키이라 나이틀리는 특히 창작을 좋아했고, 재능도 있었는데 철자가 엉망이었던 그녀에게 선생님은 이야기와 철자법 또는 맞춤법을 구분해 좋은 내용에 대해서는 충분히 인정해 주고 철자법에 대해서는 격려하며 노력할 수 있도록 했다고 한다.

"자신감이 제일 중요한 거잖아요. 만약 아이에게 무언가를 잘하지 못한다고, 멍청하다고 이야기한다면 아이들은 실제로 스스로 그렇다고 생각할 거예요. 그래서 네가 멍청한 게 아니라고 말해 주는 게 정말 중요해요. 그저 뇌가 남들과는 다르게 작동하는 것뿐이라고, 별문제가 없게 되도록 어떻게든 다른 방법들을 찾을 수 있을 것이고, 다른 것들을 잘하게 될 거라고 말이죠.

제 철자들은 사람들을 웃게 만들어요. 사실은 저도 웃게 만들죠. … 제가 하는 일을 생각하면 이건 꽤 힘든 일이었어요. 왜냐하면 만약 지금 제게 대화문 한 페이지를 주더라도, 어떻게든 해볼 수는 있겠지만 앉아서 익히느라 시간이 걸리거든요.

저는 항상 이렇게 이야기해야 해요. '수정된 대본을 당일에 주고 제가 잘 연기할 수 있을 거라고 생각하면 안 됩니다. 하지만 수정된 대본을 하루 전에 주고 연습할 수 있게 해준다면 저는 잘 해낼 수 있어요.'

제 생각에, 난독증으로 인해서 지금껏 제 직업 윤리가 정말 높을 수 있었던 것 같아요."

대본을 잘 읽고 암기하는 것이 핵심인 배우에게 난독증은 치명적인 단점이 될 수도 있지만 성공한 배우인 키이라 나이틀리는 오히려 이 덕분에 자신의 직업 윤리가 정말 높아질 수 있었다고 이야기한다.

그녀가 인터뷰에서 말하는 것처럼 난독증을 가진 아이는 가능한 한 빨리 진단을 받고 좋은 선생님의 지도와 가르침을 받는 것이 중요하다.

그러나 키이라 나이틀리의 이야기에서 우리가 얻을 수 있는 더 큰 교훈은 '나를 어떻게 바라보느냐.'에 관한 것이다. 난독증을 가진 어린 소녀에게 정말 중요했던 것은 선생님이 자신을 어떻게 바라보고 대우해 주느냐는 것이었다. 특히 근본적으로는 스스로가 말이다.

　　여배우가 앞에서 말한 여러 고백들을 대중 앞에서 할 때는 대단한 용기가 필요했을 것이다. 그럼에도 불구하고 키이라 나이틀리는 기본적으로 있는 그대로의 자신을 대중에게 보이고, 그 모습 그대로 인정받고 싶었던 것 같다. 더 나아가 솔직히 자기 자신을 드러냄으로써 비슷한 상황에 있는 다른 사람들에게 용기를 주고 싶었을 것이다.

　　있는 그대로의 자신에 당당할 수 있다는 말은 결코 모든 도덕적 굴레를 던져 버리고 짐승과 같이 본능에 충실하라거나 이성을 상실한 채 분노를 조절하지 말라는 말이 아니다.

　　우리는 우리를 더 나은 사람으로 만들어 주는 선한 모래주머니를 기꺼이 차고 지속 가능한 훈련을 계속해 나가야 한다. 아이러니하게도 자발적으로 행하던 선을 포기하고 자유를 찾아 떠날 때 인간은 더욱 철저히 악에 매인다.

　　그러나 잘못된 것이 아니라면 억지로 자신을 타인의 기준에 끼워 맞춰 맞지 않는 다른 사람이 되고자 할 필요는 없다. 내가 가진 기질과 성향은 있는 그대로 선을 위해 쓰일 수 있다.

　　마찬가지로 평균보다 작은 키를 가지거나, 정신과 치료를 받았던 경험을 고백하는 것 역시 잘못이 아니다. 따라서 부끄러워해 억지로 꼭꼭 숨길 필요가 없으며 현재의 자신에 당당할 수 있는 것이다.

그런 용기는 높은 자존감에서 나온다. 그리고 잘못된 것이 아니라면 당당할 수 있다는 사실을 깨닫는 것이 자존감을 키워나가는 시작이자 출발점이 될 수 있다.

〈비긴 어게인〉 속 그레타는 바로 그런 자존감을 가진 뮤지션이다.

"전 제 음악이 좋아요. 그러니까, 다른 사람들이 좀 몰라 주면 어때요, 그렇죠?"

슈퍼스타와
무명 뮤지션

영화 속에서 음반 제작 제의를 거절당한 댄과 그레타는 길가에 있는 카페의 야외 테라스에 앉아 커피를 마시며 대화를 나눈다.

"그래서 생각을 해봤는데, 우리가 스튜디오를 빌릴 이유가 뭐가 있어? 노트북, 프로툴, 다이나믹 마이크 몇 개만 있으면 돼. 그리고 도시 전체가 우리의 녹음실이 되는 거지."

"야외 녹음을 하잔 말이에요?"

"그래 맞아, 그 자식도, 데모도 필요 없어, 우리가 음반을 녹음하는 거야."

"그래요, 그런데 만약 비가 오면요?"

"무슨 일이 일어나든 우리는 녹음하는 거지."

"그러다 경찰한테 체포되면요?"

"그래도 계속하는 거야, 분명히 아름다울 거라고, 어때?"

"당신이 제작할 건가요?"

"아니, 나는 오랫동안 음반 제작을 쉬었어, 나보다 젊은 사람을 한번 찾아봐야지."

"아뇨, 전 당신이 해주었으면 좋겠어요."

"왜?"

"제가 원하니까요."

이들은 때로 바이올리니스트가 붐 마이크를 들어야 할 정도로 조잡하기 이를 데 없는 밴드를 구성한 무보수의 무명 거리 뮤지션일지도 모른다. 그러나 이들에게 남들의 인정이나 보수는 차후의 문제이거나 아예 관심 밖일 수 있다.

과거 그레타의 말처럼 그들은 기본적으로 그들 자신의 즐거움을 위해 연주를 하고 음반을 제작하고 있는 것이다.

물론 자신의 음악을 필요로 하는 더 많은 사람들에게 도움을 줄수 있는 기회가 있는데도 불필요하게 그것을 막을 필요는 없다. 또한 되도록이면 노동에 대한 정당한 금전적 대가 역시 받아야 할 것이다. 그러나 요지는 이것들이 한 사람의 인생을 평가하는 척도가 될 수 없다는 것이다.

통념과 달리 유명세나 인기, 연봉 등은 반드시 그 사람의 가치를 반영하지 않는다(우리 모두 의식적으로는 여기에 동의할지 모르나 무의식적으로는 자주 반대로 생각하곤 한다).

나는 개인적으로 이를 더 쉽게 이해할 수 있었는데, 내게 가장 큰 영향을 준 사람들은 가장 인기 있는 사람들이 아닌 경우가 더 많았기 때문이다.

블록버스터 영화보다 독립 영화 한 편이, 인기 차트에 오른 노래보다 무명 뮤지션의 노래가 내게 더 큰 영감을 주는 경우가 적지 않았다. 가령 〈라라랜드〉(2016년)보다는 〈드림업〉(2009년)이 내게 훨씬 더 큰 영향을 주었다.

우리는 시대를 잘못 타고나 이후에 인정받은 인물들을 익히 알고 있다. 가령 2012년 아카데미상을 수상한 다큐멘터리 영화 〈서칭 포 슈가맨〉의 주인공인 식스토 로드리게즈도 그 사례가 될 수 있다.

그는 미국에서 2장의 앨범을 발매했지만 흥행에 참패한다. 1집 음반인 'Cold Fact'(1979년)는 고향인 미국 내에서 겨우 6장만 팔렸는데, 그마저도 대부분 가족과 관련인들이 구매한 것이었다. 그렇게 음반사와의 계약은 해지되고 그는 세상에서 잊히는 듯했다.

그러나 극소수였던 앨범 구매자들 중 한 명이 앨범을 가지고 남아프리카 공화국에 들렀다가 그곳에서 앨범이 전파되며 로드리게즈는 자신도 모르는 사이 남아공에서 엄청난 슈퍼스타가 된다. 해당 곡이 당시 아파르트헤이트(인종 차별 정책) 등으로 암울했던 남아프리카 공화국의 시대적 상황과 맞아떨어지며 민중들의 저항곡으로 크게 사랑받았기 때문이다.

영화는 그의 남아공 팬들이 죽은 줄로만 알았던 그를 찾아 나서는 여정을 다룬다. 이후 그는 남아공에서의 성공을 발판 삼아 재기에 성공하고 역으로 고국 등에서도 명성을 얻는다.

우리는 이 외에도 과거에 인정받지 못했다가 시간이 지난 후 재조명되는 사람들을 보곤 한다. 그들은 동일하지만 더 많은 사람들이 비로소 그들의 가치를 발견하기 시작한 것이다. 심지어는 더 나아가 빈센트 반 고흐와 같이 사후에야 제대로 인정받기도 한다.

진품 논란이 끊이지 않는 레오나르도 다빈치의 그림 '살바토르 문디(구세주)'는 1958년 소더비 경매에서 45파운드(한화 약 7만 원)에 팔렸지만, 2017년 크리스티 경매에서는 4억 5,030만 달러(한화 약 5,000억 원)에 낙찰되며 미술품 경매 사상 최고가를 경신했다.

또 신원을 밝히지 않고 활동하는 유명 그래피티 작가인 뱅크시는 평범한 노인으로 분장한 연극배우를 시켜 뉴욕의 길거리 가판대에서 그림들을 단돈 60달러(약 7만 원)에 팔았지만 6시간이 넘도록 그림을 사 간 것은 고작 몇 명뿐이었다. 그러나 그 후 뱅크시가 자신의 작품임을 밝히자 사람들이 관심을 가지지 않던 그림들의 가격은 곧바로 억대로 뛰었다. 심지어 그림들 중에는 뱅크시의 서명과 함께 전화번호가 쓰여 있는 것도 있었다.[123]

나는 블라인드 테스트 실험을 통해 사람들이 제품의 가격을 맞추는 데 실패하는 경우를 여럿 본 적 있다. 예컨대, 오직 맛만 보고 가격이 15만 원인 생수와 값싼 생수들의 가격 순서를 맞추는 데 실패하는 것이다.

나 역시 아주 우연한 기회에 한 번 해외의 한 미슐랭 스타 레스토랑을 방문해 식사를 했던 적이 있었는데, 개인적으로 너무도 맛이 없어 놀랐던 경험을 한 적이 있다. 서비스와 실내 인테리어 등을 모두 고려해도 내게는 집 앞에서 파는 7,000원짜리 불고기덮밥이 훨씬 낫게 느껴졌다.

다이아몬드가 물보다 비싼 이유는 무엇 때문일까? '물건 등을 마구 헤프게 씀'을 의미하는 "물 쓰듯 하다."라는 관용구가 시사하듯 물 한 병의 가격은 상당히 저렴하지만 다이아몬드의 가격은 물 한 병과는 비교도 할 수 없을 정도로 비싸다.

본질적으로 우리의 생명을 유지하는 데 별다른 도움이 되지 않는 다이아몬드의 가격이 생명 유지에 필수적인 물의 가격보다 훨씬 비싼 것은 그 본질적인 가치 때문이 아닌 '희소성' 때문이다.

그러나 우리는 많은 경우 시장 가격을 보고 '소비자의 지불 의사'와 같은 주관적인 요소의 개입이 다분한 수요와 공급 법칙을 떠올리기보다는 곧바로 그것이 더 맛있고 절대적으로 가치 있는 것이라는 결론을 내린다.

만약 사막에서 조난을 당해 탈수증으로 정신을 잃어 가는 사람에게 웃는 얼굴로 물 대신 다이아몬드를 선물한다면 그는 곧바로 다이아몬드를 다시 던져 버린 뒤 물을 달라고 간청할 것이다.

노동 시장에서 결정되는 사람들의 임금 수준이나 연봉 등도 기본적으로는 시장 가격과 크게 다르지 않은 방식으로 결정된다. 보수 역시 반드시 절대적인 가치를 반영하지 않는다.

심지어는 어떤 사람이 소위 인기를 얻고 상업적으로 성공하는 것이 다수의 취향에 맞추었기 때문이 아니라 그럴듯한 감언이설로 남들을 속였거나 사기를 쳤기 때문일 수도 있다. 즉, 대세는 선과 동의어가 아니다.

중요한 것은 어떤 상황에서 누가 스포트라이트를 받느냐이다. 한 유튜브 채널은 재미있는 실험을 했다.[124] '패션모델은 아무리 이상한 의상을 입더라도 상관없다.'는 그들의 작은 가설을 검증하고자 당시 유명하지도 않고 모델도 아니지만 큰 키를 가지고 있었던 친구인 맥스에게 그들이 생각하는 최악의 의상을 입혀 런던 패션 위크 거리에 내보낸 것이다.

질이 좋지는 않지만 저렴한 제품을 판매하는 프라이마크(Primark)에서 50파운드(약 7만 원)도 안 되는 금액에 구입한 비닐봉지와 글씨가 적힌 테이프, 고무장갑 등으로 그럴듯하게 꾸민 의상을 입은 맥스는 불과 단 하루 만에 모델이 되어 런던 패션 위크가 열리는 거리로 나갔다.

그 결과는 놀라웠다. 가짜 모델 맥스가 런던 패션 위크가 열리는 거리에 도착하자 얼마 뒤 사진사들이 나타나 열심히 그의 사진을 찍기 시작했고 곧 도로가 그를 찍는 사진사들로 거의 마비가 된 것이다.

인터넷에는(자신도 모르게 협찬을 받게 된 물품을 소개하는 웹 사이트에 모델로 사진이 올라오는 등) 맥스의 사진이 업로드되기 시작했고, 친구 유튜버들의 바람잡이와 함께 맥스는 어느새 어엿한 '16세의 요즘 뜨는 모델'이 되어 있었다.

친구들의 표현을 빌리면 패션과는 관계없는 평범한 친구가 순식

간에 인기인으로 변모한 것이다.

물론 이런 반응은 패션 업계에 종사하는 전문가가 아닌 일반인들을 대상으로 얻어 낸 것이었기에 가능했던 것일 것이다. 그럼에도 맥스가 이후 전문적인 스타일리스트에게 찬사를 받고 이를 통해 초대를 받아야만 들어갈 수 있는 쇼장에까지 들어가 실제 유명인과 친구가 되는 등 상상 이상의 성과를 거뒀다는 점을 고려하면 인기가 갖는 허구적 측면에도 집중할 수밖에 없게 된다.

이들은 1년 뒤인 2020년에도 같은 실험을 진행해 만 78세의 할머니를 '패션 위크의 유명인'으로 만드는 데 성공하기도 했다.[125]

현명한 독자들이 이미 눈치를 채고 있겠지만 필자가 말하고자 하는 것은 인기나 가격이 가지는 지표로서의 기능이 무용하다거나 단순히 비싸고 인기 있는 것들이 값어치 없다는 것이 아니다.

다만, 인기 없고 비싸지 않은 것들이 여전히 어딘가에 반드시 필요한 존재 가치를 가지며, 따라서 단순히 현상적으로만 비교할 수는 없다는 점이었다.

소위 뜨지 못했더라도 당당하게 살아가며 자신의 음악 활동을 계속해 나가는 그레타와 스티브, 댄과 밴드를 누가 욕할 수 있을까?

우리 모두 알고 있듯 모든 사람들에게 사랑받는 것은 불가능하다. 실수를 하지 않는 100% 선한 사람이라고 하더라도 스스로의 부족함 때문에 그 선한 사람을 싫어하는 사람들이 분명 존재할 것이기 때문이다.

어차피 하루 24시간 동안 만날 수 있는 인원수는 한정되어 있기에 엠마 왓슨과 마찬가지로 키이라 나이틀리가 말했던 것처럼 가능하다면 자신을 지지해 주며, 좋은 영향을 주는 사람들로 자신의 주위를 둘러싸는 것이 좋을 것이다.

그럼에도 어쩌면 필연적으로 여전히 주관적인 기준을 가지고 남을 평가하고 비하하는 사람들이 있겠지만, 분명 그보다는 묵묵히 자신만의 가치 있는 음악을 해나가는 그레타와 스티브, 댄과 밴드 멤버들이 훨씬 멋있어 보인다.

나태해지지 않기 위해 스스로를 점검하는 절대적인 의미의 평가는 필요하다. 필요한 도움을 받기 위해 다른 사람들의 의견을 구하거나 그들의 성취를 참고할 수도 있다.

그러나 남과 하는 상대적인 비교는 반드시 자신을 불행하게 만든다.[126] 누구의 말마따나 비교는 예외 없이 자신을 비참하게 만들거나 교만하게 만든다. 결과적으로 스스로를 파괴하는 것이다. 비교는 영원히 끝이 없을 뿐만 아니라 여지없이 적대감을 일으킨다.

어떤 행위가 자신에게 완전히 백해무익하다는 것을 알면서도 그 행위를 자발적으로 또다시 반복하는 것은 매우 어리석은 일이다.

2020년 미국 대통령 자유 훈장을 수상한 미국의 전설적인 미식축구 코치인 루 홀츠(Lou Holtz)는 다음과 같이 말했다.

"여러분도 아실 겁니다. 우리 모두가 전미대표팀이 될 수는 없습니다. 모든 사람이 일등 팀에 속할 수는 없죠. 그렇지만 우리는 모두 우리가 해낼 수 있는 최고가 될 수 있습니다."[127]

자원에 대한 불균형한 수요와 공급으로 인해 삶에서 경쟁은 필연적이다. 그러나 경쟁을 대하는 태도를 올바르게 설정할 때에만 스스로를 불행의 소용돌이로부터 지킬 수 있다.

루 홀츠의 말처럼 모든 사람이 같은 대회에서 우승자가 될 수는 없지만 모두는 자신의 인생에서 최고의 존재가 될 수 있다. 진부한 말일지도 모르지만 근본적으로는 자기 자신과의 경쟁에 더욱 초점을 맞추어야 하는 것이다. 불가피한 경우가 아니라면 구태여 타인과 비교해 줄을 세울 필요가 없다.[128]

앞서 언급했던 것처럼 자신과의 절대적인 비교는 유익할 수 있다. 또 시장성 등을 파악하기 위한 자기 객관화(메타인지)를 위해 제3자의 입장에서 타인의 성취를 확인해 볼 수도 있다. 그러나 이는 어디까지나(비교를 통해 자신의 절대적인 가치를 규정짓는 것이 아니라) 참고 사항일 뿐이다.

성실성을 확보했다면 자신만의 가치인 개성을 활용해 잠재성을 마음껏 펼치며 가치 있는 일을 위해 최선을 다해 행복하게 살아가는 것이 성공한 삶 아닐까? 그것은 〈비긴 어게인〉의 주인공들도 마찬가지다.

그레타는 사회적으로 성공한 뒤 다른 연인과 만나는 전 남자친구 데이브와 자신을 비교해 스스로를 자책하며 자신의 음악이 가치 없다고 생각해 포기한 뒤 인생을 저주하며 살아야 할까? 전혀 그렇지 않다.

타인과의 비교나 주관적인 악평으로 인해 속을 썩이기보다는 지금 하는 일을 통해 이루어 내는 '절대적인 가치'에 집중하며 나아가면 되는 것이다. 그리고 그레타는 실제로 그렇게 살아간다.

엠마 왓슨이
해리 포터를 고민했다

평정심을 유지하고
포기하지 말라

삶이 쉽지 않다는 것은 누구나 아는 사실이다. 더 나아가 혹자는 어쩌면 인생이 악과 고통으로 가득 차있다고 말할지도 모른다. 그렇기에 사람들은 자주 냉소적이 되고 '현실적인' 태도를 견지한 채 일체의 도전을 포기함으로써 한 번뿐인 자기 삶의 의미를 잃어버리기도 한다.

〈비긴 어게인〉은 이 냉혹한 사실을 무시하지 않는다. 주인공들은 성공한 남자친구에게 배신당하고 일방적인 통보에 따라 아내와 별거에 들어가며, 본인이 세운 회사에서 해고되고 동료가 대표로 있는 음반사로부터 제의를 거절당한다. 버스킹을 들어 주는 관객은 없으며 돈 역시 없고 미래는 불투명하다. 유일한 자녀는 방황하며 감정 장애가 생긴 자신은 알코올에 중독된 채 살아가다 결국은 죽음을 생각한다.

이처럼 영화는 막연한 동화 속 이야기를 하기보다는 우리들의 현실을 사실적으로 반영한다. 그리고 바로 이 점 때문에 키이라 나이틀리는 〈비긴 어게인〉에 출연하기로 결정했다.

"저는 〈안나 카레니나〉와 함께 마친 지난 5년간의 작품 활동을 되돌아보면서 모든 작품들이 매우, 매우 어두웠다는 것을 알게 되었어요. 지난 5년간 출연했던 10개 영화들 중 7개 영화들에서 제가 죽었더라고요. 〈안나 카레니나〉를 마친 후에 조금이라도 희망을 담은, 긍정적인 내용의 영화를 해야겠다는 생각이 들었어요."[129]

"…분명히 제가 무언가 긍정적이고 희망으로 가득 찬 작품을 해야겠다고 생각하는 지점에 도달했었어요. 그래서 많은 대본들을 받아 읽었는데, 오글거리는(cheesy) 느낌이 나지 않는 내용의 영화를 찾기가 꽤 어려웠죠. 이 영화는 제 생각에 충분히 가혹한 측면을 보여 주면서도 동일하게 희망과 웃음으로 가득 찬, 모든 것을 만족시켜 준 첫 번째 영화였어요."[130]

"그것이 제가 영화에 정말 참여하고 싶었던 이유예요. … 영화는 실제로 상당 부분 우리의 현실을 다루죠."[131]

그레타는 5년 동안 함께 산 남자친구와 이별한 뒤 눈물을 흘린다. 짐을 싸 들고 찾아간 오랜 친구 스티브는 호의를 베풀지만 그녀는 감정을 주체하지 못하고 쌀쌀맞은 태도를 보이기도 한다. 자신을 위해 공연장에 같이 가자고 하는 스티브에게 "난 네 망할(fucking) 노래가 싫다."는 마음에 없는 소리를 하기도 한다.

"그러지 말고 나랑 같이 가자."

"난 네 망할 노래들이 싫어."

"알겠어, 내 생각에 우리 둘 다 그게 사실이 아닌 걸 알잖아, 그러니까….."

"미안해, 아냐, 나 네 노래 정말 좋아해, 그냥 지금 기분이 너무 끔찍해. 바로 그렇기 때문에 내가 집에 가야 되는 거야."

"아니, 바로 그렇기 때문에 나랑 같이 가야 되는 거야. 널 여기에 그냥 놔두진 않을 거야, 내가 그냥 갔다 오면 너는 오븐 안에다 머리를 박고 있을 거라고."

5년 동안 함께 산 남자친구의 외도로 그와 헤어졌을 때 슬퍼하는 것은 지극히 당연하다. 만약 이런 상황에서 슬픔 등의 감정을 전혀 느끼지 못한다면 그 사람은 감정 장애를 앓고 있거나 냉혈인일 것이다. 어쩌면 때로는 그레타처럼 배신을 당하고도 또다시 집에 돌아와 그와의 추억이 담긴 동영상을 보게 될지도 모른다.

그것은 자존감 높은 여전사처럼 보이는 키이라 나이틀리도 마찬가지다. 키이라 나이틀리는 때로 자신에 관한 이야기들을 듣거나 읽은 뒤 화장실에서 눈물을 흘린다고 고백한 바 있다.

〈안나 카레니나〉 촬영 막바지에 진행된 인터뷰에서 그녀는 다음과 같이 밝혔다.

"제가 그냥 욕실 바닥에 앉아 와락 울음을 터뜨리는 경우들이 많이 있었어요. 그리곤 '신경 안 써, 괜찮아.' 하고 넘길 수 있는 다른 날들도 있었죠. 제 생각에는 그건 주중의 요일에 따라 달라지는 것 같아요, 정말요."[132]

〈안나 카레니나〉에서 안나(키이라 나이틀리)는 끝내 스스로 목숨을 끊는다. 키이라 나이틀리는 역설적이게도 이 영화 덕분에 반대로 삶에 대한 희망을 이야기하는 〈비긴 어게인〉에 참여하게 되었다.

그레타와 키이라 나이틀리의 경우와 같이 고통스러운 상황을 만났을 때 다양한 감정이 섞인 눈물을 흘리는 것은 자연스러운 일이다. 한참을 울고 나면 스트레스 호르몬이 빠져나가며 기분이 나아지기도 한다. 억지로 괜찮다고, 나약해지지 말라고 스스로를 과하게 옥죌 필요는 없다.

영화를 통해 제3자인 관객 입장에서 상황을 바라보면 슬퍼하는 주인공의 마음이 충분히 이해되는 것처럼, 때로는 우리 자신을 보다 객관화해 영화 속 주인공처럼 바라볼 수 있어야 한다. **그녀가 흘리는 눈물이 이상하지 않은 것처럼 우리가 흘리는 눈물도 이상하지 않은 것이다. 그러나 언제까지나 제자리에 주저앉아 계속 울고만 있을 수는 없다.**

그레타가 스티브에 의해 반강제로 들른 바에서 우연히 댄을 만나고 밴드를 구성하면서 그들의 삶은 완전히 달라진다.

'Tell Me If You Wanna Go Home' 녹음을 마친 뒤 주인공들은 모두 함께 모여 파티를 한다. 누나인 레이첼이 누구보다 자유롭게 춤추며 뛰노는 동안, 백인 바이올린 영재인 말콤은 전혀 다른 배경에서 자란 흑인 뮤지션들(트러블검의 동료 뮤지션들)과 교류하며 환하게 웃는다.

바이올렛이 짝사랑하던 남학생은 그녀 옆에 먼저 다가와 앉고 댄은 그레타에게 본인이 금주를 하고 있다며 술 대신 콜라로 건배를 한다. 댄은 영화 속 거의 모든 장면에서 휴대용 술병(힙 플라스크)을 들고 다니며 수시로 술을 마시고 흡연을 하는데, 이 장면 이후로는 술을 마시거나 흡연을 하는 모습이 등장하지 않는다.

댄과 아내 미리엄, 딸 바이올렛은 함께 춤을 추며 가족은 다시 하나가 된다. 그렇게 모두는 흥겨운 노래에 맞춰 함께 신나게 춤을 춘다.

샤넬의 광고모델을 맡았던 키이라 나이틀리는 여러 개의 개인적인 질문들에 대해 답하는 인터뷰 형식의 광고에서 본인의 좌우명이 "Keep calm and carry on."이라고 밝혔다.[133] 이는 나의 좌우명이기도 한데, '평정심을 유지하고 하던 일을 계속해 나가라.'는 뜻이다.

'Tell Me If You Wanna Go Home' 녹음 장면과 동일한 의상을 입은 그녀는 영상 인터뷰에서 〈비긴 어게인〉의 주제를 다음과 같이 설명한다.

"영화는 분명히 희망을 담은 메시지를 전해요. 누구도 앞으로가 어떻게 될지를 알지 못하지만 그래도 시도해 보는 편이 낫고, 당신이 도전해 보지 않을 이유가 무엇이냐는 거죠. 저는 그게 정말 좋아요."[134]

바로 이것이 영화가 말하고자 하는 것이다. 유발 하라리의 『호모 데우스』 등이 주창하듯 우리는 갈수록 모든 것이 빅 데이터로 표현되고 예측된다고 생각하는 세상에서 살고 있다. 그러나 분명하게도 여전히 미래는 완벽히 예측할 수 없다.

기술 발전으로 인해 올더스 헉슬리의 『멋진 신세계』나 '빅 브라더'가 등장하는 조지 오웰의 『1984』처럼 디스토피아적인 미래가 펼쳐질지도 모르겠지만, 우리는 기계가 아닌 자유 의지를 가진 인간으로서 자발적인 선택을 통해 실제로 미래에 긍정적인 변화를 만들어 낼 수 있다. 미래를 알 수 없기에 여전히 희망은 있는 것이다.

명예훈장을 받은 미국 전쟁 영웅의 이름에서 유래된 유명한 심리학 용어인 '스톡데일 패러독스'의 의미처럼 아이러니하게도 '무조건적인 희망(자신감)'을 가진 채, '냉철한 현실 인식'을 바탕으로 현재 처한 상황에서 할 수 있는 최선의 일들을 포기하지 않고 해나갈 때 끔찍한 상황에서 생존할 수 있다.

2차 세계 대전 당시 나치의 아우슈비츠 수용소에서 살아남은 유대계 정신과 의사·심리학자인 빅터 프랭클(Viktor E. Frankl) 역시 자신의 저서 『죽음의 수용소에서』에서 다음과 같이 말했다.

"자살기도가 미수에 그친 사람들은 자살이 실패했다는 것을 알았을 때 얼마나 기뻤는지 모른다고 수없이 말합니다. 자살에 실패한 지 몇 주일 후에, 몇 달 후에, 그리고 몇 년 후에, 당시에도 자기에게 문제를 해결할 수 있는 방법이 있었고, 의문에 대한 해답이 있었으며, 삶에 의미가 있었다고 회고하죠."[135]

"비록 사정이 좋아질 확률이 천 분의 일이라고 해도, 그런 일이 당신에게 어느 날 조만간 일어나지 않으리라는 보장이 어디 있습니까?"[136]

엠마 왓슨이
해리 포터를 고민했다

필자도 이들과 마찬가지로 미군 부대에서의 개인적인 경험을 통해 이를 배울 수 있었는데, 혹시라도 궁금하다면 『카투사 슬기로운 군대생활』(청년정신, 2020년)을 참고하기 바란다.

그레타가 심란한 가운데 스티브의 성가신 제안을 받고 공연장으로 향했을 때, 억지로 무대 위에 올라 노래를 불렀을 때, 과연 이후 펼쳐질 자신의 스토리를 예측할 수 있었을까? 평소 차 룸미러에 십자가를 걸어 놓던 댄이 전도자를 무시하고 선로에 뛰어들기 전, 연착된 지하철 탓에 술을 마시러 바에 들렀을 때 과연 우연히 그 노래를 듣게 될 줄 알았을까? 그렇지 않다.

'내 인생에도 다시 해 뜰 날이 없으란 법이 어디 있는가?'

예측할 수 없는 위험들이 존재하는 전쟁 같은 삶이지만, 중요한 것은 원하든 원치 않든 일단 세상에 태어났다면, 무조건적인 희망을 가질 때 역설적으로 위험을 이겨 낼 수 있다는 것이다. 총알이 빗발치는 전쟁터에서 좌절하고 포기하면 생존 확률은 제로가 되지만 희망을 가지고 정신을 차린 뒤 총을 붙들면 생존 확률은 상승한다.

'그럼 이제 나는 무엇을 하면 되는가?'

동시에 처한 상황에서 할 수 있는 최선의 일들을 해나갈 때 비로소 현재의 위기를 극복할 수 있다. 총알을 장전하고 참호를 구축하고 구조를 요청하는 등의 활동을 실행에 옮겨야 하는 것이다.

"이 도시는 이제 지긋지긋하거든요."

만약 그레타가 뉴욕에서 데이브와 헤어진 뒤 댄의 제안을 거절하고 집으로 돌아가 자신의 가치와 음악을 폄훼하며 방 안에서 울기만 했다면 이 모든 일은 일어나지 않았을 것이다.

댄이 바에서 처음 그레타에게 제안을 거절당한 뒤, 문 앞에서 그녀를 기다리지 않고 그냥 다시 지하철역 안으로 들어갔다면 이야기는 거기서 끝났을 것이다.

주어진 기회에 따른 둘의 선택을 통해 영화는 완성될 수 있었다.

키이라 나이틀리는 〈오만과 편견〉을 촬영할 당시 본인 특유의 입술을 약간 내민 뿌루퉁한 표정(pouting)을 금지당했었다고 한다.[137] 지겹다는 듯한 이 표정은 그녀의 트레이드마크와도 같은데 〈비긴 어게인〉에서도 예외 없이 자주 등장한다.

이별 후 그녀가 노래를 부르는 모든 장면에서 순간순간 그 표정이 얼굴에 드러난다. 외로움이 찾아왔을 때, 슬픔을 견디며 자전거를 탈 때도 그레타는 입을 꾹 다문 채 그 표정을 짓는다. 나는 이 표정이 싫지 않고 오히려 좋았는데, 그녀의 마음속 굳은 의지를 표현하는 것 같았기 때문이다. 그 표정은 실없이 웃는 표정이 아니라 버텨 내는 표정이었다.

나는 나름대로 이를 '그레타 페이스'라고 명명했는데, '썩 유쾌하지 않은 상황에 처했고 그것을 부정하지는 않겠지만, 그래도 무너져 버리지는 않을 것이라는 굳은 의지를 반영하는 표정'을 뜻한다. 그레타 페이스는(어쩌면 불가피하게) 영화 속 주인공에 실제 그녀의 모습이 어느 정도 반영되었음을 의미하기도 한다.

Lost Stars

영화는 외로움에 관한 이야기이기도 하다. 키이라 나이틀리는 과거의 인터뷰에서 자신이 겪은 외로움에 대해 이렇게 밝힌 바 있다.

"영화는 연극보다 훨씬 더 외로운 과정이에요. 영화 촬영에는 리허설 시간이 없죠. 연극에는 완전히 가족 같은 분위기가 있잖아요. 이 업의 사교적인 면은 연극적인 면이지 영화적인 면은 아니에요. (<슈팅 라이크 베컴>(2002년)으로 스타가 된 뒤)다른 모든 것과 마찬가지로 좋고 나쁨이 모두 있었죠. 저는 조금 특이한 경험들을 했어요, 모든 경험이 행복하지는 않았고 많은 경우 외로웠죠."

그러나 인터뷰어에 따르면 연극 학교 등에서 교육을 받지 못했던 키이라 나이틀리는 연극 경험 등을 통해 직접 일을 하며 배워감으로써 스스로에 대한 자신감을 얻은 덕분에 "인터뷰 동안 수차례

언급했던 '외로움'은 이제 그다지 중요한 요소가 아니게 되었다."고
한다.

수많은 사람들의 박수갈채를 받아야만 외로움이 사라지고 행복
해지는 것이 아니다.

그녀는 인터뷰에서 유명세에 관해서도 이야기했는데, 자신은 어
렸을 때부터 연극배우와 극작가로서 수입의 불안정함과 재정적인
어려움을 겪는 부모님을 보며 "재정적으로 유용해지고 싶다."는 생
각을 했고, '실용적인 접근'을 취해 당시 연극 학교 및 대학 진학을
포기하고 지금 자신에게 들어오는 배역들을 계속 받는 것을 택했
다고 한다.

그리고 그 뒤(그녀가 언급했던 여러 어려움들을 겪은 후) 현재는 독립 영화와 예
술 영화들에서 이전보다 더 많은 배역을 맡으면서 대중의 관심이
조금은 줄어들어 유명세가 이전보다는 덜 문제가 된다고 밝혔다.
또 자신은 파티들을 즐기지 않으며 리뷰를 읽지 않으려고 한다고
말했다.

"만약 좋게 쓰인 글을 읽으면, 안 좋게 쓴 글을 발견할 때까지 계
속 찾아 나갈 거예요. 그리곤 또다시 가능한 한 최악의 글을 찾을
때까지 그걸 계속할 거예요. 그리고 바로 그 최악의 글이 머릿속에
서 계속 맴돌게 되는 거죠."[138]

영화의 첫 장면에서 무대에 오른 그레타는 노래를 시작하기에 앞
서 관객들에게 "이 노래는 도시에 홀로 남겨진 누군가를 위한 노

엠마 왓슨이
해리 포터를 고민했다

래"라고 말한다.

사람들에 둘러싸여 있으면서도 도시에 사는 우리는 한 번쯤 그녀와 같은 외로움을 겪는다. 또 대단해 보이는 많은 사람들 틈에 섞여 살면서 우주 속 먼지와도 같아 보이는 우리(모두)가 도대체 왜 중요한 존재인지 고민해 보기도 한다. 본인이 19세든, 29세든, 89세든 말이다.

그런 감정이 들 때, 삶의 위기를 만났을 때 결코 모든 희망을 놓아 버리고 포기해서는 안 된다. 때로는 누구나 그렇듯이 그레타처럼 눈물이 나오고 화가 날지도 모르지만,[139] 결코 자책과 같은 깊은 늪에 스스로 빠져들어 가면 안 된다. 잠깐 아파하고 교훈을 얻은 뒤 희망을 보아야 한다.

천사 같은 미소는 짓지 못하더라도 정말 힘들 때 입을 꾹 다문 '그레타 페이스'를 유지한 채 걸어갈 수 있다면 끝내는 이겨 낼 수 있다.

"이제 상황이 어떻든 간에, 누가 뭐래도, 이대로 무너져 있지 않고 일어나 의미 있는 하루를 보내겠다."는 의지를 가지고 실제로 그렇게 생활해 나간다면 정말로 삶이 바뀐다. **중요한 것은 기분이 아니라 의지인 것이다.**

의학 용어 중에는 '작업 치료(요법)(occupational therapy)'라는 말이 있다. 데일 카네기의 『자기관리론』에는 연이어 두 자녀를 잃게 된 부모의 실제 이야기가 나오는데, 사람이 살면서 겪을 수 있는 최악의 고통 중 하나를 겪은 이들의 마음이 치유되었던 방법으로 이 작업

요법이 제시된다.

소파에 앉아도, 침대에 누워도 아이들의 얼굴이 떠오를지 모르는데 이들은 도대체 어떻게 회복할 수 있을까? 정답은 자신을 매우 바쁘게 만드는 것이다. 시간 단위, 분 단위로 봉사 활동 등의 과업들을 눈코 뜰 새 없이 계속 제시함으로써 도무지 다른 생각을 할 수 없도록 하고 밤에는 지쳐 곯아떨어지게 만드는 것이다. 그렇게 시간이 지나면 결국 점차 이성을 되찾고 스스로 일어설 힘을 얻게 된다.

인간이 가진 축복 중 하나는 근본적으로 멀티태스킹이 되지 않는다는 것이다. 동시에 여러 개가 아니라 한 번에 하나에만 온전히 집중할 수 있다. 따라서 부정적인 생각을 할 시간을 다른 것들에 '집중'해 대체하면 그 고통의 시간을 넘길 수 있다.

물론 그 다른 것들은 댄의 경우처럼 술이나 또는 마약, 도박과 같은 것들이 아니라 자신에게 건설적인 일들이 되어야 한다. 또 온갖 생각을 하면서도 할 수 있는 익숙하고 기계적인 일보다는 창조적이고 도전적인 일이 바람직하다.

정도의 차이는 있겠지만 우리도 어려움을 만났을 때 일단 일어나 무엇인가를 할 필요가 있다. 부정적이고 절망적인 생각을 계속 진행시켜 늪에 빠져들어 가는 것이 아니라 잘못된 스위치가 켜질 때마다 다른 건설적인 일에 집중함으로써 이를 끄는 것이다.

그레타처럼 집 밖으로 나가 자신이 좋아하는 것을 할 때 외로움 등의 감정을 환기시키고 보다 긍정적인 감정으로 자신을 채울 수 있다. 반드시 장소가 중요한 것은 아니지만 댄이 곧장 집으로 돌아

엠마 왓슨이
해리 포터를 고민했다

가려는 그레타에게 말했던 것처럼 "어차피 집에 가서 침울하게 시간만 보낼 것"이라면 말이다.

우리도 때로는 그레타와 댄이 카페에서 커피를 마시며 앞으로를 논의했던 것처럼, 화창한 날 좋은 카페에서 노트북을 펴고 미래 계획을 세워 보는 건 어떨까? 희망을 가지고 세운 계획을 실제 행동으로 옮길 때 고통스러운 과거에서 벗어나 현실이 되어 가는 더 나은 미래로 나아갈 수 있을 것이다.

계획은 당장이라도 실행에 옮길 수 있는 것이면 좋다. 거창할 필요는 없지만 '야외에서 앨범을 녹음해 보자.'는 것도 그 예가 될 수 있다. 나에게는 그것이 글쓰기였다.[140]

또는 자신이 하고 싶은 것이 무엇인지, 현재 상황에서 그 일을 위해 할 수 있는 실행 방안들은 무엇이 있을지를 찬찬히 생각해 볼 수도 있다.[141] 만약 그도 버겁다면 그저 부담 없이 이번 주말에 방문할 맛있는 와플집을 찾아볼 수도 있다.

희망을 가지고 실현 가능한 구체적인 미래를 바라보며 버티는 것이다. 이미 지나간 과거가 아니라 주어진 상황에서 '지금 무엇을 해야 하는지'에 에너지를 집중해야 한다.

일상 속에서 소소하지만 감사할 만한 것들을 찾아가면 이는 더 수월해진다. 이 세상에 당연한 것은 없다는 사실을 기억하면서, 전쟁 후 평화로운 상황을 처음 맛보는 사람처럼 세상을 바라보면 감사함을 가지고 가까운 미래를 위해 지금 할 수 있는 일들이 떠오를 것이다.[142]

그리고 일단 결정했다면 너무 고민하지 말고 작은 계획들을 실행에 옮김으로써 매일 성취 경험들을 쌓아 나갈 필요가 있다. 뿌리들을 깊이 내리고 있는 나무처럼 화려하지도 않고 사람들이 당장 알아봐 주는 일이 아닐지라도 작은 일들을 통해 준비되었을 때 비로소 큰 기회를 잡을 수 있다.

　한 번에 되는 것은 없다. 생각으로는 아는데 몸이 따라 주지 않을 때 훈련이 필요하다. 의지적 훈련의 반복은 우리가 늪에서 빠져나오는 시간을 놀랍게 줄여 줄 것이다.

　작은 일에도 감정 기복이 매우 심한 아기와 같은 상태에서 벗어나 심각한 일을 겪고도 머지않아 평정심을 되찾고 자신의 삶을 계속 살아갈 수 있는 놀라운 '회복 탄력성'을 가진 성숙한 사람으로 성장해 가는 것이다.

　끝내 극복해 낸다면 과거의 끔찍한 경험은 뿌듯한 훈장과도 같은 기억으로 남아 더 커진 정신적 근육을 통해 미래의 회복 탄력성을 높여줄 것이다.

　"배신당해 뉴욕에 혼자 남겨졌을 때도 잘 이겨 냈는데 이걸 못 극복할까?"

　키이라 나이틀리가 말한 것처럼 '어른'이 되어 가는 것이다.

　그레타처럼 높은 자존감을 가진다면 그녀가 머리가 복잡한 상황에서도 아직 어린 바이올렛이 용기를 낼 수 있도록 도왔던 것처럼 자신이 도움을 받았듯 다른 사람에게도 도움을 줄 수 있는 성숙함을 가지게 될 것이다.

엠마 왓슨이
해리 포터를 고민했다

외롭고 우울한 시기를 견뎌 나갈 때 스티브와 같은 좋은 조력자의 도움을 받을 수 있다면 좋겠지만, 그럴 수 없는 상황이라면 부족한 나라도 힘을 낼 수 있도록 격려하고 싶다.

내 생각에 가장 효과적인 훈련 방법 중 하나는 '모방'인 것 같다. 나 자신이 실제로 영화 속 그레타나 댄이라고 생각하고 행동하며 살아가다 보면 저절로 그들의 태도를 닮아 가게 되기 때문이다.

전역 후 나는 처음으로 오롯이 혼자 뉴욕으로 여행을 떠났다. 그리고 그레타와 댄이 그랬듯 화창한 햇살을 맞으며 밴드가 신나게 연주를 하던 워싱턴 스퀘어 공원의 아치 아래에서 〈비긴 어게인〉의 OST들을 듣고, 센트럴 파크의 베데스다 분수와 테라스 밑을 거닐고, 밤 11시에 타임스퀘어를 돌아다녔다.

그들이 노래를 불렀을 지하철역들에서 지하철을 타고 홀로 엠파이어 스테이트 빌딩 옥상에 올라 야경을 감상하기도 했다. 그때만큼은 나도 내 작은 영화 속 주인공이 된 기분이었다.

그리고 해가 진 뒤 밤에 바에서 만난 그레타와 댄이 헤어지기 전 자신들도 모르게 새로운 시작을 약속하던 바로 그 지하철역 출구를 찾아가 그곳에서 사진을 남겼다.

그렇게 〈비긴 어게인〉은 내게 더욱 특별한 영화가 되었다. 그리고 나 또한 그레타처럼 때로는 그레타 페이스를 한 채 남의 시선에 개의치 않고 당당히 거리를 걸을 줄 알게 되었다.

내게는 전혀 관심 없는 외국인들 틈에서 뉴욕의 거리를 걸었을 때처럼, 한국에 돌아온 뒤에도 점차 다른 사람들의 시선을 신경 쓰지 않고 내 길을 걷고, 내 삶을 살 수 있게 되었던 것이다. 나에게도 외로움은 더 이상 큰 문제가 아니게 되었다.

노래를 들으며 〈비긴 어게인〉의 촬영 장소들을 찾아다니는 동안 중요한 것은 장소가 아님을 깨달았다. 그 지하철역은 서울의 어느 지하철역이 될 수도 있고 타임스퀘어는 광화문 광장이 될 수도 있는 것이다. 아름다운 스토리는 영화 속에만 있는 것이 아니라 현실에서도 얼마든지 존재하는 것이었다.

얼마 전 찾은 영화관에서 "영화보다 더 멋진 당신의 일상"이라는 문구를 볼 수 있었다. 때로는 코미디 같기도 하고 때로는 모험, 스릴러, 멜로, 전쟁, 판타지 같기도 하지만 나는 무엇보다 삶이 〈비긴 어게인〉처럼 드라마 장르에 가장 가까운 것 같다.

그레타는 알지 못했지만 그녀가 댄과 함께 별거 중인 아내 미리엄의 집을 찾아갔을 때 미리엄은 집 안 창문을 통해 차 안에 그레타와 함께 있는 댄을 보며 간접적으로 그의 입장에서 상실감을 느끼기도 했다. 또 그레타가 베푼 작은 친절은 정신과 상담을 받고 있던 바이올렛에게 큰 치유가 되었다.

힘이 들 때 유명 강사의 강의보다 오히려 우연히 마주친 아기의 웃음이나, 친절한 포장마차 주인에게서 더 큰 위로를 받기도 한다.

그런 의미에서 우리 모두는 각자 빠질 수 없는 배역을 맡고 알게 모르게 서로에게 큰 영향을 끼치는 인생이라는 영화 속 빛나는 주인공들과도 같지 않을까? 잘 만들어진 영화 속 주인공이라고 생각하면 우리의 삶도 지루하고 진부하지 않다. 일상의 모든 장면들에는 이유가 있다.

결과적으로 더 높은 자존감을 가짐으로써 상황이나 타인의 시선에 과민하지 않게 될 때 오히려 좋은 인연을 만날 수 있는 가능성은 더욱 높아질 것이다.

결국 그레타는 데이브의 공연장으로 향하고 수많은 관중들 앞에서 자신이 크리스마스 선물로 주었던 'Lost Stars'를 부르는 데이브를 바라본다. 그리고 그레타는 데이브가 이제 대중의 가수가 되었다는 것과 음악을 즐기는 관객을 보며 공유의 의미를 깨닫는다. 눈물을 흘리던 그레타는 결국 마지막에 미소를 짓는다.

영화가 끝난 뒤 쿠키 영상에서 댄을 찾아간 그레타는 충격적인 제안을 하는데 그녀의 예상과 달리 댄은 후폭풍을 감수하고 이를 흔쾌히 허락한다.

"당신의 레이블이 앨범을 발매하지 않았으면 해요."

"모두와 똑같이 나눌 거예요, 말콤, 레이첼, 모두와요."

그레타가 이 같은 선택을 한 것은 그녀의 가치가 단순히 대형 음반사를 통해 스타가 되는 것에 있지 않았기 때문일 것이다. 그녀의 초점은 자신의 음악적 성취를 그동안 함께해 온 주변의 소중한 사람들, 그리고 그것을 필요로 할 누군가와 나누는 것 자체에 있었다.

자신의 결과물을 타인과 나눔으로써 선한 영향을 끼칠 수 있는 기회가 있는데도 특별한 이유 없이 이를 막을 필요는 없을 것이다.

또 다른 사람들을 참고하면서 스스로를 계속 혁신해 나가야 할 것이다.

그러나 그것은 결코 자기 자신을 버리는 것을 의미하지는 않는다. 돈이나, 인기 등의 사슬에 매인다면 그것은 '독이 든 성배'가 되어 자신과 자신의 결과물에도 분명 해를 끼치게 된다.[143]

댄은 스타가 된 데이브에 관해 이야기하면서 이렇게 말한다. "그렇게 되면 음악과 조명, 투어, 여자들과 사랑에 빠지지, 하지만 아무리 열심히 노력해도 절대 한 여자를 행복하게 해줄 수는 없을 거야."

키이라 나이틀리는 〈비긴 어게인〉의 뉴욕 기자 회견장에서 "분명히 저는 고예산 영화들을 비웃지 않고 저예산 영화들을 비웃지도 않아요."라고 말했다.[144]

성공과 실패는 누가 정하는 것일까? 그레타에게 "너는 데이브처럼 되어야 해, 그게 네가 추구해야 하는 방향이야."라고 말할 수 있을까?

누군가의 귀에 데이브의 상업적인 노래는 아무런 감흥을 주지 못할 수도 있다. 최신 트렌드를 따라가는 수많은 노래들은 댄에게 감동을 주지 못했지만 바에서 혼자 기타를 들고 부르는 그레타의 자작곡이 댄의 인생을 바꿔 주었던 것처럼 말이다.

〈비긴 어게인〉의 원래 제목은 'Can a Song Save Your Life?(노래 하나가 당신을 살릴 수 있을까요?)'였다.[145]

만약 모두가 정말 가장 많은 사람들로부터 인기를 얻을 수 있는 (따라서 보통의 경우 자극적인) 노래를 동일하게 따라 한다고 가정한다면 그렇게 만들어진 유사한 음악은 그것을 좋아하는 가령 90명의 사람들에게 도움을 줄 수 있을 것이다. 그러나 그렇지 않은 10명의 사람은 여전히 그레타의 것과 같은 음악에만 반응할 것이다.

그렇다면 이미 많은 사람들이 살리고 있는 90인이 아닌 '자신만 살릴 수 있는' 10명의 사람들에게 도움을 준다고 그것을 잘못되었다고 할 수 있을까? 오히려 그 반대일 것이다. **우리는 모두 개성을 가진 고유한 존재들로서 자신만 살릴 수 있는 사람이 있다.**

그레타는 자신의 상처가 담긴 노래를 통해 유사한 상황에 있던 댄을 살릴 수 있었다. 단 한 명이라도 살리는 것이 아무것도 하지 않거나 많은 사람들에게 부정적인 영향을 끼치는 것보다 낫다. 단순히 숫자가 중요한 것이 아니라 자신만의 숭고한 사명을 열심히 감당해야 하는 것이다.

내가 영향을 끼칠 수 있는 그 한 명은 13세에 아버지를 잃고 화가가 되고자 미술 대학에 진학하지만 18세에 어머니를 잃은 뒤 그림엽서 등을 팔며 인종주의 서적을 읽고 있는 청년 아돌프 히틀러일 수도 있고, 앞으로 수백만 명의 생명을 살리는 결정을 내릴 결정권자가 될 어린아이일 수도 있다.

또는 거창하지 않더라도 무한한 가치를 지닌 존엄한 인간으로서 나쁜 선택을 하지 않도록 지켜야 할 자기 자신일 수도 있다. 비록 그 선한 영향이 흘러 흘러 어떤 결과를 낼지 온전히 보지 못하더라도 말이다.

"내가 책을 쓰거나 신문기사를 쓸 수는 없더라도, 언제나 나 자신을 위한 글은 쓸 수 있다."고 했던[146] 13세의 어린 유대인 소녀가 남긴 위대한 작품『안네의 일기』를 한번 떠올려 보라.

2012년 지구멸망설을 다룬 재난 영화 〈2012〉에는 대통령의 딸이자 미술 전문가인 로라 윌슨 박사가 등장하는데, 루브르 박물관에서 모나리자를 대피시키는 데 일조한다. 그 후 그녀는 비행기 안에서 두고 온 시민들을 생각하며 죄책감에 빠진다.

그때 지질학자이자 백악관의 과학 고문인 헴슬리 박사는 그녀에게 다가와 다음과 같은 이야기를 한다.

"혹시 잭슨 커티스라는 소설가 이름을 들어 본 적 있으세요?『안녕 아틀란티스』라는 책을 썼습니다. 500권을 채 팔지 못했을 무명 작가가 이 비행기에 탑승하는 데 성공했을 가능성이 얼마나 된다고 생각하세요? 이 책도 이제는 우리의 유산이 된 겁니다. 제가 읽고 있으니까요."

스포일러를 하자면 커티스 작품의 열혈 팬이던 헴슬리 박사는 끝내 기적적으로 생존한 커티스와 만나게 된다.

영화에서 비판하는 것처럼 궁극적으로『안녕 아틀란티스』와 모나리자는 무슨 차이가 있을까? 지구가 멸망할 때 우리도 수많은 사람들 대신 고대의 거대한 조각상들을 방주에 실어야 할까?

키이라 나이틀리는 〈비긴 어게인〉과 관련해 인터뷰에서 다음과 같이 말했다.

"〈비긴 어게인〉은 훌륭한 영화예요. 우리가 희망했던 바에는 미치지 못했지만요, 그래서 어느 정도의 실망감이 있죠. 한국을 제외하면 말이에요. 영화가 한국에서는 대성공했어요."[147]

영화 〈비긴 어게인〉은 북미 등을 제치고 한국에서 가장 크게 흥행했다. 무려 전 세계 수익의 41%를 한국에서 벌어들였는데,[148] 영화 앞부분에 한국에 관한 농담을 등장시킨 존 카니 감독은 이를 예측할 수 있었을까?

나는 영화를 보는 내내 너무도 지루했다며 〈비긴 어게인〉을 '인생 최악의 영화'로 꼽은 사람도 본 적이 있다. 하지만 마땅히 존중받아야 할 그의 생각은 내가 영화를 통해 받은 감명과는 아무런 상관이 없다.

영화의 도입부에서 노래를 마친 그레타는 바의 무대를 내려오며 스티브에게 들릴 듯 말 듯 한 목소리로 말한다. "봤지?" 그러나 모든 관중이 냉담해 보일 때도 남들이 듣지 못하는 것을 들을 수 있는 댄과 같은 사람이 있기 마련이다.

"신이시여 이유를 말해 주세요 왜 젊은이들의 젊음이 낭비되는지
지금은 사냥철이고 양들은 삶의 의미를 찾아 도망치고 있어요
우리는 그냥 길 잃은 별들인가요, 어둠을 밝히려고 하는?
우리는 누구인가요? 은하계 내의 먼지 한 점에 불과한가요?
어제 난 사자가 사슴에게 입맞춤을 하는 걸 보았죠
책장을 넘기면 우리도 완전히 새로운 결말을 보게 될지 몰라요
눈물 흘리며 춤을 추게 될 결말을
신이시여 우리에게 이유를 주세요 왜 젊은이들의 젊음이 낭비되는지"

'Lost Stars(길 잃은 별들)'의 가사처럼 우리는 그저 결국은 열역학적 종말을 맞게 될 우주의 은하계 속 먼지에 불과할까? 나는 그렇게 생각하지 않는다. 그리고 그렇기에 우리는 모두 언제든 다시 시작할 수 있다(Begin Again).

엠마 왓슨이
해리 포터를 고민했다

"저는 지금껏 나쁜 일이 좋은 일로 변하는 것을 많이 봐왔습니다.

단지 믿음을 잃으시면 안 돼요, 알겠죠?"[169]

- 남성판 그레타 페이스를 가진 〈NCIS〉의
깁스 수사 반장이 범죄 피해자의 부모님에게

'135cm의 거인' 피터 딘클리지

외모와 사회의
소음 증폭기

당신이라면 어떻게 하겠는가? 당신은 현재 135cm의 키를 가진 성인 남성이다. 연기자의 꿈을 가지고 있었지만, 이미 만 29세가 되었고 데이터 처리 회사에서 6년째 매우 낮은 봉급을 받으며 어렵게 살고 있다.

그런 당신에게 어느 날 천사가 나타나 당신이 배우가 되어 메가히트작에 출연한 뒤 에미상 남우조연상 최다 수상 기록을 세우게 될 것이라고 말한다면 믿을 수 있었을까?

만약 깊이 생각하지 않고 무심코 주변의 다른 사람들에게 그런 말을 했다가는 곧바로 아주 '현실적인' 조언을 듣게 될지도 모른다.

"솔직히 난쟁이 엑스트라 역할만 맡게 될 텐데 그래도 좋겠어?"

"네 키를 가진 배우들 중 성공했다고 생각하는 사람을 한 명이라도 대봐."

연골무형성증으로 인해 왜소증을 가지고 있는 피터 딘클리지가 배우로 살겠다고 마음을 먹었을 무렵 그가 가장 쉽게 떠올릴 수 있었을지 모를 당대 최고 스타들[150]의 평균 키는 약 181.3cm였다.

보다 최근의 보도에 따르면[151](믿거나 말거나) 할리우드 남성 배우들의 평균 키는 약 177.8cm였으며 오스카 수상자들의 키는 조금 더 커서 약 180.3cm였다고 한다.

"이봐요, 그게 무슨 말이에요? 내가 난쟁이라니? 오 하나님, 이런! 난 그게 내가 연기했던 배역인 줄 알았는데! 난 내가 아니라 그 사람이 난쟁이인 줄 알았는데! 저는 연기를 하고 있었던 거죠? 아닌가요?"

피터 딘클리지는 이제 이렇게 말하며 그의 키에 관한 사람들의 호기심에 그저 유머스럽게 대처한다고 밝혔다. 그러나 어렸을 때는 그렇지 않았다.[152]

"괴롭힘(bullying)은 전 세계적인 유행병이에요. 우리 중 누구도 그것으로부터 정말로 자유롭지 않죠."[153]

"어렸을 때는 분명히 그 사실이 저를 괴롭혔어요. 청소년 시기에는 원망도 하고 화도 났었죠. 그리고 분명히 마음의 벽을 쌓았어요. 그렇지만 나이가 들면 그저 유머 감각을 가져야 한다는 사실을 깨닫죠. 그게 자신의 문제가 아니라 그들의 문제라는 걸 아니까요."

특히 아이들에게는 호의를 보인다고 한다.

"어른인데 제 키시네요.", "혹시 몇 학년이야?"와 같은 말들에는 잘못된 게 없어요. 잔인한 동기를 가지고 있지 않죠.

어제는 어떤 아이를 여기서 만났는데 저를 바라보면서 제가 키가 작은 어른인지 아니면 어린이인지를 생각하고 있더라고요. 정말로 귀여웠어요. '작은 아이가 맞을까?' 머릿속에서 퍼즐을 맞추고 있었죠."[154]

2012년 골든 글로브 남우조연상을 수상한 딘클리지는 무대에 오른 뒤 마지막으로 다음과 같은 소감을 남기고 자리로 돌아갔다.[155]

"한 분을 말씀드리고 싶네요. 영국에 계신 분인데 이름이 마틴 헨더슨입니다. 구글에 한번 쳐보세요."

헨더슨은 해리 포터 시리즈 중 두 편에 고블린 역의 카메오로 출연했던 배우인데, '난쟁이 던지기(dwarf-tossing, 왜소증 등으로 몸집이 작은 사람을 가장 멀리 던지는 사람이 승리하는 놀이)'로 인해 심각한 부상을 당한 뒤 결국 2016년 사망했다.[156]

발언 이후 딘클리지는 이 일을 다루고자 했던 토크쇼들의 출연 제의를 거절했고 그 이유를 다음과 같이 밝혔다.

"아마 20년 전이었다면 모든 쇼들에 출연해 고래고래 아우성을 쳤을 거예요. 그렇지만 이제는 세상과 조금은 더 평화롭게 지내고 있고, 전 하고 싶은 일을 했고 하고 싶은 말을 했어요. 저한테 이런 말을 하는 친구가 한 명 있어요. '세상은 화난 난쟁이를 더 필요로 하지 않아.'"[157]

또 '작은 사람들의 권리를 위한 대변인이 되기를 희망했던 적이 있는지'에 대한 질문에 그는 이렇게 답하기도 했다.

"뭐라고 말을 해야 할지 모르겠군요. 제가 뭐라도 된 것처럼 행세하는 건 오만한 거라고 생각해요….

모든 사람은 서로 달라요. 저와 같은 신체 사이즈의 사람들도 모두 다른 삶을 살죠, 다른 삶의 궤적을 가지고 있고, 그것에 대처하는 방법도 저마다 달라요. 그저 제가 잘 대처하는 것처럼 보인다고 해서 제가 어떻게 잘 해낼 수 있는지 설교할 수는 없죠. 저도 여전히 잘 해내고 있다고 생각하지 않아요. 저에게도 그렇지 못한 날들이 있어요."[158]

이처럼 겸손함을 보였지만 그렇다고 그가 이 문제에 관해 아무 말도 하지 않는 것은 결코 아니다. 2018년 딘클리지는 한 인터뷰[159]에서 이렇게 말하기도 했다.

"이 문제에 관해 너무 정치적이 되고 싶지는 않지만, 고정 관념은 여전히 존재해요. 난쟁이 던지기도 여전히 존재하죠. 모든 사람들이 계속 똑같이 행동한다면 문제는 멈추지 않을 거예요. 우리가 미래 세대를 위해 영속화될 무엇을 남길지 결정하는 건 쉽지 않은 일이죠."

딘클리지가 본인에게 수많은 상들을 안겨 준 〈왕좌의 게임〉의 마지막 시즌을 촬영하며 직접 밝힌 것처럼 그는 그가 맡은 배역인 티리온과 닮아 있다.

"티리온은 점점 저 자신이 되어 가고 있어요, 그를 존경하죠. 티리온은 세상에 정의가 바로 서기를 바라고, 목소리를 내지 못하는 사람들을 위해 싸우고 싶어 해요. 정말로 좋은 사람이죠."[160]

피터 딘클리지와 인터뷰를 진행한 인터뷰어가 밝히듯, 딘클리지의 영화를 보다 보면 어느새 그가 왜소증을 앓고 있다는 사실을 완전히 잊고 있는 자신을 발견하게 된다.[161]

딘클리지의 얼굴에는 목에서 눈썹까지 이어지는 흉터가 있는데, 1990년대 초반 펑크 록 밴드에서 활동할 때 사고로 생긴 것이다.[162] 그러나 나는 글을 쓰며 이를 알게 된 뒤(티리온이 아닌) 그의 사진들을 여러 개 찾아보았음에도 흉터의 위치를 쉽게 발견하지 못했다.

많은 경우 우리는 타인의 시선이 아니라 스스로 만들어 낸 시선을 느끼며 실체가 없는, 또는 과장된 고통을 느낀다.

피터 딘클리지가 주연으로 출연한 영화 〈스테이션 에이전트〉의 한 장면에서 왜소증을 가진 핀(피터 딘클리지)은 혼자 바에 들어가 술을 마시기 시작한다. 그러자 곧 사람들의 시선과 수군거림이 느껴진다.

그러나 실제로 카메라가 비추는 사람들을 보면 이는 '일부만' 사실이었다. 사실 대다수는 시끌벅적한 바 안에서 떠들며 술을 마시고 서로 게임을 하느라 그에게 큰 관심이 없었기 때문이다.

얼마 뒤 분노에 찬 핀은 갑자기 테이블 위에 있던 술잔을 던져 버리고 의자 위에 올라가 사람들에게 외친다.

"그래, 내가 여기 있다! 마음껏 봐봐, 보라고!"

사람들은 그제서야 당황한 채 핀을 바라보지만 핀은 곧바로 술집에서 나가 버린다.

아이러니하게도 가장 든든한 보호자가 되었어야 할 자기 자신이 도리어 스스로에게 사회의 잘못된 소음을 증폭시키는 '소음 증폭기'로 작동하고 있었던 것이다.

실제로 이 장면에 관해 딘클리지는 다음과 같이 말했다.

"핀은 실수를 하기도 하죠, 결점도 있고요. 바에서의 장면을 보세요. 그건 핀의 머릿속에서 일어나고 있던 일이었어요, 실제로는, 그러니까 그 사람들은 그런 대우를 받을 이유가 없었죠."[163]

그렇게 되면 부정적인 감정의 전염 효과를 통해 상황은 점점 더 악화되며 '악순환'이 이어지게 된다. 결국 자신을 더 불행하게 만드는 것이다.

설사 생김새로 다른 사람의 가치를 평가하는 사람이 있더라도 딘클리지의 말처럼 '그것은 자신의 문제가 아니라 그 사람의 문제'이기에 그런 잘못된 의견을 귀담아들을 필요가 없다.

영화 〈톨 걸〉의 주인공은 185cm가 넘는 키를 가진 16살의 소녀 조디다. 조디는 키에 매우 큰 콤플렉스를 가지고 있는데, 어렸을 때부터 친구들로부터 괴롭힘을 당했던 것이 적지 않은 영향을 끼쳤다. 또 평균적인 키를 가지고 있으면서 미인 대회에서 몇 차례 우승까지 한 언니의 존재도 조디에게 자신의 큰 키를 더욱 부각시켰을지 모른다.

어렸을 때부터 조디를 좋아하는 친구 덩클맨이 있지만 조디는 자신과 약 30cm가량 차이 나는 작은 키를 가진 덩클맨을 매번 밀어낸다(조디에게는 '완벽한 남자친구의 조건' 리스트가 있다).

그 와중에 본인의 이상형에 완벽히 부합하는 키 190cm 이상의 잘생긴 스웨덴 교환학생 스티그가 학교에 오자 조디는 사랑에 빠지고 그동안 자신을 괴롭혀 왔던 키미와 스티그를 두고 경쟁한다. 조디는 키 줄이는 수술을 찾아보는 등 계속 자신의 큰 키에만 집착한다.

"남자에겐 키가 큰 게 좋지, 여자가 키가 크면 사람들은 그것만 봐."

이후 조디는 파티에서 찍힌 영상 하나를 받아 보게 된다. 영상 속에는 다른 사람들과 함께 조디를 조롱하는 스티그와 유일하게 조디를 위해 항변하다 주먹까지 휘두르는 덩클맨의 모습이 담겨 있었다.

그 뒤 조디는 미국 고등학교의 연례행사인 홈커밍 댄스(Homecoming Dance)에서 덩클맨이 선물한 하이힐을 신고 무대에 올라 당당히 사람들 앞에서 "스스로를 사랑하라."는 이야기를 한다. 외모가 아닌 내면으로부터 열등감을 극복하고 있는 그대로의 자기 자신을 사랑하게 된 것이다.

"나는 단순히 키 큰 여자 그 이상의 사람이야."

다소 유치하고 진부한 하이틴 영화라고 생각할지 모르겠지만 어쩌면 우리는 어느 때보다 진부한 이야기가 필요한 세상을 살아가고 있는지도 모른다. 냉소나 염세주의 그 자체는 아무런 변화도 만들어 내지 못한다.

(그것이 유전적인 요인 때문이든 문화적인 영향 때문이든)외모가 한 사람의 인생에 끼치는 영향력은 실로 크다. 외모지상주의를 지양한다고 생각해

왔던 필자 역시 이 글을 쓰는 동안 결코 여기에서 자유롭지 않다는 사실을 스스로 확인할 수밖에 없었다.

만약 자신의 외모 중 특정 부분 때문에 심각한 콤플렉스에 시달리고 있다면 의학의 도움을 받아 성형 수술을 할 수 있다. 또 건강을 위해서는 운동과 함께 식단 조절을 해나가야 할 것이다.

그러나 이를 통해서도 바꿀 수 없다면, 또는 바꿔도 문제가 해결될 수 없다면,[164] 내면을 가꿀 필요가 있는 것이다. 끝이 없는 외모지상주의의 사슬에 매이면 장기적으로 이 모든 것을 안 하느니만 못한 결과를 맞을 수도 있다는 것을 우리는 알고 있다.

자신이 핀처럼 키가 작은 남성이든, 반대로 조디처럼 키가 큰 여성이든 상관없이 외모 그 자체보다 중요한 것은 내면에서 나온다.

나는 사고로 95%의 전신에 3도 화상을 입은 한 화상 생존자[165]의 이야기를 통해 미국에 전 세계의 화상 환자들이 한자리에 모이는 '피닉스 소사이어티(Phoenix Society for Burn Survivors)'라는 학회가 있다는 것을 알게 되었다.

그분은 그곳에서 때로 함께 공감하며 눈물을 흘리기도 했지만, 스스로를(화상 환자가 아닌) '화상 생존자'라고 부르며 자신의 상처를 부끄러워하기는커녕 오히려 굉장히 자랑스러워하는 사람들을 만날 수 있었다. 그리고 그들을 통해 큰 치유를 경험한 덕분에 한국에 돌아와 청년 화상 경험자 모임을 만들었다.

학회의 이름 그대로 이들은 화마의 고통을 이기고 불 속에서 살아난 '불사조'와 같은 사람들인 것이다. 나는 그분의 이야기를 들으며 감히 내가 가지지 못한 화상 생존자들의 놀라운 용기와 높은 자존감을 엿볼 수 있었다.

또 나는 한 분야에서 세계 최고 수준의 업적을 남긴 한 미국인 학자[166]를 알고 있는데, 선천적으로 유전병인 '샤르코-마리-투스병(Charcot-Marie-Tooth syndrome)'을 앓고 계신다.

그분의 말마따나 그 병은 불치의 병이고 시간이 지날수록 악화된다. 주로 팔꿈치에서 손가락까지, 무릎에서 발가락까지 영향을 미치기 때문에 손과 다리에 지속적으로 떨림이 있다. 하지만 교수님은 도리어 그 병이 자신이 이룬 성취에 기여했다고 말씀하셨다.

인터뷰나 강연을 통해 그분을 볼 때마다 떨리는 손이 실제로 '멋있다.'는 생각이 든다. 글을 쓰는 손과 강연 내내 서있어야 하는 다리가 자유롭지 못한데도 대단한 학문적 성취를 이루고 세계를 돌며 강연을 하는 모습이 그렇지 않은 사람의 경우보다 훨씬 인상 깊게 다가오는 것이다.

아름다움을 추구하는 것 자체는 잘못된 일이 아니지만, 더 많은 사람들이 동물적 본능에서 기인하는 신체적인 매력 외에도 더 폭넓고 수준 높은 아름다움을 볼 수 있게 된다면 좋지 않을까?

그렇게 된다면 사회적으로 선호되는 외모로 인해 스티그처럼 우월감에 빠지거나, 반대로 핀과 같이 열등감에 휩싸임으로써 가지고 있는 아름다움을 되레 잃고 마는 안타까운 사례들을 줄일 수 있을 것이다.

런던정경대(LSE)의 캐서린 하킴 교수는 옥스퍼드 대학교 저널『유럽사회연구』에 발표한 「매력 자본(Erotic Capital)」이라는 논문[167]을 통해 세계적인 관심을 받았다.

하킴 교수는 매력 자본을 외모, 성적 매력, 인간관계 기술, 활력(유머 감각 등), 사회적 표현력, 성적 능력의 여섯 가지 유형으로 나누고 이것들이 갖는 힘에 관해 이야기한다.

논쟁적일 수 있는 주제와 동의하기 어려운 여러 내용들은 차치하고, 논문에서 취할 수 있는 한 가지는 매력 자본을 구성하는 것이 이목구비 등 단순한 외모만이 아니라는 것이다.

가령 영화 속 스티그와 같은 뛰어난 외모의 소유자는 일종의 외모 자본을 가진 것일 수도 있지만, 그 사실로 인해 교만해진다면 도리어 매력 자본을 감소시키는 결과를 가져올 것이다.

반대로 상대적으로 외모 자본이 적더라도 다른 부분을 개발하거나, 희소한 다른 자본을 가진다면 결과적으로 더 큰 매력 자본을 가졌다고 할 수 있을 것이다.

심지어 시기를 받기 쉬운 강자보다 약자에게 관대한 태도를 보이는 사람들의 '언더독 효과(underdog effect)'까지 고려하면 때로는 사회적으로 덜 선호되는 외모가 오히려 더 큰 매력 자본으로 기능할 수도 있다.

사실 따지고 보면 우리가 정말로 멋있거나 아름답다고 생각하는 사람들은 단순히 높은 코나 커다란 눈의 크기 등으로 대표되는 외모 이상의 매력을 가진 사람들이다.

딥페이크 기술 등을 활용해 한 사람의 외모를 다른 성격을 가진 인물의 영상에 덧씌우고 나면 곧 그 사람이 전혀 다른 사람처럼 보인다는 것을 쉽게 알 수 있다. 이 과정에서 근사해 보였던 외모는 갑자기 사라져 버리기도 한다.

피터 딘클리지도 피상적으로 보이는 외모 이상의 매력을 가진 사람들 중 한 명이다. 내가 그에게 관심을 가지게 되었던 것은 그가 베닝턴대학교에서 한 졸업 연설을 보고 나서였다.

그의 진정성 있는 태도와 표정, 유머 감각 등을 통해 느껴지는 정서적인 안정감과 자존감, 무엇보다 그가 가진 특별한 삶의 궤적은 자연스럽게 그에게 관심이 가게 만든다. 그리고 외모가 아닌 이야기에 집중하게 한다.

꿈과 현실,
정말로 갈림길일까?

　피터 딘클리지의 부모님은 형편이 좋지 않았다. 그렇지만 예술적인 분야에서 허용적이었던 덕분에 어린 시절 딘클리지와 그의 형은 지하실에 이웃들을 초청해 70년대 락 음악을 바탕으로 한 '뮤지컬 인형극'을 할 수 있었다.[168169]

　그 후에는(베닝턴대와는 전혀 반대의 학풍을 가진) 가톨릭계 남자고등학교를 다녔는데, 그곳에서 좋은 선생님을 만난 덕분에 연기를 발전시킬 수 있었다.[170] 부모님은 부족한 형편에도 딘클리지를 가장 좋은 대학에 보내 주려고 애써 주셨다고 한다.

　딘클리지는 자신의 모교이기도 한 베닝턴대학교에서의 연설에서 사실상 자신의 키에 관해 거의 언급하지 않는다.[171 172]

다음은 그가 한 졸업식 연설의 일부이다.

"22년 전 졸업식 날 제가 그곳에 앉아 있었을 때, 생각하고 싶지 않았던 것은 '내일 내가 어디에 있을지.', '내일부터 무엇을 해야 할지.'였습니다. 그리고 1991년에 졸업했죠.

1991년은 독립 영화가 부흥하던 시기였습니다. 뉴욕시의 집세도 상대적으로 저렴했죠. 저는 제가 먹고살 수 있겠다고 생각했습니다. 다만 제게 없었던 것은 돈, 은행 계좌, 아파트였죠. 저에겐 빚만 있었습니다.

저는 아름다운 버몬트주를 떠났고, 뉴욕에 도착해 친구들의 집을 전전하며 소파에서 잠을 잤습니다. 어떤 주간 업무(day job)를 하고 싶지는 않았습니다. 저는 배우였고, 작가였고, 베닝턴대학 졸업생이었으니까요.

그러나 주간 일을 구해야 했습니다. 5개월 동안 피아노 가게에서 피아노 먼지를 털고, 셰익스피어 학자의 건물에서 1년 동안 일했습니다. 잔디를 뽑고 벌집을 제거하면서 말이죠.

그렇게 마침내 한 아파트에서 집세를 낼 수 있게 되었습니다. 그런데 룸메이트가 갑자기 사라져 버렸죠. 그리고 나중에 이단 사이비 종교에서 다시 모습을 드러냈습니다. 제가 낭만적으로 이야기하고 있네요, 실제로는 전혀 그렇지 않았습니다!

그리고 갤러리에서 '저건 나도 그릴 수 있겠는데?' 하는 영감을 주는 미술 작품들을 거는 일을 했죠. 그렇게 일을 하며 친구들의 집을 전전한 끝에 2년 뒤 '응용 처리 서비스 IT 회사'에서 직장을 구하게 되었습니다. 데이터를 입력하는 일을 하게 되었죠.

그리고 29살까지 6년간 일했습니다. 저는 그 일이 싫었지만 직장에 매달려 있었습니다. 덕분에 집을 구할 수 있었죠.

대학 동기와 함께 꾸었던 꿈은 죽었습니다. 그리고 여전히 제가 살던 공장 건물 아파트에 난방은 없었죠. 겨울에는 창문에 플라스틱 비닐을 붙였어요. 화장실에서 온수는 나왔습니다. 화장실을 썼던 한 친구가 제게 이렇게 소리쳤던 적이 있었습니다.

'화장실에서 버려진 여름 캠프 냄새가 난다!'

실제로 그랬어요. 왜인지 모르겠지만 샤워를 하는 곳에는 정말로 흙이 있었어요. 그리고 거기서 버섯들이 나왔죠. 쥐가 있었기 때문에 10년 동안 고양이 브라이언을 키웠고요.

유일하게 창문이 하나 있었지만 꽤 높은 곳에 있었기 때문에, 할머니로부터 선물 받은 분홍색 소파에 올라간 브라이언만 볼 수 있었습니다. 브라이언이 제게 바깥세상에 대해 말해 주었죠. 의지할 애인도 없었고요. 그렇게 그곳에서 10년을 지냈습니다.

저를 동정하지 마세요, 해피 엔딩이 있습니다. 29살이 되었을 때 저는 스스로에게 말했습니다.

'다음에 얻는 연기 일로 얼마를 받든 간에, 좋든 나쁘든, 지금부터는 일하는 배우로 살겠다.' 저는 회사 일을 그만두었고 그렇게 인터넷도, 핸드폰도, 직업도 사라지게 되었죠.

그렇지만 좋은 일이 생겼습니다. 〈불완전한 사랑〉이라는 연극에서 저임금이지만 극장 일을 하게 되었고, 그것이 같은 작가가 쓴

〈13달(13 Moons)〉이라는 영화로 이어졌습니다. 그것이 다른 배역으로 이어졌고 또 다른 배역으로 이어졌죠. 그 이후로 계속 배우로 일하고 있습니다.

29살에 데이터 처리 회사에서 나왔을 때 전 그런 일이 일어날 것이라는 걸 알지 못했습니다. 두려웠습니다. 난방도 없는 상태로 10년이나 살았으면서, 갇혀 있다고 느꼈던 회사에서 6년 동안 있었으면서 말이에요.

아마도 저는 변화가 두려웠던 것 같습니다.

'여러분도 그러신가요?'

졸업 후 부모님의 도움을 받을 수 없었기 때문에 저 스스로 해내야만 했습니다. 이제는 재정적으로 제 차례가 되었던 거죠. 그리고 그건 저를 말 그대로 배고프게 만들었습니다.

그러나 그렇기 때문에 저는 도저히 게으를 수가 없었습니다(지금은 정말 게으르지만요). 그때는 정말로 그럴 수가 없었습니다. 그렇게 저는 마침내 29살이 되어서야 학교를 졸업한 바로 다음 날부터, 그리고 다음 1년 동안 제가 추구했던 바로 그곳, 배우들, 작가들, 감독들과 함께할 수 있는 회사에 있게 된 것입니다. 저는 그들의 편에 있었죠.

결정적인 때를 찾지 마세요. 왜냐하면 그런 순간은 절대 오지 않기 때문입니다. 여러분을 정의한 순간들은 이미 일어났고, 또다시 생길 것이기 때문입니다.

죄송하지만 졸업 후엔 끔찍할 거예요. 정말 그렇습니다. 모르겠어요, 저한텐 그랬죠. 그게 제가 아는 거예요. 그렇지만 곧 무언가 일어나기 시작할 겁니다. 절 믿으세요. 삶 속에 리듬이 생길 겁니다.

그저 저처럼 29세가 되어 그걸 깨닫게 될 때까지 기다리려고 하지 마세요. 만약 그러셨다면, 그래도 괜찮습니다. 우리 중 어떤 사람들은 평생 알아내지 못합니다. 하지만 당신은 알게 될 거예요. 제가 약속합니다. 자신의 리듬을 찾게 될 거예요. 만약 이미 찾은 것이 있다면 그걸 계속 해나가세요.

그들이 당신에게 준비되었다고 할 때까지 기다리지 마세요. 뛰어드세요. 제가 이런 이야기를 하는 이유는 바로 이것 때문입니다.

세상은 당신에게 아직 준비가 되지 않았다고 말할지 모릅니다. 저는 세상에서 오랜 시간 기다렸습니다. 스스로에게 실패해도 된다고 허락하기까지요. 부디 물어보는 수고를 감수하지 마세요. 세상에 나는 준비되었다고 말할 필요도 없습니다. 보여 주세요. 도전하세요.

사무엘 베켓이 뭐라고 했죠?

'시도해 봤다. 계속 실패했다. 상관없다. 다시 시도하라. 또 실패하라. 더 낫게 실패하라.'

세상은 여러분의 것입니다. 모든 이에게 친절을 베풀고 밤하늘의 어둠을 밝히세요. 초청해 주셔서 감사합니다. 영광입니다."

자신의 정체성을 상징하는 모교에서의 이 졸업 연설은 그의 인생을 잘 요약해 주는 것 같다.

누구나 한 번쯤은 사랑하는 일과 현실 사이의 갈림길 앞에서 고민에 빠지곤 한다.

얼마 전 한 인터뷰[173]에서 모 대학교의 교수이자 재즈 피아니스트인 40대의 뮤지션이 이 문제에 관해 이야기하는 것을 보았다.

그녀는 명문대를 졸업하고 회사에 다니다가 퇴사를 한 뒤 본격적으로 뮤지션의 길에 들어섰다. 현재는 교수로서 더 많은 시간을 보내고 있고 여전히 고민이 많다고 했지만 요지는 다음과 같았다.

"음악을 하는 건 어떤 식으로든 반대하지 않지만, 자신이 하고 싶은 것을 하는 것과 그것이 자신의 생계 수단이 되는 것을 동일시하지만 말라는 것"이다.

또 비슷한 시기 대기업을 다니다 퇴사를 하고 전업 배우로 일하기 시작한 한 40대 신인 배우의 강연[174]을 보았다.

직장을 다닐 때 더 심하게 연기를 했었다고 고백한 그 배우는 회사 생활을 하는 동안 너무도 긴장을 했던 탓에 다한증까지 얻게 되었다고 한다.

그럼에도 "회사를 나오면 세상이 끝나는 줄 알았기 때문에" "자신의 생명줄"이라고 생각했던 회사를 그만둘 수 없었다.

당시 그는 한국 최고의 대기업 중 한 곳에서 '판매왕'을 달성한 뒤, 다른 기업으로 이직까지 해 과장 진급을 앞두고 결혼 6개월 차에 접어든 상황이었다.[175]

그러나 술김에 신청한 후 '일단 가서 해보고 그다음에 생각하자.'는 마음으로 나가게 된 〈기적의 오디션〉이라는 오디션 프로그램에서 5위의 성적을 거두면서 퇴사를 결정하고 배우의 길로 들어서게 되었다.

그는 결코 자신이 다른 사람의 사정을 알지 못하면서 퇴사를 종용하는 것은 아니라고 전제하면서도, 심사숙고해서 "한 번쯤은 사랑하는 자기 자신을 위해 이기적인 선택을 해보라."고 조언한다.

'조금 더 일찍 그것을 알고 더 일찍 많은 시간을 준비했으면 보다 덜 힘들게 그 목표까지 갔을 수도 있지 않을까.' 하는 생각이 든다는 것이다.

물론 오디션 이후 배우가 된 뒤에도 일정한 궤도에 오르기까지 180번가량 오디션을 보며[176] 단역부터 시작해 온갖 아르바이트를 전전해야 했지만, 진정으로 사랑하는 연기 일을 위해서 그 시간을 버텨 낼 수 있었다고 한다.

그는 촬영을 위해 '존경하던 배우에게 뺨을 맞은 순간'을 "기적"이라고 표현했다. 그때 자신이 '뺨을 맞고도 행복할 수 있는 일을 하고 있구나.' 하는 생각이 들었다고 했다.

두 사람 중 누구의 이야기가 맞는 걸까? 어쩌면 둘의 이야기가 모두 맞는지도 모른다.

많은 사람들이 이 오래된 문제에 관해 수많은 조언을 건네며 나름의 답을 내놓지만 결국은 명확한 답이 없다는 결론에 이르곤 한다.

이러한 고민의 주된 이유는 과연 자신이 앞으로 그 일로 '충분히' 성공할 수 있을지를 알지 못하기 때문이다. 문제가 크게는 이른바 '운의 영역'에 속하기에 미래를 누구도 알 수 없다는 변수가 발생하는 것이다.

두 사람은 한 가지 지점에서 공통된 이야기를 한다. '좋아하는 일을 하는 것 자체'는 옳다는 것이다. 차이는 오직 그 일로 생계유지를 할 수 있느냐는 것뿐이다. 그리고 대부분의 경우 '목숨을 부지할수 있다.'는 의미의 생계유지는 가능하다. 그렇다면 결국 중요한 것은 자신이 정의하는 생계유지의 정도인 것이다. 그리고 그것은 주관적이다.

내 생각에(고민만 하는 것이 아니라) **일단 실제로 좋아하는 일을 향해 도전해보면 자연스럽게 자신에게 맞는 방향이 결정되는 것 같다.**

실제로 도전해 배우로 일해 본다면 자신이 얼마나 연기를 사랑하는지, 자신이 배우로서 어느 정도의 수입을 얻을 수 있는지, 또는어느 정도의 수고를 감수할 수 있는지를 알게 될 것이다.

마찬가지로 기업에서 일해 본다면 자신이 그 일을 어느 정도로좋아하거나 힘들어하는지, 그곳에서 얻을 수 있는 수입이나 안정감이 자신의 삶에 어느 정도로 중요한지를 알게 될 것이다.

이 질문들에 대한 답은 결국 누구도 대신해 줄 수 없으며 자신이직접 해야만 한다.

나의 경우에도 비슷한 과정을 겪었다. 초등학생 시절부터 가지고있었던 작가의 꿈을 접어 두고 꿈꾸던 회사, 꿈꾸던 부서에 들어가보았지만 환상적인 삶은 없었고, 그 뒤 실제로 책을 출간하게 된 뒤에는 역시 내가 이 일을 얼마나 사랑하는지 알게 되었던 것이다.

동시에 그 일로 대략 어느 정도의 수입을 얻을 수 있는지도 알게 되었다. 그리고 자연스럽게 머릿속으로만 하던 고민은 사라지고 미래의 방향이 결정되었다.

가령 자신이 이 일을 진정으로 사랑한다는 것과 직업적인 가능성을 확인하고 앞으로도 계속 해나가겠다고 결심했지만, 어느 정도의 수입을 얻는 것이 매우 어렵다고 판단될 경우 두 일을 병행할 수 있는 다른 직업을 찾아 투잡을 하겠다고 결정할 수도 있다. 물론 역사 속의 여러 위인들과 같이 상황이 변하면 전업으로 전환할 수도 있을 것이다.

인생은 짧고 사랑하는 일을 위해 도전해 볼 만한 가치는 분명히 있다고 생각한다. 생각보다 꿈꾸던 일을 위해 도전하는 것 자체는 어렵지 않다(예컨대 앨범을 발매하기 위해 반드시 대형 기획사에 소속되어야 하는 것은 아니다). 또 특정한 기업이 아니더라도 유사한 조직에서 일해 볼 경우 유추할 수 있는 직업적 특성도 적지 않다. 그렇게 하면 후회도 없다.

얼마나 좋아하는가? 얼마나 싫어하는가? 얼마나 잘하는가(또는 시대의 조류와 맞는가?)? 등의 질문들에 답해야 하는 '좋아하는 일과 잘하는 일의 딜레마' 등도 마찬가지다. 도전해 보지 않고는 알 수 없다(개그에 매우 큰 재능이 있어 크게 성공한 개그맨이 유명세를 바탕으로 꿈꾸던 가수로 데뷔하는 경우 등을 떠올려 보라).

물론 결정을 내리기 전 반대 측의 입장이 되어 나에게 불리한 사실(리스크) 등을 모두 고려한 뒤 벤자민 프랭클린의 유명한 판단법대로 찬성과 반대의 근거를 적어 서로를 상쇄하고 남은 잔고를 확인해 보는 방법 등도 유용할 것이다.

그러나 결국 고민이 된다면 지금 경험한 것의 다른 편에 있는 그 세계에 한번 도전해 보라. 그것이 일종의 정답이 될 수 있다.

그렇다면 사실상 우리 앞에 놓여 있는 것은 더 이상 양자택일의 갈림길이 아니게 된다. 일단 발을 내디며 길을 걸어가다 보면 삶의 방향이 점차 구체적으로 정해져 간다. 피터 딘클리지의 통찰력 있는 표현을 빌리자면 '삶 속에서 자신의 리듬이 생기는' 것이다.

수년 전 업로드된 3분 남짓의 한 영상[177]은 온라인상에서 수천만 회에 달하는 조회수를 기록했다. 아마 동기부여 연설가, 작가, 라디오 DJ 등 다양한 직업을 가지고 오하이오주의 하원의원을 역임하기도 했던 레스 브라운의 유명한 명언을 인용한 것으로 보이는데 그 내용은 다음과 같다.

"세상에서 가장 부유한 곳이 어디인 줄 아십니까? 중국도 아니고, 두바이도 아닙니다. 그곳은 바로 묘지입니다.

왜냐하면 거기에는 발명되지 못한 발명품들, 세워지지 못한 사업들, 불리지 못한 노래들, 쓰이지 못한 책들, 실현되지 못한 아이디어들, 진가가 제대로 드러나지 않은 사람들이 있기 때문입니다.

그들은 리스크를 감수하는 걸 두려워했죠. 그러나 당신은 아직 묘지에 있지 않습니다. 아직은 말이죠. 인생은 한 번뿐입니다."

〈대부분의 사람들이 25세 이전에 죽는 이유〉라는 제목의 이 영상에서 그는 사람들이 25세 이전에(꿈을 잃고) 실질적으로 사망하며 75세경에 묘지에 묻힌다고 이야기한다.

길 앞에서 필요 이상으로 고민하며 시간만 끄는 것은 낭비가 될 수 있다. 그리고 대부분 그렇게 하는 이유는 타인의 시선 때문이다. 그러나 궁극적으로 자기 삶의 주도권을 타인에게 맡기는 것은 바람직하지 않다. 그것은 자신이 아니라 다른 사람의 인생을 사는 것이다.

사람들이 끊임없이 타인의 인정을 받기 위해 원하지 않는 것을 사거나, 하는 이유는 많은 경우 자기 자신에 대한 불안함 때문이다. 그러나 의미 있는 일을 위해 기상 조건은 하늘에 맡긴 채 삶을 직접 항해해 나가기로 결정한다면 불안함은 감수할 수 있는 것이 된다. 피터 딘클리지는 29살에 두려움을 이겨 내고 주도적인 삶을 살기로 결심한 이래로 정말 그렇게 살아왔다.

엠마 왓슨이
해리 포터를 고민했다

왕좌의 게임과
철로 위에서 직면한 현실

　왜소증을 가진 배우에게 실질적인 배역들이 거의 주어지지 않았던 무명 시절부터 피터 딘클리지는 그가 옳다고 생각하지 않는 역할들을 거절하는 것에 큰 부담을 느끼지 않았다고 한다.

　"그건 쉬워요. 그냥 '고맙지만 사양하겠습니다(no, thank you).'라고 하면 되는 거예요. 시간이 갈수록 그렇게 말하기 쉬워져요. 처음에는 아마 힘겨울 수도 있겠지만 '아니요(no).'라고 말하는 게 좋아요. 자신이 통제권을 가질 수 있게 되니까요.

　배역들이 몰려들어 왔기 때문이 아니었어요(그렇지 않았죠), 하지만 저는 '고상한 체하는 사람(snob)'이었어요. 처음부터 까다로웠죠. 그게 먹혔는지 아닌지는 모르겠네요. 저는 그저 그렇게 하고 돈을 쳐주는 다른 일들도 많이 했을 뿐이에요.

저는 연기 일로는 무엇이라도 기분 나쁜 일을 하고 싶지 않았어요, **저는 아침에 일어났을 때 행복하고 싶었죠.**[178]

물론 동시에 그는 〈왕좌의 게임〉에서의 역할(티리온)에 관한 인터뷰에서 다음과 같이 말한다.

"···저는 판타지 장르에 참여하는 것에 대해 상당한 의구심을 가지고 있었거든요. 제 키를 가진 사람이 판타지 장르에 대해 갖는 일종의 편견 때문이었던 것 같네요. 보통은 약간, 음, 어떻게 대단한 작업들을 한 사람들을 기분 나쁘게 하지 않고 예의 바르게 표현할 수 있을까요? 배역들은 수염이 나있고 끝이 뾰족한 신발을 신고 있죠. 티리온 라니스터는 그렇지 않아요.

현명하게 표현되는 한 그러한 역할들을 맡는 것이 문제가 되지는 않아요. 만약 세계관이나 주변 환경 등을 고려했을 때 그가 작중에서 난쟁이(imp, 작은 도깨비)가 아니라고 이야기된다면 그건 어리석은 일일 거예요.

제가 별로 관심을 갖지 않는 대본들은 모든 페이지의 모든 대사가 계속해서 키에 초점을 맞춰 그 사실을 지속적으로 머릿속에 상기시키는 것들이에요."[179]

2006년 한 다큐멘터리 영화[180]에서는 이렇게 말하기도 했다.

"전 신화들과 그런 이야기들을 좋아해요. 그렇지만 그 속에서 난쟁이들은 보통 무성(無性)이고, 어리석거나 반대로 현자처럼 현명하죠. 절대로 공주는 차지하지 못해요."

그렇다고 그가 왜소증을 가지고 특정한 배역을 연기하는 다른 배우들을 무턱대고 비판하는 것은 아니다. 본인이 바로 '수염을 기르고 끝이 뾰족한 신발을 신은 배역'을 맡았던 배우이기 때문이다.[181]

"피터 딘클리지 씨는 고정 관념들을 뒤집는 역할들을 맡는 데 성공하신 것 같아요."

"…노력해요. 하지만 항상 성공적이지는 않죠. 생계를 꾸려 나가야 하잖아요. 저는 합의하지 않았으면 좋았겠다는 생각이 드는 캐릭터를 연기하기로 결정한 사람들을 누구도 나무라고 싶지 않아요. 왜냐하면 하루가 끝날 무렵에 누구도 우리가 한 일들에 대해서 항상 행복할 수만은 없잖아요."[182]

그와 마찬가지로 왜소증을 가진 딥 로이(본명 모힌다 푸르바)는 유전자 조작 생명체(Decima), 영장류, 외계인, 암살자 등 한정적인 역할에도 최선을 다하며 〈스타워즈〉, 〈빅 피쉬〉, 〈트랜스포머〉, 〈스타트랙〉 등 다양한 유명 영화에 출연했다.

특히 팀 버튼 감독의 〈찰리와 초콜릿 공장〉에서 직접 다양한 춤을 소화하며 보여 주었던 움파룸파족 연기는 많은 사람들의 머릿속에 깊이 남았다. 그는 배역에 상관없이 관객들에게 주연 못지않은 강렬한 인상을 남겨준 '신스틸러' 배우라고 할 수 있다.

딘클리지는 〈왕좌의 게임〉에서의 자신의 배역에 관해 이렇게 고백한 바 있다.

"제 생각에 '싫습니다(no).'는 우리 업계에서 굉장히 강력한 말인 것 같아요. 커리어 초반에는 사용하기 힘든 말이기도 하죠. 그렇지만 더 어렸을 때는 제가 꽤 오만했던 것 같기도 하네요. 저는 그 단어를 어쩌면 너무 많이 사용했는지도 모르겠어요. 하지만 동시에 그건 제가 정말로 좋아했던 배역들을 찾는 데 도움을 주었죠."[183]

"그렇지만 저는 저 자신과 제 커리어를 완전히 제한하고 있기도 했어요, 왜냐하면 그게 저 자신이니까요. 티리온과 같은 역할들을 보세요. 제 신체 사이즈는 명백하게 제가 그 배역을 얻게 된 이유죠. 제 키가 이렇지 않았다면 티리온을 연기할 수 없었을 거예요. … 저는 이제 제 키 때문에 이용당하는 것이 아니라 제 키를 이용하는 것이라고 생각하기로 했어요."[184]

엠마 왓슨은 원작자인 조앤 롤링의 생각보다 외모가 '너무 예뻐서' 〈해리 포터〉 시리즈에 캐스팅되지 못할 뻔했으며[185], 키이라 나이틀리 역시 감독이 생각하기에 외모가 '너무 아름다워서' 〈오만과 편견〉에 캐스팅되지 못할 뻔했다.[186]

"아무도 미래를 예측할 수는 없죠(nobody has a crystal ball)."

그간 이룬 모든 것들에도 불구하고 여전히 약자(underdog)라고 느끼는지 물었을 때 딘클리지는 망설임 없이 이렇게 답했다.

"매일이요. 왜냐하면 그런 것들에 기댈 수 없기 때문이에요. 지금도 저 밖에는 암과 싸우고 있는 사람들이 있잖아요. 우린 그저 연예인들이고 저는 거대한 퍼즐의 한 조각이죠, 특히 〈왕좌의 게임〉에 있어서 말이에요. 전 그저 움직이는 커다란 바퀴 속의 나사예요."[187]

딘클리지는 짧은 생을 살며 자신처럼 만 29살이 될 때까지 기다리지 말고 도전해 보는 것이 좋다고 하지만, 동시에 그의 말대로 평

엠마 왓슨이
해리 포터를 고민했다

생 그런 생각을 하지 않고 살아가는 사람들도 있다.

앞에서 언급한 바 있는 전설적인 미식축구 코치 루 홀츠(Lou Holtz)는 만 78세 때 졸업 연설[188]에서 이렇게 말한 바 있다.

"인생에는 한 가지 규칙이 있습니다. 여러분이 성장하거나 그렇지 않다면 죽어 간다는 것이죠. 나무들도 성장하거나 죽어 갑니다. 풀도 그렇고, 결혼 생활도 그렇고, 사업도 그렇고, 사람도 그렇죠.

나이와 연관시키려고 하지 마세요. 저는 생일 때 케이크보다 초를 사는 데 돈이 더 많이 듭니다.

노트르담대학교 미식축구팀을 떠났을 때 저는 제가 다시 코치를 하게 될 거라고 생각하지 않았습니다. (당시 최고였던)노트르담대학교 팀에서 어디로 가야 했겠습니까?

그리고 저는 평균 연령이 죽음에 가까운 한 마을에 가서 살게 되었죠. 그런 뒤 제가 깨닫게 되었던 것은 여전히 제가 코치 일을 지겨워하지 않는다는 사실이었습니다. 항상 무엇이라도 희망을 품을 것, 꿈을 꿀 것이 있어야만 합니다. 설사 지금까지 대단한 것들을 이루었다고 하더라도 '앞으로 무슨 일이 일어날까?'를 생각해 보는 겁니다.

여러분의 인생에는 네 가지가 필요합니다. 만약 이 네 가지 중 하나라도 잃게 된다면 엄청난 공허감에 시달리게 될 겁니다.

첫째로 모두는 '해야 할 일'이 필요합니다. 둘째로 모두는 '사랑할 사람'이 필요합니다. 셋째로 모두는 '믿을 수 있는 대상'이 필요합니다. 그러나 삶 속에서 필요한 네 번째는 '희망을 품을 수 있는 무언가'입니다. 여러분은 무엇을 하길 원하십니까?"

아흔을 바라보기 시작한 현재까지도 왕성하게 활동하고 있는 루홀츠를 제외하더라도, 개인적으로 내게 있어 가장 존경하고 멋있다고 생각하는 사람들은 나이 든 어르신들인 경우가 많았다.

계속 성장한다면 지혜가 담긴 눈빛과 태도를 가지고 오히려 과거보다 더 멋있는 사람이 되는 것이 분명히 가능하다. 이것들은 단순히 시간이 지난다고 사라져 버리는 것이 아니다.

예컨대 하버드대학교의 한 생애 추적 연구 조사 결과[189]에 따르면 사람들은 나이가 들어갈수록 자신에게 중요한 것들에 집중하며 과거에 비해 작은 일들에 힘을 빼지 않는 경향을 보였다고 한다. 또 지나간 실패들을 이전보다 더 잘 떠나보냈다. 이는 모두 마음의 평화와 행복을 위한 소중한 자산들이다.

물론 동시에 세월의 풍파와 함께 매사에 불만으로 가득 찬 괴팍한 할아버지, 할머니가 되지 않기 위해서도 주의를 기울여야 할 것이다.

거창한 것이 아니더라도[190] 무엇이든 앞으로에 대한 희망을 품고 도전하는 삶을 살아가는 것은 나이에 관계없이 얼마든지 가능하다.

혹자는 "어차피 실패한 사람은 안 된다고 하고 성공한 사람은 된다고 한다."고 말하기도 한다. 그러나(성공의 정의를 떠나) 어찌 되었든 우리가 아는 위대한 사람들은 하나같이 남들의 부정적인 평가와 시선을 뚫고, 자신을 갈고닦아 길을 개척해 낸 사람들이다.

엠마 왓슨이
해리 포터를 고민했다

따라서 어차피 인생은 알 수 없는 것이긴 하지만 적어도 도저히 안 될 것 같은 상황에서 성공한 사람들의 이야기는 여전히 들어 볼 만한 가치가 있을 것이다.

"세상은 당신에게 아직 준비가 되지 않았다고 말할지 모릅니다. 저는 세상에서 오랜 시간 기다렸습니다. 스스로에게 실패해도 된다고 허락하기까지요."

피터 딘클리지도 처음 배우가 되기로 했을 때 똑같이 부정적인 말들을 들었을 것이다. 그가 배우로서 지금의 자리에 있게 되기까지 단순히 '운'만 작용한 것은 분명 아니었다.

우리의 인생은 단순히 상자에서 공을 뽑는 것이나, 허공에 동전을 던지는 것과는 다르다. 당연하게도 조건이 바뀌면 확률도 바뀐다. 자신의 노력에 따라 동전 뒷면의 무게는 증가하고 앞면이 나올 확률은 커질 수 있다.

값싼 위로를 건네고자 하는 것은 결코 아니지만, 여전히 끔찍한 상황에서도 희망을 보아야 한다는 사실에는 변함이 없다고 생각한다.

피터 딘클리지도 한때는 배우의 길을 포기했었다.

"저는 사실 그냥 아예 커리어를 갖지 않기로 결정했었어요. 그게 제가 가진 유일한 선택지라고 생각했거든요. 그런데 그러고 나서 작가들이자 감독들인 친구들을 만나기 시작했어요, 그리고 다른 문을 발견하게 되었죠."[191]

피터 딘클리지와 마찬가지로 전혀 유쾌하지 않은 상황에 처해 있더라도 염세적인 태도만 취하는 것은 바람직하지 않다. 그리고 힘든 과정을 지날 때 그가 수차례 이야기하는 것처럼 좋은 관계들을 맺어 간다면 좋은 기회가 생길 가능성은 더욱 커질 것이다.

피터 딘클리지는 자신과 티리온이 모두 인간미와 위트를 가지고 있다고 언급한 공동 기획자이자 각본가인 D. B. 와이스의 말에 대해 이야기하며 다음과 같이 말했다.

"티리온은 최악의 상황에서도 유머 감각을 잃지 않아요."[192]

끝끝내 완전히 놓지 않고 가지고 있었던 작은 희망이 그를 지금까지 이끈 것인지도 모른다.

2005년 결혼해 2명의 자녀를 두고 있는 피터 딘클리지[193]는 다양한 영화들에 출연하며 종횡무진 활약을 이어가고 있다.

특히 HBO의 〈왕좌의 게임〉에 출연한 뒤에는 약 3년 만에 유선방송 출연자들 중 가장 많은 수익을 올리는 배우들 가운데 한 사람이 되었고,[194] 4번의 에미상 남우조연상 수상을 통해 해당 부문 최다 수상 기록까지 세우게 되었다.[195]

그리고 졸업 연설에서 밝힌 것처럼 대학 동기와 함께 극단을 설립해 운영해 나가겠다는 계획은 실패했었지만 연설 후 4년 뒤 딘클리지는 결국 제작사 Estuary Films를 설립했다.[196]

우리는 옳은 길을 따라 걷고 있는 걸까?

〈스테이션 에이전트〉에서 핀은 핸드폰 대신 항상 지니고 다니는 회중시계를 보며 홀로 정해진 시간에 지나가는 기차를 바라보고, 철길을 따라 걷는 취미를 가지고 있다.

작은 키 때문에 자신에게 관심을 갖는 사람들을 밀어내며 혼자만의 취미를 즐긴다.

그러나 커피를 사 먹으러 들렀던 핫도그 가판대에서 수다스러운 조를 만나고, 산만한 주의력 탓에 다른 데 신경을 쓰다 '2번이나' 자신에게 사고를 낼 뻔한 올리비아를 자신의 의사와는 상관없이 만나게 되면서 자연스럽게 그들과 친구가 된다.

영화가 던지는 질문은 이것이다. 우리의 길은 정해져 있는가? 아니면 스스로 길을 바꿔 나갈 수 있는가? 사람들은 그저 핀의 키 때문에 그에게 관심을 가지는 걸까? 그 이상의 우정은 없는가? 이 모든 질문에 대한 답은 사실 단순하지 않고 복합적일 것이다.

사람들은 실제로 외모 때문에, 상대방의 지위 때문에 타인에게 처음 관심을 가지곤 한다. 다른 사람을 목적으로 바라보지 않고 오직 도구적으로만 대하는 사람들을 반복적으로 만나다 보면 모든 사람들에 대한 불신이 생기고, 냉소적이 되기 쉽다. 한국과 같이 치열한 경쟁 사회 속에 살면 더더욱 그렇게 되기 쉬울 것이다.

그것은 현실이다. 그러나 전부는 아니다. 자기 자신도 때로는 다른 사람들을 계산적으로 대하지만 마음 한편에는 진심 어린 동정심이, 사랑이 있는 것처럼 사람들 사이의 관계는 그렇게 단순하지만은 않다. 또 우연한 기회나 사건들, 의지를 통해 관계는 변하기도 한다. 인간관계의 경우 이용하고 이용당한다고 생각하는 것보다는 도움을 주고받으며 살아가는 것이라고 생각하는 편이 더 낫다.

정해진 길을 따라 걷는 자신과 달리 방향을 마구 바꾸며 운전하는 올리비아 탓에 핀은 자신의 삶을 예측하지 못했다. 그러나 덕분에 혼자 철길을 걷던 핀은 어느새 친구들과 함께 철길을 걷게 된다. 그리고 그것은 핀이 굳게 닫혀 있던 자신의 마음을 점차 열었기 때문이기도 하다.

한 가지 분명한 것은 우리가 우리 자신을 사랑해 줄 수 있는 성숙한 사람이 될 때, 남들도 우리를 더 좋아해 주기 시작한다는 것이다.

처음으로 주연을 맡아 피터 딘클리지의 존재감을 알리게 된 영화인 〈스테이션 에이전트〉에서 올리비아 역을 맡은 배우 패트리샤 클락슨은 그에 관해 이렇게 말했다.

"그는 키에서 부족한 부분을 다른 모든 것으로 만회해요. 정말로 지금껏 제가 만나 본 가장 매력적인(sexiest) 사람 중 한 명이죠. 전 그를 정말 좋아해요."[197]

영화의 끝에 이르러 핀은 철로 위에서 자신에게 달려오는 기차를 직면한다. 그리고 회중시계는 깨진다. **결국 최종적인 운명은 '주어진 상황에 따른 자신의 선택'에 달려 있는 것이다.**

피터 딘클리지는 그에게 가장 많은 수익을 올린 영화가 된 〈어벤져스: 인피니티 워〉[198]에서 무기를 제작하는 대장장이 왕 에이트리 역할을 맡았는데, 공교롭게도 그는 남들보다 훨씬 커다란 체격을 가진 거인이다.

피터 딘클리지는 상대적으로 작은 자신의 키를 외면하지 않고 직시한 뒤 이를 자신의 강점으로 승화시켰다. 키 때문에 이용당하는 것이 아니라 도리어 유용한 도구로서 키를 이용하기로 한 것이다.

그리고 그와 같은 내면의 힘은 아무나 가질 수 있는 것이 아니라는 점에서 그는 역설적이게도 정말 '작은 거인'이라고 할 수 있다. 삶은 기본적으로 쟁취해 나가는 것이기에 원래부터 거인이 아닐지라도 우리는 계속해서 성장해 나갈 수 있다. 모두는 거인이 될 수 있는 셈이다.

"길이란 걷는 것이 아니라 걸으면서 나아가기 위한 것이다.

나아가지 못하는 길은 길이 아니다.

길은 모두에게 열려 있지만,

모두가 그 길을 가질 수 있는 것은 아니다.

다시, 길이다. 그리고 혼자가 아니다."

– 드라마 〈미생〉 최종회 中

CHAPTER 4

노숙자, 스트리퍼 그리고 크리스 프랫

올해의 실적왕,
올해의 점원

하버드대학교에서 박사 학위를 받은 인지신경학자인 매리언 울프 교수는 『다시, 책으로』에서 디지털 매체의 비약적인 발전에 따라 이제 사람들은 조금이라도 깊이 알아보기보다는 외부 플랫폼이나 부족한 배경지식에 자신의 결정을 위탁한다고 말한다. 물론 지금 시간을 내어 책을 읽고 있는 독자분들은 그렇지 않을지라도 말이다.

그녀의 저서에 인용되는 것처럼 "종교는 과학과 상충되는 것"이라든지,[199] 또는 "그 사람이 노숙자가 된 이유는 게을렀기 때문"이라든지 "개인은 결국 사회적 환경의 희생물일 뿐이므로 그 사람에게는 사실상 잘못이 없다."는 등의 결론들을 쉽게 내려 버리는 것이다.[200]

엠마 왓슨이
해리 포터를 고민했다

크리스 프랫의 인생은 이와 관련해 우리에게 생각해 볼 만한 교훈을 던져 준다.

크리스 프랫은 광부(후에는 리모델링 사업을 했다)인 아버지와 슈퍼마켓 직원인 어머니 사이에서 3남매 중 막내로 태어났다. 풍족하지 않은 가정에서 자랐지만 프랫은 나름의 자신감을 잃지 않고 있었다.

크리스 프랫은 고교 시절 레슬링 대회에서 워싱턴주 5위에 올랐을 정도로 레슬링에서 두각을 보였는데,[201] 코치였던 브렌트 반즈에 따르면 당시 큰 부상이 있었던 점을 감안할 때 챔피언이 될 수 있었을 정도의 실력을 갖추고 있었다고 한다.[202]

그런 프랫은 코치가 앞으로 무엇을 하고 싶은지 물었을 때 이렇게 답했다.

"잘 모르겠어요, 하지만 전 제가 유명해질 거란 걸 알아요. 또 아주 많은 돈을 벌게 될 거란 것도 알죠."[203]

코치는 이 말을 듣고 웃어넘겼다고 한다.[204] 그러나 이 말은 현실이 되었다. 물론 결코 쉽지 않았던 음침한 삶의 굴곡을 몇 차례 넘긴 뒤에 말이다.

고등학교를 졸업한 뒤 프랫은 지역의 한 전문대학에 진학해 연기를 배우지만 반 학기 만에 자퇴한다. 돈을 벌 좋은 기회를 찾았다는 이유 때문이었는데, 그렇게 그는 방문 판매원 일을 하게 되었다.[205] 그리고 성실히 일한 끝에 '올해의 실적왕'[206]이 되는 등 성공을 거둬 콜로라도주에 자신의 사무실도 차리게 된다.

록 밴드의 멤버가 아닌 방문 판매원을 뽑기 위해 당시 그가 내걸었던 광고 문구는 다음과 같았다(크리스 프랫 자신 역시 과거 바로 이 문구를 보고 전문대학을 자퇴한 뒤 방문 판매원의 길로 들어섰다고 한다).[207]

"로큰롤(rock'n'roll) 음악을 좋아하십니까? 그리고 돈을 버는 것도 좋아하세요? 그럼 제게 연락 주세요!"[208]

안타깝게도 그렇게 뽑힌 사람들은 영업에 헌신하기보다는 도둑질을 하는 등 끔찍한 실적을 보여 주었고[209] 결국 방문 판매 일은 실패로 돌아갔다. 그리고 불과 만 18세에 스트리퍼로 일하기 시작했다.[210]

크리스 프랫은 미숙했고 잠깐이었지만 그 일로 푼돈을 벌었다.

"어떤 의상도 살 돈은 없었죠. 저는 잘하지 못했어요. 그저 천천히 어색하게 춤을 추다 반바지 쪽으로 손이 옮겨가면 사람들이(불쌍하다는 듯이) '오 이런….' 하면서 그냥 40달러(약 4만 5천 원)를 주었죠."[211]

"사실 저는(동네 행사들에서 임시직으로) 그 일을 서너 번 정도 한 뒤에 진짜 나이트클럽, 그러니까 남성 스트리퍼들이 스트립쇼를 하는 나이트클럽(strip club)에 가서 오디션을 보기로 결정했었어요. 그리고 오디션을 봤는데, 그곳에서 클럽이 개장하기를 기다리며 차에서 자고 있는 한 남자 댄서를 보게 되었죠.

그리고 저는 어떤 어두움을 느낄 수 있었어요. 이게 지금 여기에서 말씀드리는 것처럼 시간이 지난 뒤에 무언가 즐겁게 웃기게 이야기할 수도 있는 이야깃거리에서 그걸 넘어, 저도 그 사람처럼 될 수도 있겠다는 생각이 들었던 거예요."

오디션은 잘 안되었고 그 차 안에 있던 남성은 이후 배우 크리스 프랫의 매니저가 된다.[212]

결과적으로 스트리퍼를 그만둔 뒤 프랫은 19세에 룸메이트까지 딸린 차 안(그리고 텐트)에서 생활하는 노숙자가 되었다.[213]

"밴 안에 살면서 외롭지는 않았죠. 제게 룸메이트들이 있었거든요. 그래서 보이는 것처럼 나쁘지만은 않았어요."[214]

당시 이들은 하와이의 해변가에 차를 세워 놓은 뒤 텐트를 펴놓고 노숙이 아닌 '캠핑'을 하는 것으로 정당화하기 위해(사실상 물고기는 거의 잡지 않았지만) 명분으로서 낚싯대를 몇 개 바닷가에 놔두었다고 한다. 누군가 물어보면 "우리는 낚시를 하고 있는 거예요."라고 할 수 있도록 말이다.[215]

"노숙을 하기에 상당히 괜찮은 곳이었어요. 시카고의 거리에 살면서 쓰레기통을 뒤져 음식물 쓰레기를 먹으며 사는 것과는 또 달랐죠."

"…저희는 차의 연료와 음식, 낚시용품을 마련할 수 있을 정도로 일주일에 15~20시간가량 최소한으로 일했어요. 꽤 멋진 시간이었죠."[216]

"어떤 면에서 우리는 노숙자였지만, 동시에 집의 소유라는 어려움을 초월할 수도 있었어요. 법적인 책임도, 세금도 없었죠, 우린 정말로 자유로웠어요."

"하지만 벼룩과 쥐들도 우리 밴에 함께 살았죠. 그리고 우리가 도망갈 마땅한 화장실도 없었어요."[217]

그렇게 유쾌하게 노숙 생활을 하며 영화 〈포레스트 검프〉를 모티프로 한 식당인 버바 검프 레스토랑에서 웨이터 아르바이트를 병행하던 크리스 프랫은 손님으로 식당을 방문한 영화 제작자 래 돈 총을 만나게 되면서 〈커스 파트 3〉에 출연해 데뷔하게 된다.

프랫은 원래 그날 담당도 아니었는데 마침 제작 파트너와 함께 온 래 돈 총 감독을 손님으로 맞은 덕분에 현실판 〈포레스트 검프〉와도 같은 일이 그에게 일어난 것이다.[218]

"밴에서 살면서 하와이 마우이섬의 레스토랑에서 웨이터 일을 하고 있었는데 감독님이 오시더니 '너 멋지네, 연기하니?'라고 물으시길래 '네 연기, 물론이죠, 절 영화에 넣으셔야 해요.'라고 말했죠. 그리고 전 4일 뒤 (영화의 촬영지였던)LA로 갔고 다시 돌아오지 않았어요."[219]

당시 프랫은 핸드폰을 소유하고 있지 않았기 때문에 감독에게 친구의 전화번호를 알려 주었다고 한다. 또 수중에 60달러(약 7만 원)밖에 없던 상황에서 촬영이 LA에서 이루어질 예정이라는 소식을 듣고는 영화에 참여할 수 없을 것 같다고 말했는데, 감독은 비행깃값 등을 대신 내주고 그를 LA로 데려갔다.[220]

"저기 사진 속의 밴 앞에서 제가 들고 있는 〈커스 파트 3〉 대본이 저를 마우이섬에서 나오게 한 거예요. 700달러를 받았죠."

"700달러(약 80만 원)요?"

"네! 저는 신이 나서 '내가 따냈다! 지금 차에서 살고 있는데 연기를 하게 되었다고? 좋아! 우-후-후!' 했어요. 그 700달러를 1년 동안

이나 사용했죠!"[221]

시간이 흘렀음에도 버바 검프 레스토랑은 크리스 프랫이 가장 좋아하는 테마 레스토랑 중 한 곳이라고 한다.[222] 〈포레스트 검프〉의 열성 팬인 필자 역시 직접 방문해 소중한 기념품들을 사 온 적이 있는 이곳에서 그는 평소 성실히 일한 덕분에 '올해의 점원(Gumper of the Year)'으로까지 뽑혔었다.

크리스 프랫은 손님이 앉은 뒤 60초 이내에 테이블에 도착하고 〈포레스트 검프〉 영화의 비화(트리비아)를 알려 주며, 끝에는 손님들을 자연스럽게 기념품 코너로 이끄는 등 각고의 노력을 한 끝에 올해의 점원 명판에 이름을 새길 수 있었다.

그러나 프랫은 허기를 채우기 위해 버바 검프 레스토랑에서 일할 때부터 손님이 남긴 음식을 몰래 해치웠다고 한다.[223]

이는 사실상 무일푼으로 LA에 도착해 배우로 데뷔한 뒤 그곳의 식당에서 일하며 생계를 이어갈 때도 마찬가지였는데, 그는 한 토크쇼에 출연해 다음과 같은 에피소드를 털어놓은 바 있다.[224]

"형편없는 레스토랑이었어요. 끔찍했죠. 그리고 바로 제가 그 레스토랑을 형편없게 만드는 아주 주된 요인이었어요.

그 식당은 제게 공짜 식사를 주었어요. 저는 그렇게 끼니를 해결했죠. 할리우드나 비슷한 업종에서 일하려면 낮 시간은 오디션을 보기 위해 빼두어야 해요. 그래서 주말과 야간에 일했죠. 저는 돈이 한 푼도 없었어요. 레스토랑에는 사람들이 거의 오지 않았기 때문에 팁도 벌 수 없었죠.

하지만 그곳은 제가 배를 채우기 위해 갈 수 있는 곳이었어요. 주방이 저를 먹여 살렸죠. 혹시 이런 적 있어요? 만약 숙녀분이 혼자와서 '무엇을 추천하시나요?' 하고 물으면 저는 '1kg(32oz)짜리 대형비프스테이크는 어떠세요?' 하곤 했죠. (입맛을 다시며) '미디엄 레어에 버섯을 추가하시고, 매쉬포테이토도 가져다 드릴게요, 분명 입에 맞으실 거예요 사모님.' 하는 거예요. 그분이 90세의 노인인데도 말이죠. 하하하.

저는 그렇게 스테이크를 숙녀분에게 가져다 드렸고 구석에 숨어서 몰래 보면서 '얼마나 드시고 있지? 난 얼마나 먹을 수 있는 걸까?'라고 생각했어요. 제가 돌아가니 그분은 '더는 한 입도 못 먹겠네요.'라고 말씀하셨죠. 저는 속으로 '좋아! 스테이크가 80%나 남았어!' 했죠.

레스토랑에는 식사 장소와 부엌 사이에 터널이 있었어요. 그동안 손님들이 남긴 음식을 먹다 들킨 적이 많아서 무엇이라도 먹고 싶다면 그 터널 안에서 해결해야 했어요. 그곳은 제 '안전지대'였죠. 손님들은 제가 먹는 걸 보지 못할 것이고 요리사들도 제가 남은 음식을 먹는다고 소리 지를 일이 없을 테니까요.

그래서 저는 거의 400g(14oz)의 스테이크를 3m 길이의 터널을 통과하는 짧은 시간 동안 마치 코모도 도마뱀처럼 전부 우걱우걱 먹어 버렸어요.

'하하 3일 치 단백질을 섭취했군.' 하고 있는데, 돌아가니 숙녀분이 '저기, 남은 스테이크를 포장해 가고 싶은데요.'라고 하시는 거

엠마 왓슨이
해리 포터를 고민했다

예요. 돌아가서 확인해 본다고 말한 뒤 '어떻게 하지, 어떻게 하지.' 하다가 '정말 죄송하지만 이미 쓰레기통에 버렸습니다.'라고 답했는데 또다시 그분이 '괜찮아요, 어차피 강아지한테 줄 거라 상관없어요, 꺼내서 상자에 주세요.'라고 하는 거예요.

'네 사모님 물론이죠.' 하고 곧장 부엌에 아무것도 묻지 말고 스테이크를 구워 달라고 말한 뒤 '이미 쓰레기차가 밖의 대형 쓰레기통에 버렸으니 소매를 걷고 직접 들어가 찾아 주겠다.'고 했어요. 저 역시 포메라니안 강아지를 좋아한다는 말도 덧붙였죠.

결론적으로 숙녀분은 제가 강아지를 위해 쓰레기통을 뒤지겠다고 한 것에 감동을 받아서 엄청나게 많은 팁을 주셨고, 기다리실 수 없어 스테이크도 받지 않고 떠나셨죠. 그래서 전 그날 스테이크를 또 먹었답니다!"[225]

마냥 웃을 수만은 없는 시절의 이야기를 크리스 프랫은 즐겁게 풀어 놓는다.

〈커스 파트 3〉 이후 처음으로 배우 일을 얻게 된 계기도 흥미롭다. LA로 이사를 온 크리스 프랫은 배우로 일하고 싶었지만 무엇을 해야 할지 아무것도 몰랐다. 주변에 물어본 결과 영화계 사람들에게 보낼 '프로필 사진(headshot)'이 필요하다는 말을 들었을 뿐이었다.

그러다 하루는 웨스트 할리우드 지역의 우체국 앞에 서 있는데, 마침 사진사였던 한 사람이 "낯이 익어 보이는데 내가 당신을 찍어 준 적이 있던가요?"라고 물었고, 기회를 잡은 프랫은 자신의 프로필 사진을 찍어 달라고 부탁했다.

그렇게 프랫은 이발할 돈도 마땅치 않았던 상황에서 옷까지 빌려입고 오디션 지원을 위한 비싼 프로필 사진을 무료로 얻을 수 있었다. 그리고 그 사진을 사용해 워너 브라더스 방송국 오디션에 합격함으로써 드라마 〈에버우드〉에 주연으로 출연하게 되었다.[226][227]

그의 말대로 '아웃사이더'였던 크리스 프랫은 그때부터 본격적으로 배우 활동에 전념할 수 있게 되었다.

"저는 아웃사이더였어요. 연줄도 없고, 친족도 없고, 아무것도 없었죠. 저는 할리우드에서 완전히 이방인이었습니다."[228]

세월이 지나 프랫은 연기를 하기 위해 떠났던 하와이에 오랜 팬이었던 〈쥬라기 월드〉의 촬영을 위해 다시 돌아오게 된다. 아이러니한 자신의 인생사에 감회가 새로웠다고 한다.[229][230]

과거 임시 캐릭터를 맡으며 시작한 드라마 〈팍스 앤 레크리에이션〉에 출연 중이던 크리스 프랫은 재미있게도 홀로 비하인드 신을 찍으며 스티븐 스필버그 감독의 〈쥬라기 공원 4〉 출연 제안을 거절하는 영상을 만든 바 있다.

실제로 〈쥬라기 월드〉는 〈쥬라기 공원 3〉 이후 개봉한 속편(시퀄)으로 〈쥬라기 공원 4〉에 해당한다고 할 수 있는데, 크리스 프랫이 영상을 만든 시점은 〈쥬라기 월드〉 시리즈에 자신이 주인공으로 출연하기 3년 전이었다.[231]

그가 홀로 카메라를 들고 방 안에서 찍은 조잡한 영상의 내용은 다음과 같다.

"안녕하세요? 제 이름은 크리스 프랫입니다. 저는 〈팍스 앤 레크리에이션〉을 위해 비하인드 신을 촬영할 겁니다. 이런, 방금 문자를 받았네요. 스티븐 스필버그한테서요. 정말 귀찮아 죽겠어요. '미안해요 스티븐, 저는 〈팍스 앤 레크리에이션〉, 슬래시 NBC 방송으로부터 비하인드 신 촬영을 요청받았습니다. 요청받은 다른 모든 사람들이 거절한 일이죠. 하지만 저에게는 아시다시피 끊임이 없는 재능 바구니가 있기 때문에 이 일을 하는 것이 창피하지 않답니다. 다음에 다시 연락드릴게요. 〈쥬라기 공원 4〉의 출연'에 관해서 말이죠. 끝.'"[232]

"당시 그 영상을 찍은 건 순전히 재미를 위해서였어요. 제작진이 재미있는 비하인드 신 같은 걸 찍길 원했는데, 애초에 제가 그 요청을 받은 것 자체가 연락을 받은 제 앞의 7명이 '아뇨, 난 하기 싫어요.'라고 거절을 해서 여덟 번째로 목록에 있던 제게 연락이 왔기 때문이었죠. '크리스, 네가 해야만 해.'라고 하면서 말이에요. 전 '저야 좋죠.' 했어요.

당시로서는 그저 농담이었어요. 너무나도 믿기지가 않는 일이었기 때문에 말 그대로 농담이 되었던 거죠. 아이러니하게도 '아니 당연히 스티븐 스필버그가 쥬라기 공원 영화에 날 넣지는 않을 테니까.'라고 하면서 말이에요. 찍은 줄도 까먹고 있다가 나중에 알게 된 거예요."

"크리스 씨가 찍기를 원하는 다른 프랜차이즈 영화들에도 적용할 수 있겠는데요?"

"그렇죠, 이렇게요. '오 쿠엔틴 타란티노한테 문자가 하나 왔는데요, 브래드 피트와 촬영하는 영화에 자리가 하나 났다고 말이죠.'"233

발생한 모든 것에는 원인이 있다. 우주의 존재 자체도 그렇고 우리의 작은 변화들 역시 그렇다. 힘든 시기를 보내는 동안 의미 없는 것 같아 보였던 과거사는 그에게 도움이 되었다. 전성기를 맞은 크리스 프랫은 한 레슬링 관련 단체와의 인터뷰에서 다음과 같이 말한 바 있다.

"…그처럼 즐거웠던 기억도 많아요. 하지만 저는 레슬링을 하는 동안 정말 힘들었던 기억에 대한 애정이 있어요. 무얼 하든 관계없이 저는 지금껏 항상 즐겁게 살아왔죠. 하지만 레슬링은 힘든 운동이고 항상 재미있지만도 않아요. 그렇지만 레슬링의 그런 측면이 아이들에게 좋은 영향을 주는 것 같아요.

한 시즌을 어떻게든 끝끝내 모두 마치는 것, 용기를 가지고 시합에 나가 결과에 상관없이 품위 있게 이기거나 지는 법을 배우고, 최선을 다해 기술을 연마하며 훈련하지만 그럼에도 맞아야만 한다는 사실을 깨닫는 것, 그것들이 지금 돌이켜 생각할 때 그 당시는 매우 힘들었지만 지금의 저를 만들어 준 것 같아요.

레슬링이 투지(grit)를 만들어 내는 것인지 아니면 내면의 투지를 드러나게 해주는 것인지는 모르겠지만, 레슬링을 통해 저는 지금도 가지고 살아가는 투지를 갖게 되었어요. '무엇이든 해낼 수 있다.'는 태도 말이에요. 제가 언제나 이기거나 잘할 수는 없지만 악

착같이 훈련해서 최선을 다할 자신이 있는 거예요. 너무 겁을 내지 않고요.

…레슬링을 통해 갖게 된 건 강인함(toughness)과 실행력이에요. 그 만두고 싶었던 순간들이 있었어요. 항상 쉽지만은 않았거든요. 그 어려움이 위대함을 만들어 줄 수 있다고 생각해요. 그런 힘든 상황에 몰려 보지 않고는 자신의 가치를 제대로 알 수 없거든요. 레슬링도 그런 어려움이었죠."[234]

크리스 프랫의 코치 역시 별도의 인터뷰에서 과거를 회상하며 그와 비슷한 말을 했다.

"크리스는 레슬링을 필요로 하는 아이들 중 한 명이었어요. 우리는 서로 정말 굉장한 관계를 맺었었죠. 크리스는 두 팔을 활짝 벌리고 이 운동에 입문한 것이 아니었어요. 레슬링은 그가 고교 시절 가장 좋아하는 운동이 아니었죠. 그건 제가 보장할 수 있어요.

크리스를 대신해서 말하고 싶지는 않지만, 지금 와서 돌이켜 보면 자신에게 그 경험이 정말로 좋은 것이었다고 생각할 거예요. 네, 저는 그렇게 생각한다는 걸 알아요. 크리스는 독립적이고 언제나 구속받지 않는 사람이었죠. 3살 많은 친형인 컬리는 팀의 주장이었는데 심하게 열성적이었던 반면, 크리스는 약간의 설득이 필요했었어요."[235]

그의 형 컬리와 크리스 프랫은 어렸을 때부터 얼마나 많은 가구를 부쉈는지 알 수 없을 정도로 함께 격렬한 스파링을 하곤 했다고 한다.

"한번은 위층에 살았던 때가 있었는데 아래층에 사는 사람이 이렇게 말한 적이 있을 정도였어요. '너네 그냥 볼링공들을 바닥에 던지는 거니?' '아뇨, 저희 레슬링 하는 거예요!'"[236]

한 인터뷰 진행자가 드라마 〈팍스 앤 레크리에이션〉에서 자주 덤벙대며 넘어지는 역할을 맡은 그에게 몸이 괜찮은지 물어보았을 때는(다소 위험해 보이긴 하지만) 이렇게 답하기도 했다.

"어렸을 때 전 스턴트맨이 되는 게 꿈이었어요. 형과 저는 언젠가 함께 스턴트맨 팀에 들어갈 거라면서 연습을 위해 계단에서 서로를 던지거나, 나무에서 떨어지는 것과 같은 끝내주는 스턴트 동작들을 해냈었죠. 절대로 다치진 않았어요. 그래서 저는 스턴트 동작들을 조금 할 줄 알죠."[237]

물론 이 외에도 크리스 프랫은 많은 사람들에게 알려져 있듯 촬영을 위한 놀라울 정도의 체중 감량으로도 유명한데, 레슬링은 여기에도 크게 도움을 주었다.

"체중 감량이요, 그동안 연기를 하면서 맡은 배역에 따라 체중을 늘리기도 하고 줄이기도 했죠. 그걸 보고 사람들은 도대체 어떻게 하는 거냐고 물어봐요. 그럼 전 '어떻게 하냐니 그게 무슨 말이야? 다들 그렇게 자란 거 아니었어?(레슬링을 하면) 전부 다 그렇게 했었어야 했는데?'라고 말하죠.

5~7kg을 하루에 뺀다고 하면 제가 거짓말을 한다고 생각해요. '하루에 그 정도는 뺄 수 없어.'라고 말하면서요. 그럼 저는 '네가 원한다면 5kg는 2시간 안에도 뺄 수 있어.'라고 하죠."[238]

〈가디언즈 오브 갤럭시〉촬영과 관련해서도 비슷한 이야기를 한 바 있다.

"트레이너분들이 제가 많은 운동을 하도록 해주셨죠. 꽤나 혹독했어요. 하지만 저는 레슬러로 자랐어요. 내내 레슬링을 해왔죠. 체중 감량은 그저 그중 일부였어요."[239]

"저는 배우로서 스스로를 제어하는 방법을 작품 활동보다 스포츠를 통해 더 많이 배운 것 같아요."[240]

어찌 되었든 레슬링 경력은 무엇보다 크리스 프랫이 가진 고통의 역치를 높여 주었다.[241] 그가 말한 것처럼 레슬링뿐만 아니라 삶 속에도 힘든 시간들이 분명 있기 때문이다.

크리스 프랫이 방문 판매원이던 시절에는 쿠폰을 팔기 위해 장거리 자동차 여행을 하다 자금 사정이 매우 좋지 않은 상태에서 벌까지 쏘여 목과 겨드랑이 등이 붓고 상태가 나빠지자 응급실을 찾아간 뒤 이렇게 말한 적이 있었을 정도였다.

"만약 저를 돌봐 주지 않는다면 아마 전 죽을 것 같아요."

그날 프랫을 반겨 준 곳은 바로 그 응급실뿐이었다.[242]

〈에버우드〉에 출연 중이던 크리스 프랫은 수많은 오디션을 거쳐 합격할 때까지의 이야기를 다음과 같이 말하기도 했다.

"저는 보통 제가 지원하는 오디션 대부분을 날려버렸어요. 도중에 제 자아가 끼어들게 했었거든요. '나는 연기를 해야만 해, 나는 여기서 배우가 되어야만 한다!' 그런데 이번(<에버우드>를 위한) 오디션에서는 '음 대사들도 잘 모르겠고, 나 정말 이 배역의 캐릭터 같은데?'라고 생각했는데, 심사위원들이 '완벽해! 저기 저 사람이 바로 우리가 찾던 사람이야!' 한 거죠."[243244]

많은 오디션에서 탈락하는 것은 배우에게, 그리고 어쩌면 대부분의 사람들에게 필연적인 일이다. 모두가 거절을 할 수 없게 된다면 얼마나 폭력적이고 끔찍한 세상이 될지를 한번 상상해 보라.

그리고 오디션의 합불 여부는 반드시 그 사람의 연기 실력과 비례하지 않는다. 어느 정도 실력을 갖추었다면 그 배역에 맞느냐가 더 중요한 기준이 되는 경우가 많기 때문이다. 로버트 드 니로의 유명한 뉴욕대학교(예술 대학) 졸업 연설[245]의 내용처럼 말이다.[246]

"이 자랑스러운 졸업식 날 여러분에게는 새로운 문이 열립니다. 평생 동안 경험할 '거절의 문'이죠.

고통을 너무 많이 차단할 필요는 없습니다. 고통이 없으면 우리가 나중에 무엇을 가지고 얘기하겠습니까?[247] 거절은 아플 것입니다. 하지만 많은 경우 그건 사실 당신의 잘못은 아닙니다. 오디션을 보거나 작품을 홍보할 때 감옥이나 제작자, 투자자는 그저 다른 사람이나 다른 작품을 마음에 이미 두고 있을 수 있거든요. 그냥 그렇습니다. 그 사람들의 말을 모두 들으시고 스스로의 말도 들으세요.

비단 영화배우뿐 아니라 다른 분야들에도 모두 적용되는 이야기입니다. 자신을 너그럽게 대하라고 말하진 않겠습니다. 여러분이 쉽다고 생각해서 이 길을 택했다고 생각하지 않기 때문입니다.

여기 학사모와 가운 대신 예술대 티셔츠를 입은 여러분이 보이네요. 티셔츠 뒷면에는 이렇게 쓰여 있군요. '거절, 개인적인 일이 아니다.', 앞면에는 여러분의 모토, 주문, 슬로건인 '다음'이 쓰여 있네요. 배역을 따내지 못했다고요? 그게 바로 제 요지입니다. '다음(next).'"

결과적으로 노숙자가 되도록 크리스 프랫을 이끈 셈이 된 판매원의 길은 훗날 그가 끊임없이 오디션을 보아야 하는 배우로 전업했을 때 큰 도움이 되었다.

"방문 판매업을 통해 배우로서 사용할 수 있는 중요한 교훈들을 배울 수 있었어요. 거절에 대처하는 법과 낯선 사람들로 가득한 방에 걸어 들어가 열정적인 태도를 보이는 것과 같은 것들을 배울 수 있었죠."[248]

"그건 오디션과 거절로 가득 찬 미래의 삶을 위한 완벽한 훈련이었어요. … 사람들은 할리우드에서의 거절에 관해 말하죠. 그럼 저는 '너 제정신이야? 오디션에서 자기 개보고 널 공격하게 한 적은 없지?' 하는 생각이 들어요."[249]

크리스 프랫은 그렇게 배역을 따낸 뒤 끝내 〈가디언즈 오브 갤럭시〉, 〈쥬라기 월드〉 등의 영화들에 출연하며 전성기를 맞이한다. 그리고 이 두 영화의 주인공들은 크리스 프랫이 스스로 뽑은 '자신이 가장 좋아하는 캐릭터들'이기도 하다.

"그럼 지난 20년간의 커리어 동안 제가 연기한 모든 캐릭터들의 순위를 매겨 보도록 하겠습니다."

크리스 프랫은 '영화 〈투모로우 워〉의 홍보차' 진행한 이 인터뷰 [250]에서 결국 마지막까지 남은 〈쥬라기 월드〉의 오웬 그래디와 〈가디언즈 오브 갤럭시〉의 피터 퀼 중 한 명을 선택하지 못하고 결정을 유보한다.

"〈쥬라기 월드〉 대 〈가디언즈 오브 갤럭시〉네요. 제가 유일하게 생각해 낼 수 있는 승자는 바로 미국입니다. 여러분이 둘 중 누가 더 나은지 결정해 주세요. 하나는 '절대로 막을 수 없는 힘'이고 다른 하나는 '절대로 움직이지 않는 물체'죠. 진실은 둘 모두가 이 우주에 동시에 존재할 수는 없다는 겁니다.

마지막의 다소 철학적일 수 있는 이야기까지 곁들이며 크리스 프랫은 명실상부 가장 좋아하는 캐릭터로 오웬 그래디와 피터 퀼을 선택했다.

사실 두 캐릭터는 아직까지도 친분을 유지하고 있는[251] 프랫의 고교 시절 레슬링 코치인 브렌트 반즈의 말에 따르면 실제 그의 모습과 가장 닮은 캐릭터들이다.

"실제의 크리스 프랫과는 다르다고 느끼셨던 배역들도 있었나요?"

"저는 그런 평가를 할 만큼 그렇게 뛰어난 비평가는 아니에요. 크리스 프랫은 〈가디언즈 오브 갤럭시〉와 〈쥬라기 월드〉 시리즈에서 정말 괜찮더군요. 그 역할들은 크리스에게 매우 자연스러운 배역들이에요. 사실 크리스 프랫 그 자체에 가깝거든요.

크리스는 굉장히 창의적인 사람이고 항상 멈추지 않고 다른 사람들을 즐겁게 해주고자 했어요. 웃긴 녀석이었죠. … 크리스는 매일 사냥을 하고 낚시를 하러 다니기도 했어요. 사람들이 만날 수 있는 가장 웃긴 녀석 중 한 명이었죠.

그리고 매우 똑똑하기도 했어요. SAT(미국의 대입 시험) 점수도 좋았고 반에서 공부도 잘했죠.

그와 같은 액션 영화들의 배역들은 그를 위해 만들어진 셈이에요. "[252]

레슬링 등으로 다져진 〈쥬라기 월드〉 등에서의 액션 연기 외에도 크리스 프랫이 이들과 닮은 것은 유쾌한 삶의 태도이다.

특히, 전 세계 영화 흥행 수입 3위를 기록하게 된[253] 〈쥬라기 월드〉에 앞서 그를 스타덤에 올려 준 〈가디언즈 오브 갤럭시〉에서의 그의 유머러스한 모습은 프랫의 인생철학을 대변하는 것 같아 보이기도 한다.

그러나 크리스 프랫은 상업 영화 제작사 중 최고봉이라고 할 수 있는 마블사의 이 신작에 출연하는 것을 망설였었다.

"저는 제가 이런 역할(슈퍼히어로)을 맡는 모습을 스스로 상상이라도 해본 적이 있는지 모르겠어요. 이 영화가 정말로 좋았던 건 우리가 그 전에 시도되지 않았던 무언가를 했다는 거였어요. 영화를 보신 분이라면 동의하실 거라고 생각해요. 그 전까지의 것과 비슷한 역할을 제가 맡는 건 맞지 않았다고 생각해요.

…그 당시 저는 배우로서 일종의 정체성 위기를 겪고 있었어요. 저는 제가 액션 배역을 맡아야 하는 사람인지, 코미디 역할을 해야

하는 사람인지 알 수 없었죠. '나는 둘 모두를 합친 걸 할 수 있을 것 같은데, 그런 건 없지. 아마도 내가 무언가를 개발해야 할 것 같아.'라고 생각했어요.

그리고 매니저는 계속해서 제게 〈가디언즈 오브 갤럭시〉를 말하고 있었죠. 그래서 전 이렇게 말했어요. "당신 말이 맞는지도 몰라요, 한번 만나 봅시다."

그의 결정은 감독의 당시 생각과 맞아떨어지며 캐스팅으로 이어졌다.

"우리는 20명이 넘는 사람들의 스크린 테스트를 진행했어요. 스타급부터 무명 배우들까지요. … 그리고 아무도 제 마음을 송두리째 빼앗아 버릴 정도는 아니었죠. 상당수의 사람들이 잘했어요. 많은 사람들이 굉장했고요. 하지만 아무도 제 마음에 딱 들지는 않았습니다.

그런데 우리의 캐스팅 디렉터인 사라 핀이 계속해서 프랫의 사진을 제 앞에 내밀고는 '이 사람은 어때요? 이 사람을 만나 보는 건 어때요?'라고 말했어요. 그리고 저는 '드라마 〈팍스 앤 레크리에이션〉에 나오는 그 통통한 친구? 그건 어리석은 짓이야!'라고 했죠. 그런데도 계속했어요.

어쩌다 크리스를 보겠다고 했는지 기억도 나지 않아요. 사라는 이런 식이었죠. '이 사람 다음에, 여기 크리스 프랫이에요.' 저는 약간 화가 나있었어요. 보고 싶지 않았거든요.

그런데 크리스가 들어와서 대본을 읽기 시작하자, 이건 100% 사

170

엠마 왓슨이
해리 포터를 고민했다

실인데요, 20초 만에, 저는 '이런 젠장! 바로 저 사람이야! 저 사람이 우리가 그동안 찾던 사람이잖아!' 했어요. 크리스 프랫은 자기 자신만의 것을 가지고 있었어요. 때로는 배역과 사람이 서로 천생연분인 경우가 있어요, 그리고 그게 제가 그때 느꼈던 거였죠.

저는 뒤를 돌아 제 뒤에 앉아 있던 사라 핀에게 이렇게 말했어요. "저 사람이 바로 그 사람이야! 통통하든 아니든 말이야. 저 사람은 최초의 통통한 슈퍼히어로로 후보가 될 거야, 그렇지만 지금까지 우리가 봤던 다른 모든 사람들보다 훨씬 낫잖아."[254]

아마 감독은 그가 엄청난 속도로 체중을 감량할 수 있는 능력을 갖추고 있는 레슬링 선수 출신이라는 점은 미처 알지 못했을 것이다.

크리스 프랫은 그렇게 〈에버우드〉 캐스팅 때처럼 스스로를 보여 줌으로써 〈가디언즈 오브 갤럭시〉의 피터 퀼 역할을 따낼 수 있었다.

이후 〈가디언즈 오브 갤럭시〉는 북미에서 세 번째로 많은 수입을 낸 영화가 되었고,[255] 피터 퀼은 크리스 프랫이 가장 좋아하는 캐릭터가 되었지만 개봉하기 전에는 영화가 망할 것이라는 비관적인 전망들도 견뎌야 했다.

"당시 언론계에 종사하는 사람들로부터 항상 들었던 질문은 '그러니까, 있잖아요, 〈가디언즈 오브 갤럭시〉가 뭔지는 아무도 모르잖아요. 그 사실이 당신을 기겁하게 만들지는 않나요? 제 말은, 당신이 마블 최초의 거대한 실패작의 일원이 될지도 모르는데 괜찮으시겠어요?'였어요.[256]

"누가 알았겠어요, 첫 번째 영화가 성공해서 후속 작품까지 찍게 될 줄 말이에요."

"솔직히 첫 번째 영화를 위한 프로모션 투어를 할 때, 그런 걸 해 본 것 자체가 처음이었죠, 저는 언론인들로부터 다음과 같은 이야기를 압도적으로 많이 들었었어요.

'그러니까 당신은 지금 마블 최초의 거대한 실패작을 위해 준비하고 계시는 건가요?' 말만 바꿔서 이런 이야기들을 했죠.

그리고 전 정말 불안해지기 시작했어요. '오 안 돼, 끔찍하네, 이미 계약은 했는데 영화가 잘 안될 거라니.' 하지만 그러고 나서 다행히 영화는 잘됐어요. 정말 아무도 몰랐죠."[257]

어두울 때 빛나는
가디언즈 오브 갤럭시 표 유머

〈가디언즈 오브 갤럭시〉 속 피터 퀼(크리스 프랫)은 결코 유쾌할 수 없을 것 같은 상황에서 오히려 가장 유머스러운 모습을 보인다.

〈가디언즈 오브 갤럭시 1〉은 성인이 된 피터 퀼이 괴물들이 사는 음침한 버려진 행성 모라그에 도착하는 것으로 시작된다.

황폐해진 행성을 혼자 걷던 퀼은 폐허가 돼버린 한 건축물에 들어가기 전 긴장했는지 얼굴을 한번 찌푸린 뒤 헤드폰을 쓴다. 그리곤 항상 허리춤에 지니고 다니던 소니 워크맨을 통해 '끝내주는 노래 모음집 1탄'을 튼다.[258]

워크맨에서는 긴장감이라고는 전혀 느껴지지 않는 Redbone의 발랄한 'Come and Get Your Love'가 흘러나온다. 퀼은 작은 괴물들을 마이크 삼아 립싱크를 하고 리듬에 맞춰 춤을 추면서 해골과

구덩이를 지나 건축물 안 속 깊은 곳으로 들어가 마침내 찾던 물건을 발견한다.

이는 아마 마블 영화들 가운데 가장 유명한 오프닝 장면들 중 하나일 것이다.

또 악당인 로난에게 죽음을 맞이할 절체절명의 위기의 순간, 피터 퀼은 갑자기 혼자 무반주로 The Five Stairsteps의 'O-o-h Child'를 부르며 춤을 추기 시작한다.

"오 아이야 시간이 지나면 더 쉬워질 거야, 시간이 지나면 더 나아질 거란다. 잘 좀 들어 봐. … 자 한번 제대로 가보자고! 언젠가! 우리는 함께 맡겨진 일을 다 잘 마치게 될 거야."

"지금 뭘 하는 거지?"

"댄스 배틀이야 형씨, 너랑 나랑!"

"지금 뭘 하는 거냐고 물었다!"

"바로 네 주의를 흐트러뜨리고 있는 거지 이 멍청아!"

그렇게 시간을 번 틈을 타 퀼과 동료들은 위기를 벗어난다.

〈가디언즈 오브 갤럭시 VOL. 2〉의 시작 역시 1편과 비슷하다. 피터 퀼과 가디언즈 오브 갤럭시 동료들은 소버린 행성에서 무시무시한 괴물과 맞서 싸우게 되는데 괴물을 만나기 전 서로 농담을 주고받는다. 그리고 황당한 이야기를 나눈다.

"쇼 타임이야, 친구들."

"곧 괴물이 들이닥칠 거야."

...

"지금 뭐하는 건데?"

"이따 우리 일할 때 들을 노래를 준비하고 있지."

"지금 노래가 중요해?"

"퀼한테 따져! 노래에 아주 환장하잖아."

그렇게 마침내 괴물과 맞닥뜨린 뒤 워크맨과 연결된 대형 스피커에서는 아주 명랑한 노래(Electric Light Orchestra의 'Mr. Blue Sky')가 흘러나온다. 그리고 난장판이 벌어지는 동안 순진무구한 표정의 아기 나무 캐릭터 그루트는 노래에 맞춰 천진난만하게 춤을 춘다.

〈어벤져스: 인피니티 워〉에서는 구조 요청을 받은 가디언즈 오브 갤럭시가 이들을 구하기 위해 우주선을 타고 전속력으로 신호를 따라가며 등장한다.

자동차를 타고 여행이라도 떠나는 것처럼 퀼은 틀어 놓은 신나는 노래(The Spinners의 'The Rubberband Man')를 유쾌하게 따라 부르고 다른 사람들은 게임을 하거나 잠을 자기도 한다.

이때 우주선 안에서 자다 깨어난 동료 로켓이 묻는다.

"우리가 이걸 왜 하는 거라고?"

"이건 구조 요청 신호야 로켓, 누군가가 죽을 수도 있다고." 또 다른 동료인 가모라가 답한다.

"그건 알겠는데, 우리가 왜 이 일을 하는 거냐는 말이야."

"우리는 좋은 사람이니까, 그리고 누군가가 짭짤하게 보상을 해

줄 수도 있겠지?" 퀼은 농담을 건넨다.

…

"퀼, 우리 이제 곧 도착해요."

"좋아 가디언즈, 모두 이 일이 위험할 수 있다는 사실을 잊지 말자고, 이젠 험상궂은 표정을 좀 지어 보자."

세계에서 가장 성공한 프랜차이즈 영화 시리즈에서 나는 다중 우주가 등장하고 주인공들이 양자 요동이 발생하는 소행성 지대를 지나는 등 온갖 환상적인 영화적 설정과 화려한 특수효과가 아닌 '이들의 태도'가 가장 인상 깊게 느껴졌다.

노래를 들으며 최후의 결전에 나서는 3편을 포함해 〈가디언즈 오브 갤럭시〉의 분위기는 대체로 위와 같다. 전투가 '일'인 그들에게 괴물과의 만남과 같은 사건은 마치 일상적인 업무와도 같은 것이다.

피터 퀼은 자신이 하는 일이 위험하다는 것을 알고 있다. 그러나 동시에 어차피 해야만 하는 불가피한 일이라면, 가능한 한 덜 괴롭게, 또는 유쾌하게 하는 편이 낫다는 것 역시 잘 알고 있다.

이것은 비단 영화 속 은하계의 수호자나 드라마 속 형사, 군인뿐 아니라 현실을 살아가는 우리 모두에게도 동일하게 적용되는 것이다. 비록 차원을 이동하며 입에서 빔을 내뿜는 거대한 괴물은 아닐지라도 이와 같은 문제들은 직장에도, 삶 속 여러 곳에도 크고 작은 모습으로 존재하기 때문이다.

물론 사실상 고아가 되어 의지할 곳 없이 자라 온 퀼은 때로 고뇌

하거나 충격적인 사건을 겪은 뒤 분에 못 이겨 실수를 저지르기도 한다. 또 그의 유머는 어쩌면 자신의 본래 모습을 감추기 위한 일종의 가면이거나 선천적인 유전적 기질에 의한 것일지도 모른다.

따라서 현실적으로 대부분의 경우 우리는 앞서 언급했던 대로 그레타 페이스를 하고 '버티는 삶'을 살아가야 할 것이다. 그러나 불쾌하지만 불가피한 상황을 앞둔 상황에서는 '크리스 프랫'표 유머가 큰 도움이 될 수 있다.

스트레스 상황에 관한 흥미로운 연구들을 소개하고자 한다. 먼저, 8년간 미국에 있는 성인 30,000명을 추적 조사한 연구 결과[259]에 따르면 지난해 많은 스트레스를 경험한 사람들은 공식 사망 기록을 참고하니 사망할 위험성이 43% 높았다.

그러나 놀라운 것은 그것이 오직 스트레스가 자신에게 해롭다고 믿는 사람에게만 해당되는 것이었다는 점이다.[260] 많은 스트레스를 경험했음에도 스트레스를 해롭게 생각하지 않은 사람들은 오히려 '사망 확률이 가장 낮은 집단'에 속했다.

스트레스에 대한 관점이 스트레스에 의한 신체 반응을 변화시켰기 때문이었다. 스트레스 상황에서는 보통 다음과 같은 현상이 나타난다. 심장이 뛰고 호흡이 가빠지며, 땀이 날 수도 있다. 그동안 이것은 자주 '불안' 신호이며 압박에 잘 대처하지 못하는 신호라고 해석돼 왔다.

그러나 동시에 이는 몸이 도전에 맞서 에너지를 공급하는 행위이기도 하다는 것이다. 심장이 빨리 뛰는 것은 행동을 취할 준비를 시켜 주는 것이며, 호흡이 가빠지는 것은 뇌에 산소를 더 공급하는 것이기에 기본적으로 문제가 되지 않는다.

하버드대학교에서 진행한 연구[261]에서 피험자들은 위의 말을 듣고 관점을 바꾸었다. 그렇게 하자 스트레스를 덜 받았고, 덜 불안해졌으며 자신감이 생겼다. 그러나 그보다 놀라운 것은 신체 반응 역시 변화했다는 것이었다.

스트레스가 심혈관 질환과 결부되는 주된 이유는 스트레스 반응에 따른 심박수의 증가와 혈관의 수축인데, 스트레스에 대한 관점과 태도를 바꾸자 심박수는 증가했지만 혈관은 이완된 상태를 유지했다.

이는 '즐거움을 느끼는 순간, 용기를 내는 순간' 나타나는 신체 반응과 매우 유사한데, 스트레스 상황과 관계없이 건강히 장수할 수 있도록 하는 결정적인 차이를 만들어 낸다.

또 스트레스는 다른 사람들과 관계를 맺도록 자극하는 옥시토신 신경 호르몬 등과 관련해 우리를 하나되도록 만든다.

실제 연구 결과에 따르면 경제적인 어려움이나 가족 위기 같은 스트레스 경험은 사망의 위험성을 30% 증가시켰다. 그러나 금전적 대가를 지불받지 않고 '이웃, 친구 등과 어울리고 이들을 돕는 데 시간을 보낸' 사람들의 경우 스트레스가 사망률을 전혀 증가시키지 않았다.[262]

우리는 기본적으로 도전에 맞서는 고통의 시간을 함께 이겨 내도록 설계되어 있는 셈이다.

결국은 잠정적일 수밖에 없는 과학적인 연구 결과들의 나열을 가능한 한 자제하고 싶지만 이 모든 것은 생각과 행동을 바꿀 때 실제로 우리의 미래가 달라질 수 있다는 사실[263]을 잘 보여준다.

위의 내용으로 TED 강연[264]을 진행한 스탠퍼드대학의 건강 심리 전문가 켈리 맥고니걸은 강연을 마친 뒤 사회자의 질문에 마지막으로 다음과 같이 답했다.

"우리가 확실히 아는 한 가지는 불편함을 피하려고만 하는 것보다는 의미를 좇는 것이 건강에 더 좋다는 것입니다. 제 생각에 최고의 선택은 여러분의 인생에 의미를 창조해 내는 무언가를 추구하고, 그에 따르는 스트레스를 다뤄 낼 수 있다고 믿는 겁니다."

그녀가 강연 중 언급한 것처럼 이유도 없이 일부러 스트레스를 찾아다닐 필요는 없더라도, 불가피한 상황을 앞두었다면 몸이 위협에 대비해 나를 무장시켜 주고 있다는 사실을 기억하고 용기를 낼 필요가 있다.

그리고 용기가 요구되는 상황에서 피터 퀼과 같이 아무렇지도 않은 것처럼 배경 음악이 되는 신나는 노래를 듣거나 농담을 건네는 등의 행동은 큰 도움이 될 수 있다.

누군가는 레슬링을 통해, 누군가는 군대에서, 혹은 다른 상황에서 이와 비슷한 경험을 했을지 모른다.

이는 단순히 앞날을 생각하지 않고 실없이 웃는 것을 의미하지 않는다. 스스로를 속이라는 말도 아니다. 이성이 정상적으로 작동하는 이상 느낄 수밖에 없는 두려움은 솔직히 인정하고, 처한 상황에서 행할 수 있는 최선의 전략에 집중하는 것이다.

'두려운 게 정상이다. 하지만 동시에 난 최대한 별것 아닌 것처럼 유쾌하게 임할 것이다.'

"(<쥬라기 월드 3>와 함께)〈가디언즈 오브 갤럭시: Volume 3〉의 촬영도 마치셨죠? 인생에서 중요한 두 캐릭터를 동시에 모두 끝마치는 지금이 커리어에서 전환기라고 느끼시나요?"

"네, 그래요. 자연스럽게 전환이 일어나는 시기가 될 것 같아요. … 무언가 다른, 무엇인가 새로운 것을 시도하는 전환의 시작인 거죠. 저는 신이 나요. 전에도 말씀드렸지만 배우에게는 삶 속에 불확실성의 구름이 있어요. 제안을 받게 되는 배역들과 같은 것 말이에요. 저는 그 구름이 제게 다시 돌아오는 것 같이 느껴져요.

그리고 그게 저를 정말 흥분시켜요. 왜냐하면 저는 정말 다음에 무엇을 할지 모르겠거든요. 그리고 저는 그게 제가 지난 8~9년 동안 느껴보지 못했던 꽤 멋진 감정이라고 생각해요. 왜냐하면 그동안은 예정된 속편들이 계속 돌아왔었잖아요. 그래서 궁금해요. 어쩌면 코미디일지도, 그도 아니면 무엇이 될지 모르겠지만, 무엇을 기대해야 하는지는 모르지만 저는 그 무엇에 대해 준비가 되어 있거든요."[265]

피터 퀼처럼 생사가 걸린 중대한 위험을 앞에 두고 춤을 추는 것이 항상 현명한 선택은 아닐 것이다. 위기를 앞두고 유머를 잃지 않

엠마 왓슨이
해리 포터를 고민했다

는 것이 방심하라는 의미는 아니기 때문이다.

그러나 극단적인 상황에서도 영화 속 피터 퀼과 같은 행동이 생존 확률을 낮추지 않은 사례도 있다.

제2차 세계 대전에 참전해 전쟁 영웅이 된 영국군 장교 잭 처칠(Jack Churchill)은 매우 특이하게도 총과 수류탄이 아닌 활과 검을 들고 나치 독일과의 전투에 참여했는데, 심지어는 병사들의 사기를 북돋는다는 명분으로 들고 다니던 백파이프를 총알이 빗발치는 전장에서 직접 연주하기까지 했다.

이 같은 기행 탓에 '미치광이 잭(Mad Jack)'이라는 별명을 얻었지만 그는 수차례 포로수용소에서 탈출까지 하며 많은 전공을 세우고 생존한 뒤 만 89세까지 장수했다.

그의 부하였던 에릭 버크마스터 씨는 잭 처칠이 "매우 긍정적이고 훌륭한 리더"였다고 회고했다.[266][267]

긍정적인 삶의 태도가 부정적인 삶의 태도보다 나은 것은 긍정적인 태도가 우리를 해결 방안에 집중하게 하고 실천으로 이끌기 때문이다.[268]

그러나 이러한 태도는 영화 〈조커〉(2019년)에서 조커가 악행을 저지른 뒤 토크쇼에 출연해 누가 옳고 그름을 결정하는지 물으며 "어차피 삶과 윤리도 주관적인 코미디와 같다."고 조소하며 보였던 냉소와는 완전히 다르다.

설사 그것이 블랙 코미디일지라도 삶과 가치에 대한 긍정이 바탕이 되어야 하는 것이다.

"내가 세운 회사에서 내가 잘리게 되다니 정말 더럽게 기구한 인생이네."라고 말하더라도 '그럼에도 불구하고'가 있는 유머여야 한다. 아주 힘들지만, 그럼에도 불구하고 삶은 좋은 것이고 희망은 있으며, 좋은 사람들이 있다는 것을 기억해야만 한다.

그렇게 하면 도전은 어떤 방식으로든 성장의 기회가 될 수 있을 것이다. 그것이 남들이 보기에는 아무리 작은 일일지라도 상관없다.

그런 점에서 크리스 프랫과 피터 퀼은 연결된다.

"스타로드(피터 퀼의 별칭)라는 캐릭터의 가장 마음에 드는 점을 하나 골라 주세요."

"어떤 한 부분을 꼽을 수가 없습니다. 스타로드는 제가 간절히 기다려 왔던 바로 그 기회였으니까요. 특히 '크리스 프랫'표 유머를 더할 수 있는 캐릭터라는 점이 정말 좋았어요.

…스타로드가 딱 갈증을 풀어 줄 기회였죠. 그리고 스타로드는 저와 많은 점이 닮았어요. 있는 그대로의 저를 가장 멋진 버전으로 보여 주면 된다는 점에서 하나부터 열까지 흥미진진합니다."[269]

어떻게 크리스 프랫은 순탄치 않은 삶 속에서 희망을 가지고 어려운 고비들을 넘기며 다음, 다음으로 향할 수 있었을까? 기본적으로 유쾌할 수 있어야 노숙자 생활도 버틸 수 있다. 그러나 유머가 전부는 아니었다.

우리는 모두
그루트다

〈쥬라기 월드〉와 〈가디언즈 오브 갤럭시〉 시리즈 등의 흥행에 힘입어 크리스 프랫은 할리우드 명예의 거리에 입성한 데 이어[270] 'MTV 영화 & TV 어워즈'에서 '제너레이션 어워드'를 수상하게 된다.

"제너레이션 어워드를 수상하게 됐는데, 그게 어떤 걸 의미하나요?"

"저는 영광스럽게도 몇 년 전에 액션 스타 어워드와 같은 상을 받을 수 있었죠. 전 '와 재미있네.' 하고 즐겁고 웃긴 수상 소감을 만들어 전했어요.

하지만 이 제너레이션 어워드는, 그 소식을 들은 뒤로 계속 생각하고 있는데요, 정말로요. 왜냐하면 이 상은 기본적으로 이렇게 말하는 거잖아요. '그래 크리스, 네가 몇 분 동안 새로운 세대에게 지

혜를 전할 수 있도록 허락한다.'

　…제 생각에 지금 우리는 누군가 긍정적인 이야기를 이 젊은, 새로운, 놀라운 세대에게 나눠 줄 사람을 필요로 하는 것 같아요. 근데 그게 바로 나죠! 제가 바로 여러분의 마지막 희망이랍니다. 하하하."[271]

　대망의 시상식 날, 〈가디언즈 오브 갤럭시〉의 OST인 Blue Swede의 'Hooked on a Feeling'이 흘러나오는 가운데 시상대에 올라선 크리스 프랫은 다음과 같은 수상 소감을 남겼다.

　"저는 바로 당신, 다음 세대에게 말하겠습니다. 원로로서의 제 책무를 받아들입니다. 그러니까 잘 한번 들어 봐요. 제너레이션 어워드를 수상한 크리스 프랫의 아홉 가지 규칙입니다."

　"첫 번째, 숨을 쉬세요. 숨을 안 쉬면 죽습니다('삶 속에서 여유를 가지라.'는 중의적인 뜻이 될 수 있다)."

　"두 번째, 여러분에게는 영혼이 있습니다. 그러니 그걸 조심히 다루세요."

　"세 번째, 몹쓸 놈이 되지 마세요. 힘이 있다면 누군가의 보호자가 되시고 똑똑하다면 겸손하게 영향력을 발휘하세요. 힘과 지능은 무기가 될 수 있습니다. 약자에게 그것을 휘두르지 마세요. 그렇게 하면 불량배가 되는 겁니다. 그것보단 더 나은 사람이 되세요."

　"네 번째, 강아지한테 약을 먹일 때는 햄버거 조각에 약을 넣어서 줘보세요. 강아지는 자신이 약을 먹고 있는지 알지도 못할 겁니다."

　"다섯 번째, 무엇인지는 상관없습니다. 쟁취하세요. 좋은 일을 해

보세요. 고통 가운데 있는 사람에게 다가가서 섬겨 보세요. 기분도 좋아지고 여러분의 영혼에도 좋을 겁니다."

"여섯 번째, 하나님은 살아 계십니다. 하나님은 여러분을 사랑하시고 당신에게 가장 좋은 것을 주길 원하십니다. 그걸 믿으세요. 저는 그렇게 믿습니다."

"일곱 번째, 만약 파티에 갔는데 볼일이 급하시다면 먼저 소변을 누시고 그다음으로 넘어가 순식간에 마무리하세요. 냄새를 제거해 줄 겁니다. 그 반대의 경우보다요. 입자들을 생각해 보면…. 날 좀 믿어요. 이건 과학이라고요."

"여덟 번째, 기도하는 법을 배우세요. 그건 쉽고 여러분의 영혼에 매우 좋습니다."

"그리고 마지막으로 아홉 번째, 완벽한 사람은 아무도 없습니다. 사람들은 여러분에게 '넌 지금 있는 그대로 완벽해.'라고 말하겠지만 그건 사실이 아닙니다. 여러분은 불완전합니다.

그리고 언제까지나 그럴 수밖에 없을 겁니다. 그렇지만 당신을 그렇게 창조한 강력한 힘이 있고, 여러분이 받아들이길 원하기만 한다면, 그 은혜를 입을 수 있습니다. 은혜는 선물입니다.

우리가 이 나라에서 즐기고 있는 자유와 같이 은혜는 누군가의 핏값으로 지불된 것입니다. 그걸 잊지 마세요. 당연하게 얻은 것처럼 여기지 마세요.

여러분에게 신의 가호가 함께하길 바랍니다. 부디 집에 조심히 들어가세요. 감사합니다."[272]

소감으로 미루어 알 수 있듯이 크리스 프랫은 독실한 기독교 신자로 영화 〈어벤져스: 인피니티 워〉에서는 이를 반영했는지 피터 퀼의 다음과 같은 대사가 등장하기도 했다.

어벤져스 멤버들과 처음으로 만나 서로 적인지 아군인지 분간이 되지 않은 긴박한 상황에서 피터 퀼은 다음과 같이 말한다.

"오 그래? 그럼 난 너희 셋을 다 죽이고 혼자 타노스(악당)를 처리하겠어!"

"잠깐만, 타노스? 내가 이거 한 가지만 너한테 물어볼게, 너 누구를 섬기지?"

"내가 누구를 섬기냐고? 뭐 예수님이라고 말할까?"

"너 지구에서 왔구나?"

"지구? 난 미주리주 출신이다."

크리스 프랫은 인터뷰에서 자신이 이룬 배우로서의 성공을 신께 돌리며 과거 마우이섬에 있을 당시를 회상했다.[273]

그가 하와이의 마우이섬에서 노숙 생활을 하고 있던 바로 그때, 큰 파티를 준비하던 도중 40대로 추정되는 한 아시아인이 갑자기 어디에선가 나타나 자신에게 전도를 했고, 그것이 그의 삶을 완전히 바꿔 주었다는 것이다.

"저는 식료품점 밖에 앉아 있었어요. 누군가한테 안에 들어가 우리에게 맥주를 좀 사달라고 설득해 놓았었죠. 그때 헨리라는 이름의 한 남자가 구원을 필요로 하는 제 안의 무언가를 발견하고 다가왔어요. 그리곤 제가 그날 밤 무엇을 하고 있었는지 물었죠.

전 솔직했어요. 제 친구가 안에 제게 술을 사주러 들어갔다고 대답했죠. '파티에 가시는 거예요?' 그가 물었어요. '네 맞아요.' '마시고, 마약도 하고, 여자들도 만나고 성관계도 하고요?' 저는 대답했죠. '그렇게 되길 희망하죠.'"

저는 그 사람에게 매력을 느꼈고 이 대화가 저를 불안하게 만들지 않았어요. 그렇게 느꼈어야 정상이었을 텐데도 말이죠.

제가 물었어요. '저한테 그런 걸 왜 물어보시죠?' 그가 말했어요. '예수님께서 저보고 당신에게 말을 하라고 하시더군요.' 저는 그 사람을 따라 교회에 갔고 며칠 뒤 '이제 내 삶을 바꾸겠다.'고 선언함으로써 친구들을 놀라게 만들었습니다."

해당 인터뷰의 원문[274]을 실은 기자는 이 내용을 언급한 직후 '이처럼 똑똑한 영화 스타에게 듣기에는 정말 이상하고 이질적으로 느껴지는 이야기는 이쯤 듣자.'라거나 '너무도 놀라운 그의 성공이 그를 두렵게 만든 나머지 통제감을 가질 수 있도록 이런 설명을 하게 만들어 버렸다.'며 비아냥댔지만 정말로 그럴까?

그의 신앙은 합리화일까 아니면 합리적인 것일까? 이 생에서의 유한한 고난은 더 큰 계획 안에 위치할 수 있는 것인가 아니면 그저 영원히 고통으로만 끝나는 것인가?

환상적인 우주 배경과 유전자 조작 생명체가 등장하는 〈가디언즈 오브 갤럭시〉 시리즈는 사실 종교에 대한 이야기이기도 하다. 가톨릭계 가정에서 자란 감독 제임스 건은 기도가 자신의 삶에서 중요하다고 언급하는 동시에 일정 부분 자신을 '반종교적'이라고 설명한 바 있다.[275][276][277] 영화도 이 관점과 궤를 같이하는 듯 보인다.

그런 그가 퀼의 동료이자 유전자 조작 라쿤인 로켓에 관해 언급했던 내용은 흥미롭다.

〈가디언즈 오브 갤럭시 VOL. 2〉는 퀼이 튼 Cat Stevens의 'Father and Son'이 흘러나오는 가운데 로켓이 자식을 위해 희생한 동료를 연상시키는 우주의 불빛을 보며 눈물을 흘리는 장면으로 끝을 맺는다. 제임스 건은 그 의미를 다음과 같이 표현했다.

"마지막 장면에서 하늘의 화살을 보고 로켓의 눈에 눈물이 고이는 것은 그가 처음으로 초월적인 신의 존재 가능성을 보았기 때문입니다. 삶은 그가 생각했던 것보다 훨씬 더 큰 것이었죠."[278][279]

작중 로켓은 일종의 공학자로 기계를 만드는 데 매우 능숙한 캐릭터로 묘사된다. 그러나 감독의 해석대로라면 과학과 공식에만 정통하던 그가 이제는 우주의 다른 면도 볼 수 있게 된 것이다. 이는 〈가디언즈 오브 갤럭시: Volume 3〉에서 "더 큰 섭리", "최선을 다하다 죽는다." 등의 표현을 통해 더욱 명확해진다.

제대로 정의된 참된 신은 사실상 노예와 다름없는 램프의 요정 지니와 같이 소원을 들어주는 기계적인 존재도 아니며, 〈가디언즈 오브 갤럭시 VOL. 2〉의 에고나, 소버린의 '아담'을 만든 〈가디언즈 오브 갤럭시: Volume 3〉의 하이 에볼루셔너리와 같이 자신의 필요로 인해 자녀를 착취하는 존재도 아니다. 〈가디언즈 오브 갤럭시 VOL. 2〉에서와 같이 아버지는 사랑하는 아들을 위해 마지막까지

엠마 왓슨이
해리 포터를 고민했다

인내하고 희생한다.

신의 존재는 과학과 상충되는 것이 아니다. 우주선을 타고 외계인들과 우주를 여행하는 피터 퀼이 실제 기독교인이라고 해도 이상할 게 없는 것이다.

2020년 12월 고국에서 노벨물리학상을 받은 로저 펜로즈는 '지난 30년간 세계에서 가장 영향력 있는 철학자 10인'[280]에 선정된바 있는 기독교[281] 유신론자인 윌리엄 레인 크레이그와의 공개 토론(대담)[282]에서 다음과 같이 밝힌 바 있다. 로저 펜로즈는 138억 년 전 우주의 시작을 설명하는 빅뱅 이론에 크게 기여한 펜로즈-호킹 특이점 정리의 주인공이기도 하다.

펜로즈 교수는 크레이그 교수와 천체물리학 외에도 자유 의지, 객관적인 도덕적 의무의 존재 등에 관해 이야기한 뒤 이렇게 말한다.

"제가 그것을 부정한다는 것이 아닙니다. 그저 왜 그것이 많은 것을 설명해 주는 것인지를 잘 보지 못하겠는 것뿐입니다. 그러니까 그 스스로 의식을 가진 신과 같은 그 개체 말입니다.

그 개념이 잘못되었다고 주장하는 것이 아닙니다. 그런 존재가 있을지도 모르죠. 어떤 종교인들의 견해와 같이 … 저는 그 견해가 잘못되었다고 주장하는 것이 아닙니다."

사회자의 질문에는 자신의 생각을 이렇게 밝히기도 했다.

"선생님의 동료였던 스티븐 호킹은 자신이 죽는다면 다른 쪽 세계에서 자신을 맞아 줄 그 누구도 없을 것이라고 단언했었는데요, 만약 신적인 정신(divine mind)이 존재한다면…."

"하하, 전 제 인생의 끝을 맞이했을 때 저편에 저를 맞아 줄 누군 가가 있다면 좋겠네요. 그렇지만 경험들이 지속될 수 있다고는 믿 지 않아요. … 하지만 어떤 추상적인 의미로 우리의 경험이 사망 후 에도 지속될 수 있는지는 또 다른 문제죠."

"그 가능성에 열려 있으신 건가요?"

"네, 저는 이 모든 논의에 닫혀 있지 않습니다. 전 그저 감도 잘 못 잡겠어요. 하하…."

물론, 『신과 스티븐 호킹(God and Stephen Hawking)』의 저자이자 로저 펜로즈와 같은 옥스퍼드대학교의 수학과 교수인 존 레녹스 교수가 밝힌 것처럼 '과학자의 말이 반드시 과학의 말은 아니며,[283] 매우 뛰 어난 과학자가 헛소리를 하더라도 헛소리는 헛소리'[284]이기에 한 위 대한 과학자의 말이 대단히 중요한 의미를 갖는 것은 아니다.[285]

이미 1936년 알버트 아인슈타인이 직접 언급한 것처럼[286] 적지 않 은 경우 훌륭한 과학자들은 형편없는 철학자가 되기도 한다.

그러나 어쨌든 우리는 때로 너무도 쉽고 단순하게 결론을 도출해 버리곤 한다.[287] 과학과 종교 간의 갈등은 오히려 상대적으로 최근 에 이르러 심화되는 것처럼 보인다.

생각해 보면 인류학자인 로렌 아이슬리가 말했던 것과 같이,[288] 이미 과학 혁명이 일어나던 16~17세기 현대 과학의 아버지들이라 고 할 수 있는 서구의 갈릴레이, 케플러, 뉴턴 등등은 모두 종교인 들로서 유신론적 배경하에서 탄생했는데 말이다.[289]

과학은 종교 재판에서 교황청의 징계를 받았던 갈릴레이가 옹호

했던 지동설이 이후 인정을 받게 되었던 것처럼 자연계에 대한 특정 경전 구절의 해석이 서로 충돌하는 상황에서 도움을 줄 수 있고, 반대로 시공간 우주의 시작[290]과 같은 종교적, 철학적 주장을 지지해 줄 수도 있다.

갈릴레이는 다음과 같이 말했다. "저는 우리에게 감각과 이성, 그리고 지성을 부여하신 바로 그 하나님께서 우리에게 그것들의 사용은 포기하도록 의도하셨다고 믿어야 한다고 느끼지 않습니다."[291]

'멘델의 유전 법칙'으로 잘 알려진 유전학의 창시자 그레고어 멘델은 심지어 사제였다.

〈쥬라기 월드〉 3부작에서 이안 말콤 역을 맡은 제프 골드브럼은 한 인터뷰에서 크리스 프랫 옆에 앉아 다음과 같이 말했다.

"우리가 왜 공룡들을 부활시켰는지에 관한 이야기입니다. 유전학에서 얻은 성취를 질병을 치료하는 데 사용하는 대신 티켓을 팔기 위해 놀이공원을 만드는 데 잘못 사용한 거예요. 그 이야기를 하는 겁니다. … 이건 어려운 딜레마죠."[292]

또 크리스 프랫은 〈가디언즈 오브 갤럭시〉 시리즈 속 소버린 행성에 관해 이렇게 말한다.

"소버린 행성은 아주 거만하고 고약한 사회입니다. 유전자를 조작하고 변형시킨 사람들만 태어나는데, 자기들 스스로 육체적으로나 지능적으로 완벽한 존재라고 믿고 있죠.

당연히 상대하기 까다로울 수밖에 없어요. 스타로드(피터 퀼)는 혹시나 멤버들이 소버린족의 심기를 거스를까 봐 조심하면서 욱하는 멤버들을 자제시켜야 합니다. 이 행성에서 불경을 저질렀다간 곧 죽음이거든요."[293]

인간 게놈 프로젝트를 총괄해 세계 최초로 인간 유전체 지도를 완성한 프란시스 콜린스(미국 대통령 자유 훈장 및 국가 과학상 수상자이자 2020년 템플턴상을 수상한 독실한 기독교인)는 '크리스퍼 유전자 가위'를 개발해 2020년 노벨화학상을 수상한 제니퍼 다우드나 교수를 축하하며 인터뷰[294]를 진행했다.

해당 인터뷰에서 두 사람은 질병 교정과 달리 생식 계열이나 인간 배아 등에 가해져 미래 세대에 유전되는 유전자 편집에 관한 윤리적 문제 역시 다뤘다. 이는 당시 노벨위원회의 경고[295]와도 상통하는 것이다.

소버린 행성의 모습은 먼 미래의 이야기가 아니다. **그러나 계속해서 변화하는 시대를 인식하며 살아가면서도 결코 현상(사실 판단)과 당위(윤리적 판단)를 혼동하는 오류를 범해서는 안 된다.**[296] 당연하게도 크리스 프랫의 말처럼 크리스퍼 유전자 가위와 같이 많은 사람들을 도울 수 있는 '강력한 도구'는 동시에 양날의 검처럼 그만한 위험을 내포한다.[297]

우리는 설사 인기를 끈 몇몇 학자들의 바람대로 유전 공학, 나노 기술, 로봇 공학, 인공 지능, 뇌 과학(신경과학) 등을 활용해[298] 우주[299] 속 '트랜스휴먼'이 된다고 해도 안셀무스가 말한 '최대한으로 위대한 존재'[300]에 해당하는 '신(God)'이 될 수 없다. 〈토르: 러브 앤 썬더〉 등의 마블 영화에서 묘사되곤 하는 그리스 로마 신화의 신과 비교

적 가까운 존재는 될 수 있을지 모르지만 말이다.[301]

무신론 철학자인 존 그레이는 유발 하라리(『사피엔스』 및 『호모 데우스』의 저자)에 대한 논평에서 호모 데우스가 그리스의 신을 닮을 것이라고 결론 내린 바 있다.

"인간은 과학을 활용해 스스로를 상상만 하던 신과 같은 존재로 바꿀 것이다. 하나의 최상의 존재는 존재하지 않을 것이고, 대신 다른 여러 신이 있을 텐데, 그들은 한때 존재하던 인류의 형편없는 모사품에 불과할 것이다."[302]

AI를 연구하는 MIT의 컴퓨터 공학 교수인 로잘린드 피카드가 말하는 것처럼 히틀러가 집권하기 전까지 세계 최고 수준의 과학 기술과 선진화된 법체계 등을 가지고 있었던 과거 독일의 사례와 같이 인류가 신을 버리고 스스로를 구원할 수 있을 것이라고 생각하는 바로 그때 도리어 위험은 가장 커질 수 있다.[303][304]

도스토예프스키가 『카라마조프가의 형제들』에서 이야기하는 것처럼 "신이 없다면 모든 것이 허용된다." 모든 것은 호모 사피엔스들의 주관적인 의견에 불과하게 되는 것이다.

크리스 프랫이 훌륭한 건 그가 같은 인간으로서 자신과 다른 존재에 대해 겸허한 태도를 가지고 있다는 것이다.

"제가 최근에 교회에서 들은 경구인데요, 그게 적절할 것 같아요. '만약 당신에게 쏟아지는 조명이 당신 내면에서 나오는 빛보다 더 밝다면, 그것이 당신을 죽일 것이다.' 우리가 매번 보게 되는 거잖아요. 배우들이나, 우리와 같은 상황에 있는 사람들에게서 자주 보게 되잖아요.

왜냐하면 그건 정말로 밝은 조명이거든요. 때로는 그저 남들과 나눠야 할 자아가 있는 것만으로도 그게 자신을 죽이게 돼요. 다 나누고 난 뒤 남아 있는 게 없게 되거든요. 그렇기 때문에 나눌 수 있는 빛을 가지고 있어야만 해요. 조명만큼이나 밝은 빛이요. 그럼 생존할 수 있어요. 다 주어서 사라지지 않고 자아의 일부는 여전히 남아 있게 되거든요."[305]

"(유명해지면)'예스맨'들에 의해 둘러싸이게 될 수 있다는 걸 알게 되잖아요. … 그래서 자신의 의견이 잘못되었다고 지적해 줄 수 있는 사람들과의 관계를 키워 나가는 게 중요해요.

제가 여전히 방문 판매원이거나 웨이터, 무명 배우였더라도 절 저녁 식사에 초대했을 사람들과 말이에요."

"19살에 콜로라도에 제 사무실을 차렸었죠. 그러다 쫄딱 망하고 구속영장까지 발부되었었어요."

"그때 프랫 씨를 구제해줬던 사람들에게 도움을 줄 수 있는 위치에 있게 되어서 좋으신가요?"

"오 그럼요, 그리고 저는 늘 판매원들에게 친절을 베풀어요. 누군가 제게 오면 전 그냥 사버려요, 뭐가 됐든 말이에요. '아이야 네가 지금 뭘 팔고 있든 내가 살게.'"

"그렇게 얘기하면 안 돼요, 이거 편집해야겠네요, 크리스 프랫 씨가 바로 망하게 생겼어요."[306]

크리스 프랫은 유명세의 위험성을 잘 알고 있는 것 같다. 그는 자신이 직접 경험했던 노숙자, 스트리퍼, 웨이터, 무명 배우 시절을 기억하고 있다. 그가 하고 있는 기부 등의 선행을 굳이 더 이야기할 필요도 없다.

그가 판매원들에게 유독 큰 친절을 베푸는 것은 과거 그가 방문 판매원 일을 하며 고생했던 경험과 적지 않은 관련이 있을 것이다.

자신의 사무실을 차렸던 프랫은 당시 매일 아침 7시 15분 직원들과 함께 다음과 같은 구호를 외치며 하루를 시작했었다고 한다.[307]

"다들 오늘 기분이 어떤지 말해 봐! 기분이 아주 환상적이야 옳소 옳소 옳소! … 본때를 보여 주자 본때를 보여 주자 누가 1등이야? 우리지! 2등은 누군데? 아무도 신경 안 써!"[308]

삶이 단순히 자신의 노력만으로 되는 것은 아니다. 하지만 분명히 그는 이 모든 과정에서 다른 선택을 할 수도 있었다.

무신론자이자 진화생물학자인 리처드 도킨스가 한 다음의 말들처럼 우리는 단순히 조금 더 축축한 기계에 불과할까?

"근저에는 설계도, 목적도, 악도, 선도, 아무것도 없으며 그저 의미 없는 무관심만 있을 뿐이다. … 우리는 DNA를 번식시키는 기계다. … 이것이 모든 살아 있는 것이 존재하는 유일한 이유다."[309]

"네, 살인을 저지른 건 내가 아닌 거죠…. 내 신경 세포들과 유전자가 한 겁니다."[310]

그렇지 않다. 애써 반박을 시작할 필요도 없이 이는 결국 자멸적인 명제이기 때문이다. 결정론에 따르면 '결정론'을 믿는 행위조차 결국은 근본적인 수준에서 어차피 '결정되어 있기 때문에' 이성적인, 합리적인 선택이라고 할 수 없게 된다. 토론을 하거나 논의할 이유 자체가 없어지는 것이다.

실제로 프랫은 '자발적으로' 나이트클럽 남성 스트리퍼의 길만을 걸을 수도 있었다. 또 헨리의 말을 듣고도 그를 실컷 조롱한 뒤 그대로 파티에 참석해 진탕 취하거나 마약을 할 수도 있었다. 그러나 그는 그렇게 하지 않았다.

해변가에 낚싯대를 몇 개 놔두고 노숙을 하며 친구들과 떠들고 있는 크리스 프랫의 모습만을 보고 그의 삶 전체를 함부로 판단할 수는 없는 것이다. 그러나 크리스 프랫은 단순히 사회적 환경이나 유전적 기질의 산물 역시 아니기에, 결국은 그의 선택을 고려해야만 한다.

만약 크리스 프랫이 버바 검프 레스토랑에서 올해의 점원이 될 정도로 성실히 일하기는커녕, 삶에 대한 분노로 가득 찬 끔찍한 표정으로 자신에게 찾아온 래 돈 총 감독을 불친절하게 대했다면 배우가 될 수 있었을까?

임시 캐릭터를 맡아 드라마 〈팍스 앤 레크리에이션〉을 촬영하는 동안 자신의 배역에 불만을 가지고 연기에 대충 임했다면 프로듀서들의 환심을 사 이후 6개 시즌에 고정으로 출연하게 될 수 있었을까?[311]

본인의 말대로 스스로 '돈을 들여 가며' 연기를 할 정도로 자신이 하는 일을 사랑하지 않았다면,[312] 지금의 크리스 프랫은 아마 없었을 것이다.

최선의 결과는 불완전할 수밖에 없는 사회를 더 낫게 만드는 선한 노력과 함께 모두의 성실함이 병행될 때 달성될 수 있다.

매리언 울프가 『다시, 책으로』에서 말하는 것처럼 "적과 마찬가지로 실패 또한 최고의 교사가 될 수 있지만 그러기 위해서는 변화의 필요성을 인정해야 한다."[313]

모든 것을 고려해 그의 삶 전체를 온전히 공의롭게 판단할 수 있는 것은 신뿐이겠지만, 크리스 프랫은 단순히 게으른 노숙자나 문란한 스트리퍼 출신으로 정의될 수 없다. 현재의 그는 여느 누구와 같이 불완전함에도 옳은 선택을 내린 사람으로 정의되는 것이 합당할 것이다.

그리고 그 모든 쉽지 않은 선택의 과정을 거치는 동안 무엇이 되었든 자신만의 '끝내주는 노래 모음집'을 만드는 것은 큰 힘이 된다.

〈가디언즈 오브 갤럭시〉에서 피터 퀼을 체포했었던 노바 제국의 경찰인 로만 데이는 그를 변호한다.

"속임수라고, 그놈은 범죄자야. 그가 믿을 만한 이유를 대던가?"

"자신을 '개자식'이라고 칭하더군요, 하지만 그의 말을 인용해 보자면요, 자기가 '100% 밥맛'은 아니랍니다."

"그자를 믿나?"

"모르죠, 하지만 세상에 100% 밥맛인 사람은 없죠."

영화는 로만 데이와 가디언즈 오브 갤럭시가 다음의 대화를 나눈 뒤, Jackson 5의 'I Want You Back(당신이 돌아와 주기를 바라요)'이 흘러나오는 가운데 마무리된다.

"자네들의 범죄 기록은 모두 삭제됐어. 하지만 앞으로 또 법을 어기면 안 돼."

"하나 물어볼게, 그럼 다른 사람의 물건이 가지고 싶어지면 어떡해?"

"체포될 거야."

"누군가 나쁜 짓을 해서 그 척추를 없애 버리고 싶어지면?"

"그럼 살인이 되겠지."

피터 퀼이 말한다.

"걱정 마요, 제가 잘 지켜볼게요."

"자네가?"

"네, 제가요."

…

"얘들아 우리 이제 뭘 할까? 좋은 일? 나쁜 일? 아니면 둘 다 약간씩?"

엠마 왓슨이
해리 포터를 고민했다

거칠고 무례한 라쿤, 사회성은 없지만 기계는 잘 다룬다네

더 이상한 건 그 옆에 있는 세쿼이아 나무 꼬마

둘이 지나가면 사람들이 말하네 오 이런!

그리곤 내게 묻지 도대체 왜 애(그루트)를 전투에 데려오냐고,

그건 아주 무책임하다고, 화를 내버리지

아니 잠깐만요, 날 좀 그만 괴롭혀요 젠장!

난 양육법을 배우지 못했단 말이에요, 아버지가 행성[314]이었는데!(헤이!)

"이렇게 어려운 시기엔 이것만 기억하세요.

'우리는 모두 그루트다(우리는 모두 한 가족이라는 뜻).'"[315]

- 〈가디언즈 오브 갤럭시 VOL. 2〉의 마지막 엔딩 크레딧 곡 `Guardians Inferno` 中

작가 조앤 K 롤링과 해리 포터

지연된 기차

"저는 꽤나 엄청난 수준으로 실패했었다고 말할 수 있을 것 같습니다. 매우 짧았던 결혼 생활은 파국으로 끝났고, 직업은 없었으며, 싱글맘이었고 영국에서 노숙인을 제외하고는 가장 가난했습니다."

"통상적으로 사용되는 그 어떤 기준을 통해 살펴봐도 저는 제가 아는 한 가장 크게 실패한 사람이었습니다. 저는 여기서 여러분께 실패가 즐거운 것이라고 말하지 않을 것입니다. 제 인생에서 그 시기는 어두운 것이었습니다."[316]

독자 여러분은 아마 세계에서 가장 성공한 시리즈 소설과 영화의 세계관을 만들어 낸 이 작가에 관해 이미 많은 것들을 알고 있을 것이다. 해리 포터 시리즈는 여러 가지 면에서 그녀의 인생을 대변해

준다. 집필의 시작부터 그 과정과 마무리까지, 그 자체가 마치 하나의 소설과도 같다.

조앤 롤링은 작가의 꿈을 가진, 책 읽기를 좋아하는 호기심 많은 어린아이였지만 그녀의 어린 시절은 행복하지만은 않았다.

"저는 뭐가 되었든 어린 시절에 대한 향수는 없어요. 제게 돈을 준다 해도 되돌아가지 않을 거예요. 절대로요.

저는 잊지 않아요. 하지만 다른 성인들이 그걸 잊어버린 것처럼 보일 때 참 놀라워요. 아이로서 얼마나 자신이 무력하게 느껴졌었는지, 얼마나 절망적으로, 그저 엄청난 부담을 느꼈었는지를요. 심지어 행복한 아이일지라도 그래요."

"그리고 다른 어린아이들이 얼마나 잔인해질 수 있는지도 말이죠."

"네, 아이들은 아주 잔인해질 수 있어요. 저도 괴롭힘을 당했었어요. 정말 싫었죠. 물론 제가 그걸 헤쳐 나갈 수 있도록 해주었던 좋은 친구들도 있었어요. 문제없었죠. 그렇지만 네, 전 기억해요. 울면서 집에 갔던 날들을요."

"롤링 씨는 행복하지 않은 아이였군요?"

"저는 제가 불행한 아이였다고는 생각 안 해요. 하지만 제가 불행했던 시간들이 있었고, 제 요지는, 저는 제가 얼마나 불행했었는지를 기억한다는 거예요. 저만큼이나 불행했으면서 잊어버리고는 과거를 보고 '오 그때는 황금기였어.'라고 말하는 다른 어른들과 달리 말이죠."

"그렇군요, 그래도 그런 기억을 없애 주는 우리의 마음이 참 멋지

엠마 왓슨이
해리 포터를 고민했다

지 않나요? ⋯ 그 모든 기억들을 책 속에 넣으셨군요, 하지만 거기서 그치지 않고 그걸 우리들에게도 나눠 주셨고요."[317]

"저는 제가 10대인 것이 싫었어요. 제 생각에 10대 시절은 삶에서 끔찍한 시기인 것 같아요. 전 남들과는 다른 가족 배경을 가졌어요. 어머니는 아주 아프셨고 그게 가장 힘들었죠."

"아버지와의 관계는 쉽지 않았어요. 만약 그런 어렵고 복잡한 가정 상황에 처해 본 적이 있다면 이해할 수 있을 거예요." 당시 롤링의 아버지는 그녀에게 위협적으로 느껴졌었다고 한다.[318]

성인이 된 조앤 롤링은 대학에 진학해 불문학을 전공한다. 옥스퍼드대학교에 지원했으나 낙방한 뒤 엑서터대학교에서 부모님이 원하신 대로 영문학이 아닌 불문학을 선택한 것이다.[319]

조앤 롤링의 부모님은 조앤 롤링이 외국어를 전공해 안정적인 비서로 취직하길 원했다. 빈곤한 가정에서 자라 대학 교육을 받을 수 없었던 부모님은 그녀의 과도한 상상력이 대출금을 갚거나 연금을 확보하는 데 도움이 되지 않을 것이라고 생각했다.[320]

그렇게 대학 졸업 후 롤링은 국제앰네스티에서 2개 국어를 사용하는 비서로 일하지만 적성에는 잘 맞지 않았다.[321] 그 뒤 조앤 롤링은 당시 남자친구와 함께 맨체스터로 이사해 맨체스터 상공 회의소에서 일자리를 구한다.[322]

그리고 1990년, 맨체스터에서 런던으로 돌아오는 기차[323] 안에서 바로 그 유명한 '영감'이 그녀의 머릿속에 떠오른다.

"저는 맨체스터에서 런던으로 가는 기차 좌석에 앉아 창밖을 바라보고 있었어요. 객실은 꽉 차 있었죠. 글쓰기와는 전혀 상관없는 다른 생각을 하고 있었어요. 그런데 아이디어가 갑자기 생각난 거예요. 마법처럼요. 마치 위에서 저를 내려다보고 있는 어떤 존재가 누군가 이 아이디어를 가져야 한다고 생각했는데 '저 여자가 가질 수 있겠군.' 하고는 준 것처럼요. 아이디어가 제 머릿속에 떨어졌어요."[324][325]

"아주 아주 아주 선명하게 해리를 볼 수 있었죠. 검은색 머리와 이마의 흉터, 녹안을 가지고 스카치테이프로 고정해 놓은 안경을 쓴 야위고 조그마한 소년을 볼 수 있었어요.

저는 해리가 자신이 마법사라는 사실을 모르고 있다는 걸 알고 있었죠. 그래서 역으로 추적한 거예요. '어떻게 자신이 진짜 누구인지 모를 수 있는 걸까?' 동시에 그 아이가 마법사 학교에 갈 거라고 생각했어요. 그때 제 안에 불이 타올랐던 거예요. 마법 학교는 어떤 곳일까에 관한 생각 때문에 아주 신이 났죠.

무엇에 관해 아주 신이 나면 속이 울렁거려요. 그 아이디어를 가진 순간 흥분이 제게 밀려왔죠. 아드레날린이 솟아났어요."[326][327]

"그 무엇에 관해서도 그만큼 신나 본 적이 없는 것 같아요. 저한테 그런 신체적 반응을 안겨 준 생각은 없었죠.

그래서 저는 가방을 마구 뒤지면서 펜이나 연필을 찾았어요. 그런데 아이라이너 하나도 없었죠. 그래서 저는 앉아서 생각을 할 수밖에 없었어요. 기차가 지연된 탓에 4시간이나 상상을 할 수 있었죠. 그 모든 아이디어들이 머릿속에 마구 떠올랐어요. 그날 밤 곧장

엠마 왓슨이
해리 포터를 고민했다

돌아가 그 모든 걸 작은 싸구려 노트에 적기 시작했어요."[328329]

그러나 동시에 그해 12월, 조앤 롤링이 15세였을 때 다발성 경화증을 진단받고 10년간 투병하던 어머니가 세상을 떠난다.[330]

"어머니는 20살일 때 저를 가졌어요. 그러니까 제가 25살 때 어머니가 돌아가신 거죠. 제가 대학을 졸업하던 시기 어머니는 집 밖을 외출할 때 휠체어를 타고 계셨어요. 병이 굉장히 빠르게 진행되는 것처럼 느껴졌죠. 아주, 아주 빨리요.

대학에 진학하기 위해 집을 떠났을 때는 부축을 받지 않고 걸으실 수 있었어요. 그런데 졸업할 때가 되어서는 휠체어를 타셨고 집 안에서는 보행 보조기가 필요했죠. 그걸 보는 건 정말이지 끔찍했어요. 어머니는 그런 상황에 굉장한 유머 감각을 가지고 대처하기도 하셨지만요.

…저는 어머니가 돌아가시기 6개월 전부터 해리 포터를 쓰기 시작했어요. 분명히 제가 크게 후회하는 점이에요. 왜냐하면 어머니에게 제가 그걸 쓰고 있다고 말한 적이 한 번도 없거든요. 제가 글을 쓰고 싶어 한다는 건 알고 계셨어요. 그걸 얼마나 진지하게 받아들이셨는지는 몰라도요. 어머니는 해리 포터에 관해 완전히 아무것도 알지 못하셨어요."[331]

비슷한 시기 직장인 맨체스터 상공 회의소에서도 해고당하고 어머니의 유품마저 전부 도둑맞은 롤링은 영국을 떠나 포르투갈로 향한다.

"사람들은 정말로 다정했지만 저는 결국 영국을 탈출하기로 마음을 굳히게 되었습니다."

누구에게나 지긋지긋한 곳을 그저 떠나고 싶은 순간이 있다. 포르투갈의 대도시 포르투에서 조앤 롤링은 8세부터 62세까지 다양한 연령대의 사람들에게 영어를 가르친다.[332] 수업은 저녁에 시작했기 때문에 롤링은 낮 시간을 활용해 해리 포터의 초고를 쓰기 시작했다.[333]

"이건 제가 포르투갈에서 가르칠 때 사용했던 교재의 복사본이에요. 앞쪽에는 제가 아이들과 해야 하는 수업 내용이 적혀 있고 뒤에는 그리핀도르 기숙사의 온갖 유령 이름들이 적혀 있죠."[334]

6개월 뒤 그곳의 한 술집에서 제인 오스틴을 좋아한다는 공통 관심사를 가지고 있던 현지 기자 출신의 한 남자를 만난다. 그리고 결혼한 두 사람은 이듬해 딸 제시카를 낳는다. 조앤 롤링은 당시 자신이 그때까지 중 가장 행복했던 순간을 보내고 있었다고 회고한 바 있다.

처음 해리 포터를 떠올렸던 때로부터 2년이 지난 이 시점에서 조앤 롤링은 『해리 포터와 마법사의 돌』의 첫 3장을 완성한다.

그러나 제시카를 낳은 지 4개월이 지나고 둘은 갈라서게 된다.[335] 조앤 롤링은 딸을 낳기 전 유산의 아픔을 겪은 상태였고, 후에 그녀가 밝힌 바에 따르면(전남편도 이를 인정했다)[336] 가정 폭력이 있었다.[337]

그렇게 13개월 만에 이혼한 조앤 롤링은 4개월 된 아기와 함께 실직된 상태로 동생이 있는 영국의 에든버러로 돌아가 생활하기 시작한다.[338][339] 롤링은 당시 생활 보조금을 받으며 매주 8만 원(당시

70파운드) 정도로 생계를 유지했다.[340] [341] [342]

이 시기 조앤 롤링은 우울증을 앓고 극단적인 선택을 할 생각까지 하게 된다. 그리고 그녀가 삶 속에서 겪은 이 모든 일은 해리 포터 시리즈에 반영된다.[343]

"조앤 롤링 씨가 17년간 해리 포터 시리즈를 집필하시는 동안 자신의 인생에서 좋고, 나쁘고, 추한 부분들을 사용하셨다고 봐도 무방할까요? 그걸 글을 통해서 표현하셨다고 말이에요."

"네, 분명히 그렇죠."[344]

조앤 롤링은 앞서 국제앰네스티 런던 본사의 아프리카 연구 부서에서 일하며 접했던 온갖 사례들을 통해 해리 포터 시리즈에 등장하는 캐릭터들의 기반이 되는 인간성에 관해 배울 수 있었다.[345]

그러나 무엇보다 큰 영향을 미쳤던 것은 어릴 적 롤링이 썼던 이야기가 얼마나 훌륭한지 열정적으로 이야기해 주곤 했던 어머니의 죽음이었다.

"어머니가 오랫동안 편찮으셨었죠? 그 질병과 약…."

"10년간 투병하셨어요."

"어머니의 죽음이 이 책에 영향을 미쳤나요?"

"분명히 어머니의 죽음은 책에 엄청난 영향을 끼쳤죠.

…그 순간부터 죽음이 7권의 책들이 가지는 가장 주요한 주제 중 하나가 되었던 것 같아요.

우리가 죽음에 어떻게 반응하는지에 관한 주제 말이에요. 얼마나 그것을 두려워하는지, 그게 책의 주요한 부분 중 하나죠. 왜냐하면 볼드모트는 죽지 않기 위해서라면 무엇이든 할 사람이잖아요. 죽음을 두려워하죠.

많은 경우 모든 등장인물들은 죽음과 죽을 가능성에 대한 그들의 태도로 정의돼요."[346]

"어머니가 돌아가시던 그날 밤, 그때 전 어머니와 함께 있지 않았어요. 숀 코네리와 마이클 케인이 나오는 영화 〈왕이 되려던 사나이〉를 보고 있었죠. 저는 아버지를 통해 훗날 깨달았어요. 어머니가 돌아가실 때 제가 그 영화를 보고 있었다는 걸요.

그 영화에는 프리메이슨 표식이 중요하게 나오죠. 어머니는 1990년에 돌아가셨어요. 이후 해리 포터와 죽음의 성물이 나온 지도 5년 정도 되었을 때 갑자기 깨닫게 된 거예요. 왜(해리 포터 속) 죽음의 성물들의 문양이 프리메이슨 표식과 그렇게 비슷하게 생겼는지를요. … 어머니가 돌아가신 뒤 처음으로 영화를 다시 보는데 등골이 오싹했어요. … 그건 그 어떤 비평가도 집어내지 못했을 매우 개인적인 기억이죠."[347]

"이상하지만, 그게 인생이죠, 안 그래요? 책들은 어머니가 돌아가시지 않았다면 지금의 모습이 아니었을 거예요. 사실상 어머니의 죽음은 해리 포터 시리즈의 모든 페이지 속에 있어요.

적어도 해리가 경험하는 여정의 반 이상은 다양한 형태의 죽음을 다루기 위한 여정이죠. 죽음을 인식하는 것과 그것이 남은 자들, 그리고 자신의 삶에 어떤 영향을 미치는지, 죽음이 무엇을 의미하는 것인지, 죽고 싶지 않다는 것은 무엇을 의미하는지, 무엇이 죽음을 견뎌 내게 하는지, 책의 모든 부분에 있잖아요.

…그러니까 만약 어머니가 돌아가시지 않았다면, 해리 포터는 없었을 것이라고 해도 과언이 아닐 거예요. 책들이 저렇게 된 것은 어머니가 돌아가셨기 때문이죠. 제가 사랑했던 어머니가 돌아가셨기 때문에 말이에요."[348 349]

또한 우울증은 작중 가장 끔찍한 생물인 디멘터를 탄생시켰다.[350] 긍정적인 감정을 흡수해 '다시는 행복해질 수 없을 것 같은 기분'이 들게 만드는 부정적 감정의 집약체인 디멘터의 키스는 상대방의 영혼을 흡수한다.

"(디멘터를 통해)의식적으로 우울증을 형상화했어요. 세상에 제가 우울증에 걸렸다고 말하기 위함도 아니고, 제 전기를 쓰기 위해서도 아니었어요. 우리는 자신의 경험을 끌어내게 되잖아요. 제가 경험한 우울증은 우울증으로 고통받는 모든 사람에게 그렇듯 아주 나쁜 것이었어요.

동시에 그건 카타르시스를 느끼게 하는 일이었어요. 그런 것들을 포착해서 소설 속 허구의 존재로 만들어 버리는 것 말이에요. 특히나 저는 실제로 우울증에 걸려 있는 누군가를 말한 것이 아니었죠, 저는 우울증을 생물로 바꿨어요. 그건 굉장히 만족을 주는 일이었죠.

이후에 저는 디멘터가 제가 어릴 적 꾸던 꿈에서 사실상 전부 기인했다는 사실을 알게 되었어요. 전 그 꿈을 기억해요. 정확하게 디멘터들이 어떻게 생겼는지를 분명히 기억하죠. 그게 디멘터들이 그렇게 생긴 이유예요.

　…어렸을 때 제가 꼭 디멘터처럼 생긴 생물로부터 숨어 있는 꿈을 꾸곤 했어요. 속이 비어 있는 검은색 망토와 말라비틀어진 손, 그리고 그게 떠다니며 제가 다가왔죠. 발은 없는 것처럼 보였어요. 저는 겁이 나서 깨어나곤 했죠."[351]

　작중 해리 포터는 행복한 감정의 결정체라고 할 수 있는 패트로누스를 소환하는 '익스펙토 페트로눔' 마법으로 디멘터들을 물리친다.

　『해리 포터와 아즈카반의 죄수』에서 어둠의 마법 방어술 교수인 루핀으로부터 강력하고 행복한 기억에 집중할 때 익스펙토 페트로눔 마법을 사용해 어둠을 이길 수 있다는 사실을 배웠기 때문이다.

　"해리 포터에 등장하는 마법 주문 중 한 가지만 현실로 만들 수 있다면 무엇일까요? 그 이유도 알려 주세요."

　"너무 많은데요, 음…. 제게 있어 두드러지는 주문은 '익스펙토 페르로눔'이에요. 그 주문이 어떤 주문인지 알죠? 일종의 영적인 수호신과 같은 패트로누스를 만들어 내죠.

　이유는 기본적으로 그 주문이 보호막으로 기능한다는 점 때문이에요. 패트로누스를 이용해서 자신과 사랑하는 많은 사람들을 보호할 수 있죠.

　또 아주 아름다운 주문이기도 해요. 마법 지팡이에서 나오는 은빛 패트로누스의 이미지 말이죠."[352]

　해리 포터의 세계관 속 마법은 정신과 관계된 것으로 정신력이

강한 마법사가 강한 마법사가 된다. 그렇기에 나이 든 덤블도어가 그토록 강력한 힘을 가진 것으로 묘사되는 것이다.

현실을 살아가는 우리도 덤블도어를 비롯한 해리 포터 시리즈의 성숙한 마법사들처럼 정신을 방어하는 기술인 오클러먼시 등의 마법을 적절히 사용해 스스로를 지키며, 선하고 행복한 자신만의 패트로누스를 만들어 나갈 때 담대히 삶을 살아 낼 수 있을 것이다.

그렇다면 조앤 롤링의 패트로누스는 무엇이었을까? 유명한 하버드대학교 졸업 연설에서는 다음과 같이 말했다.

"제 인생에서 그 시기는 어두운 것이었습니다. 그리고 저는 언론에서 말하는 '마치 동화 같은 해결'이 있으리라는 것을 알지 못했습니다.

당시 저는 그 터널이 얼마나 더 길어질지 알지 못했고, 아주 오랜 기간 동안 그 끝에 있는 어떤 빛도 제게는 현실이라기보다는 희망이었습니다.

그런데 저는 왜 실패의 이점에 관해 이야기하는 것일까요? 그것은 단순히 실패가 비본질적인 것들을 거둬 내주기 때문입니다.

전 스스로 실제의 저 자신이 아닌 다른 그 무엇을 흉내 내는 일을 그만두었습니다. 그리고 제 모든 에너지를 제게 중요했던 단 하나의 일을 완성하는 데 쏟아붓기 시작했습니다.

제가 다른 무엇에 성공을 했다면 아마 제가 진정으로 원했던 그 한 분야에서 성공하겠다는 결심을 하지 못했을지 모릅니다.

저는 자유로워졌습니다. 왜냐하면 이미 제 가장 큰 두려움은 현실이 되었기 때문이었습니다. 또한 저는 여전히 살아 있었고, 여전히 사랑하는 딸이 곁에 있었으며, 오래된 타자기 하나와 커다란 아이디어가 있었습니다.

그렇게 제가 도달한 밑바닥은 제 삶을 다시 세울 수 있는 단단한 기반이 되었습니다.

여러분은 제가 실패했던 정도로 크게 실패하지는 않을지도 모릅니다. 그렇지만 삶에서 어느 정도의 실패는 필연적입니다. 어떤 것에도 실패하지 않고 사는 것은 불가능합니다. 여러분이 아예 태어나지도 않은 것처럼 매우 조심스럽게 살지 않는 한 말이죠. 하지만 그 경우는 그 자체로 실패한 것입니다."[353]

시련을 겪으며 조앤 롤링은 삶에서 자신이 진정으로 원하는 일이 무엇인지 깨달았고 그 일에 전념할 수 있게 되었다. 디멘터들이 득시글거리는 어두운 곳에서 딸과 해리는 그녀의 패트로누스가 되어 주었다.

"우울증은 감정이 부재한 차가운 상태예요. 감정이 파내어진 상태랄까요. 그게 디멘터들이에요. 딸 덕분에 제가 도움을 찾고 또 받을 수 있었죠."[354]

조앤 롤링은 당시 딸을 위해 임산부를 위한 가게에서 물건들을 둘러보는 척하며 탈의실 안에 있던 무료 기저귀를 챙겼다고 한다.[355] 끼니도 거를 수밖에 없었다.

"과장하고 싶지는 않네요. 하지만 당시 제시카는 식사를 하고 전하지 않았던 날들이 있었어요."[356]

그런 상황에서 조앤 롤링은 유모차를 끌고 카페에 가 글을 썼다.[357]

"왜 이 카페에 와서 글을 쓰셨던 거죠?"

"그 이유는 에든버러에 있는 카페 중 이곳이 제가 커피를 두 잔 정도 시켜 놓고 구석에 앉아 몇 시간 동안 계속 글을 쓸 수 있도록 해주는 곳이었기 때문이죠. … 전 당시 사실상 파산 상태였어요."

"보조금을 받고 계셨죠?"

"네 맞아요."

"어쩌다가 보조금을…."

"요약하자면 이혼을 했기 때문이었죠. 저는 포르투갈에 살면서 일을 하고 있었어요. 그러다 결혼 생활이 끝나자 영국으로 돌아왔죠. 살 곳이 없었어요. 4개월 된 아기와 함께요."

"그러니까 아이와 함께 이 카페에 오셨던 거군요?"

"네, 이 책을 출판시킬 마지막 기회라고 생각했었어요. 그래서 아이를 태운 유모차를 밀면서 에든버러 이곳저곳을 걸어 다녔어요. 아기가 잠들 때까지 기다렸죠. 그러다 아이가 잠이 들면 가장 가까운 카페로 말 그대로 달려가 아이가 잠들어 있는 동안 글을 썼어요."[358]

"(어머니로서)계속 글을 쓰는 것에 관해 죄책감을 느꼈었어요. 사실, 많이요. 그러니까 처음 1년은 그렇지 않았어요. 어떻게든 돈을 벌 수 있는 자리를 구하기 위해 극도로 열심히 노력했거든요.[359]

…임시직을 구한 뒤에는 계속 글을 쓰는 것에 관해 죄책감을 느꼈어요. '어쩌면 그냥 이사를 가서, 다시 전에 살았던 런던 쪽에라도 가서 정규직 교사 자리 같은 것을 얻어야 하는 건 아닐까? 무지개를 좇는 것 같은 글 쓰는 일은 포기하고.' 그러니까 딸의 행복을 희생, 그건 아니에요, 제 딸은 아주 행복한 작은 아이였죠. 그렇지만 '그렇게 하면 딸이 더 많은 장난감들을, 옷들을 가질 수 있지 않을까?' 생각했었던 거예요."[360]

비행기에서 위급 상황이 발생할 경우 아이러니하게도 건강한 성인이 가장 먼저 산소마스크를 착용해야 한다는 안전 수칙은 일명 '산소마스크 이론'으로도 알려져 있다.

기체에 이상이 생겨 기압이 급격히 떨어지면 30초, 심한 경우 10초 내에도 정신을 잃을 수 있기 때문에 어른이 먼저 신속히 산소마스크를 착용하고 노약자를 돌보는 것이 그 반대의 경우보다 현명한 선택이라는 것이다.

마찬가지로 조앤 롤링과 같은 상황에서 충분히 자신을 충전하는 시간을 갖는 것은 필수적이다. 그렇지 않다면 모든 에너지를 소진한 본인이 먼저 쓰러지고 뒤이어 딸도 쓰러지게 될 테니 말이다.

돕고 싶은 사람을 위해서라도 자신을 위한 시간을 가질 때 죄책감 등으로 에너지를 제대로 충전하지 못하게 하는 것은 옳은 선택이 아니다. 아이를 방임하는 자신을 합리화해서도 안 되겠지만, 장기적으로 볼 때 과도한 죄책감을 갖는 것 역시 바람직하지 않다. 조앤 롤링은 그렇게 스스로를 지킴으로써 딸도 지킬 수 있었다.

"이곳은 니콜슨 카페(Nicolson's Cafe)예요. 책의 많은 부분을 썼죠. 글을 쓰기 좋은 장소였어요. 테이블이 많아서 제가 너무 오래 자리를 차지하고 있다는 죄책감을 덜 수 있었거든요. 저 테이블을 제일 좋아했어요. 항상 저기 앉고 싶었죠. 눈에 잘 안 띄는 구석에 있잖아요. 또 생각하며 글을 쓸 때 창가 자리에 앉아 길거리를 바쁘게 지나다니는 사람들을 보는 게 좋았어요.

제가 여기 있는 것에 대해서는 꽤 너그러웠어요. 그 이유 중 하나는 이곳의 공동 소유자 중 한 명이 제 친척이었거든요. 저는 그분들에게 이렇게 말하곤 했죠. '이게 출판되면 제가 엄청 홍보해 드릴게요.' 그리고 그건 정말 그저 아주 큰 농담이었어요. 아무도 실제로 그런 순간이 올 거라고는 알지 못했죠."[361]

"사실상 집 안에서 혼자 컴퓨터랑만 지내다 보면 정말 외로워지잖아요. 밖에 나와서 다른 사람들에 둘러싸여 있으면 하루 일과를 다른 사람들을 보면서 보냈다는 느낌이 들죠."

"친구들처럼 말이죠?"

"네, 맞아요"[362]

카페에서 일을 할 때 업무 효율이 높아지는 이유를 다양한 각도에서 조망해 설명하는 이른바 '커피하우스 이펙트'에 관한 여러 내용들은 차치하더라도, 누군가가 함께 있는 상태에서 일을 하는 것은 그 자체로 여러 면에서 도움이 된다.

예일대학교 마가렛 클라크(Margaret Clark) 교수의 연구[363]에 따르면 사람들은 그저 다른 사람과 같은 행동을 하는 것만으로도 그 행위를 더 긍정적으로 인식하는 것으로 나타났다.

해당 연구에서 피실험자들은 동일한 초콜릿을 먹고 같은 미술 작품을 보았음에도 같은 공간에 있는 다른 사람과 함께 그 행위를 할 때 더 맛있게, 더 가치 있게 느꼈던 것이다.

이들은 서로 안면이 전혀 없는 사람들이었고 함께 대화조차 나누지 않았음에도 서로를 인식하는 것만으로 이와 같은 효과를 냈다.

설사 같은 공간에서 함께 커피를 마시지 않더라도, 창문을 통해 거리 위를 바쁘게 걸어 다니는 사람들을 보는 것 역시 비슷한 효과를 냈을 것이다. 적어도 너무 오랜 기간 홀로 방 안에서만 생활하거나 불편한 관계의 누군가와 부담스러운 대화를 나누는 것보다는 말이다.

당시 조앤 롤링이 내렸던 최고의 선택은 유모차를 끌고서라도 계속 카페에 가 해리 포터를 썼던 것이다. 그 시기를 버틸 수 있었던 것은 하늘이 준 선물과도 같았던 딸과 해리 포터가 그녀의 곁에 함께 있었기 때문이었다.

"해리는 제가 삶의 아주 사나운 시기를 지나는 동안 저와 함께 있어 주었거든요. 독자분들은 항상(책 속의 세계가) 자신들이 가있을 수 있는 곳이었다고 말씀해 주시지만 그 세계는 제가 가있을 수 있는 곳이기도 했어요."[364]

해리 포터 20주년을 맞아 주인공 삼총사가 함께 모인 자리에서 엠마 왓슨도 비슷한 이야기를 했다.

"해리 포터에는 삶을 풍요롭게 해주는 무언가가 있어. 정말 어둡고 힘든 시기에 그 이야기는 우리가 가서 쉴 수 있고 또 안정감을 느끼게 해주는 장소를 제공해 주지."[365]

"그러니까 롤링 씨는 요금을 내는 것에 관해 걱정하는 동시에 그 것을 걱정하지 않고 판타지 세계만을 깊이 생각하며 집필을 하기 도 하셨던 거군요?"

"네 맞아요. 그게 작가들의 삶 아닌가요? 아이를 돌보며 현실을 살아 내면서도 또 다른 삶이 있는 거예요. 전혀 다른 세계에도 있는 거죠."[366]

조앤 롤링은 아이의 기저귓값을 걱정해야 하는 상황 속에서도 카 페에 앉아 호그와트의 복도를 거닐며 마법 수업을 들을 수 있었다. 결혼 생활은 끝났고 외로운 날들이 이어졌지만 서로를 진심으로 위해 주는 해리 포터 삼총사와 함께 모험을 할 수 있었다.

"3명의 주인공들은 모두 저의 다른 면들 같아요. 헤르미온느가 가장 분명히 그렇죠. 저는 어렸을 때 정말 학구적이고 내성적인 아 이였거든요. 시간이 지남에 따라 덜 그렇게 바뀌었고 그건 헤르미 온느도 마찬가지죠."[367]

"헤르미온느는 쉽게 설명 가능해요. 그 나이 때 제 모습의 과장된 모습이거든요. 저랑 완전히 같지는 않지만 저는 분명히 활동적인 것보다 책을 좋아하는 아이였고, 뭔가를 찾아보기 위해 도서관에 가는 그런 아이였죠.

그게 바로 제가 호그와트에서 맞닥뜨리게 되는 도전들을 대하는 방식이었을 거예요. 책을 찾아보기 위해 도서관으로 갔겠죠."[368]

"저는 헤르미온느가 어렸을 때 제 모습 같다는 말을 자주 해왔어요. 예전에는 다른 사람들에게 약간은 아는 체하는 사람처럼 보였을 것 같아요. 하지만 헤르미온느의 학구적인 모습 밑에는 분명하게도 불안함과 실패에 대한 굉장한 두려움이 있죠.

〈해리 포터와 아즈카반〉의 죄수에서 그녀가 두려워하는 것으로 변신했던 보가트를 보면 알 수 있듯이 말이에요(헤르미온느는 맥고나걸 교수로 변신한 보가트로부터 자신이 '전과목에서 낙제했다.'는 말을 듣는다)."[369]

"그리고 론은, 제 많은 부분이 론 안에도 있어요. 론이 하는 농담의 대부분은 제가 웃기다고 생각할 만한 것들이거든요. 그게 저를 웃게 하는 전부는 아니지만, 전 론의 유머를 좋아하고 그건 저로부터 나온 거죠. 제가 론의 농담들을 만들어서 적어 놓았으니까요."[370]

그러나 조앤 롤링이 가장 좋아하는 캐릭터는 주인공인 해리였다.

"일반적이진 않은 것 같아요. 보통은 론이 가장 인기가 많은 캐릭터거든요(저도 론을 사랑하지만 말이에요)."[371]

"해리는 탐색해 나가는 인물이에요. 적지 않은 경우 그런 인물을 사랑하는 건 덜 쉽죠. 가지고 있는 결점이 지극히 평범한 것들이 아닌 경향이 있거든요. 해리는 자주 세상을 바라보는 관찰자의 입장에 있어요. 그리고 그건 해리에게 특별한 힘을 주죠."[372]

"저와 가장 동일시하는 캐릭터는 아마 해리일 거예요. 왜냐하면 다른 어떤 인물들보다 해리의 머릿속에서 훨씬 많이 생각해야 하니까요. 또 모든 이야기가 해리의 관점에서 보여지는 것이니까요."[373]

엠마 왓슨이
해리 포터를 고민했다

"해리는 제가 만든 상상 속의 인물이니까 저로부터 나왔다고 할 수 있어요. 많은 사람들이 자신이 해리의 영감이 된 인물이라고 주장했지만 말이에요."

"하지만 그 말을 하는 사람들의 이마에 해리가 가진 그 흉터는 없었죠?"

"그런 건 상관도 없는 것처럼 보이더라고요!"[374]

"제가 가지고 있는 많은 희망과 두려움은 해리가 가진 희망과 두려움이에요. 우리는 모두 비슷한 것들에 관해 불안해하잖아요. 그걸 잘 시인하지는 않지만 말이에요. 사람들과 어울리는 것에 관해, 일들을 처리하는 것에 관해, 교우 관계에 있어서 불안해하죠. 때로는 남들과 달라지고 싶어 하고 또 때로는 남들과 같아지고 싶어 해요. 해리는 그 모든 것들을 겪죠."[375]

"해리 포터에 관해 제가 받은 역대 최고의 논평은 아주 초기의 독자로부터 들은 건데요, 정말 초기의 것이었죠. 1997년이나 1998년쯤이었을 거예요. 한 10살쯤 돼 보이는 남자아이였는데 저를 보고 이렇게 말했죠.

'전 이 책이 정말로 좋아요. 해리도 자주 무엇이 어떻게 돌아가는지를 알지 못하잖아요, 저도 그렇거든요.' 그게 제게 정말 와닿더라고요. 반쯤은 농담식으로 말한 것이었지만 동시에 진심 어린 말이었어요. 저는 '완벽하네, 네가 방금 모든 걸 요약해 주었구나.' 했죠.

우리는 모두 그런 감정을 느껴요. '나만 지금 어떻게 돌아가는 건지 모르는 걸까?' 모두가 느껴 보았잖아요."[376]

"어떤 사람들은 선한 캐릭터들은 지루하고 악한 캐릭터들이 항상 더 흥미롭다고 하기도 하는데요?"

"해리는 선해요. 그리고 저는 개인적으로 해리가 지루하다고 생각하지 않아요. 해리는 자신만의 결점들을 가지고 있죠. 저는 선함이 지겹다고 생각하지 않아요. 선이 지루한 것이라고 생각하지 않습니다."[377]

가장 가혹한
비평가

시련을 견디며 악과 맞서 싸우던 해리 포터 삼총사는 바로 독자들과 그녀 자신이었다.

그것을 단순히 '도피'라고 할 수는 없을 것이다. 그녀가 창조한 새로운 세계는 현실에 대항해 실제로 미래를 바꿔 주었기 때문이다. 그리고 그것은 꼭 포르투갈이 아니더라도 가능한 일이었다.

벤자민 프랭클린이 말한 것처럼 "오늘 하나는 내일 둘의 가치가 있다."[378]

조앤 롤링은 자신의 인생을 한탄하며 집 안에서 울고 있기만 하지 않았다. **그녀는 자리에서 일어나 어떻게든 계속 글을 썼다.**

"때로는 하루 종일 한 페이지를 쳐다보기만 하다가 3줄을 써내기도 해요. 다른 날들은 2,000~3,000개의 단어들을 써내고 대부분에 대해 만족할 수도 있죠."[379]

"하루에 600단어씩은 써야 한다는 것과 같은 이야기는, 그러니까 어떤 날은 아주 아주 아주 고된 하루 일을 하고 한 단어도 쓰지 않을 수 있죠, 그저 수정만 하거나 몇 개의 단어들만이라도 휘갈겨 써 볼 수도 있다고 생각해요."[380]

제 첫 번째(그렇게 말할 수 있다면) 책은 6살 때 쓴 '토끼'라는 제목의 토끼에 관한 이야기였어요. 그렇게 뛰어난 책은 아니었죠. 하지만 돌이켜 볼 때 그것이 제게 인상 깊은 것은 제가 그 책을 완성했다는 거예요.

제 생각에 그게 정말로 책을 쓰고 싶어 하는 사람이 가지는 표식이거든요. **많은 경우 이야기를 시작하는 건 쉬워요. 하지만 완성하는 건 그렇지 않죠."**[381]

"글쓰기에 관심이 있는 젊은이들과 부모님들에게 해주실 수 있는 조언이 있을까요?"

"…인내심이요. 인내를 해야만 해요. 왜냐하면 작가는 많은 거절들을 맛보아야 하는 직업이거든요. 하지만 보상은 아주 크죠. 그러니까 어떤 측면이냐면, 만약 그 일이 정말로 하고 싶은 일이라면 평생 그 일을 하면서 살 수 있다는 건 세상에서 가장 좋은 일이잖아요. 아주 보상이 큰 거죠.

하지만 쉽게 낙담하는 사람들을 위한 직업은 아니에요. 그건 분명합니다. 그리고 부모님들에게 말해 주고 싶은 것은 '비현실적'이라고 말하지 마시라는 것입니다. 절대로요. 설사 자녀가 출간한 적이 없다고 하더라도, 글쎄요, 저를 보면 글쓰기는 제 삶의 열정이에요. 해야 하는 아주 중요한 일이죠."[382]

조앤 롤링이 인내를 발휘해 계속 글을 쓸 수 있었던 것은 그녀에게 돈을 벌기 위한 강한 집념이나 야망이 있었기 때문은 아니었다.

"항상 작가가 되고 싶었어요. 무엇이 되었든 생계유지를 위해 다른 일을 하게 될 거라고는 생각했지만 동시에 한 번도 작가가 되고 싶지 않다는 생각을 한 적은 정말 없었어요.

저는 그것에 관해 그렇게 솔직하지는 못했어요. 부모님이 그게 생활을 위한 안정적인 수입을 얻는 방법이라고 생각하지 않을 것이라는 걸 알고 있었거든요. 하지만 그게 항상 제가 하고 싶은 일이었어요. 제 마음 깊은 곳에서는 글을 쓰기 위해 가능한 한 한번 최선을 다해 봐야겠다는 생각을 가지고 있었죠."[383]

"그렇지만 자신을 잘못된 방향으로 이끈 부모님을 비난하는 데에는 만료일이 있어요. 운전대를 잡을 수 있는 나이가 된 순간부터 책임은 자기 자신에게 있는 거죠."[384]

"그게 약간은 미스터리예요. 저의 경우에는 미스터리가 아니지만요. 저는 솔직히 왜 지금 저를 인터뷰하시는 분이 작가가 되고 싶어 하지 않는지를 이해할 수가 없어요. 왜 세상의 모든 사람들이 작가가 되고 싶어 하지 않는지를 이해할 수가 없어요. 그것보다 좋은 게 뭐가 있나요?"[385]

"출간이 전혀 보장되어 있지 않았던 상황에서 제가 계속 책을 써

내려갈 수 있게 해주었던 의지력은 그 이야기의 가능성을 믿었던 데서 왔던 것이었죠. 저는 정말 그 가능성을 믿었어요.

하지만 그것보다도 '**나는 이 책을 써야만 한다.**', '**나의 최선을 다해서 한번 도전해 봐야만 한다.**'는 생각이 들었던 것이 더 주요했어요. 그럼에도 또 동시에 저와 같이 완전히 무명인 작가는 언제나 출간에 어려움을 겪는다는 현실적인 생각도 제 마음속에 있었죠."[386]

조앤 롤링은 『해리 포터와 마법사의 돌』 출간 2년 뒤인 1999년의 인터뷰에서 다음과 같이 말했다.

"저는 책이 제게 돈을 벌어다 줄 것이라고는 전혀 기대하지 않았어요. 언론에 의해서는 그런 식으로 이야기된 적이 있지만요. 그분은 이렇게 묻더군요. '그러니까 이걸 아주 좋은 이유 때문에 쓰신 거네요? 돈이요.'

그건 쓰레기예요. 저는 아동 도서를 쓰는 것에 관해 완전히 현실적이었어요. 거기에 돈은 없었죠. 전혀요. 제가 아는 아주 훌륭한 아동 도서 작가들도 대부분 다른 일을 겸하고 있어요. 그렇게 해야만 해요."

"작가로서의 삶을 보조하기 위해서 말인가요?"

"네 물론이죠!"[387]

"항상, 항상, 항상 작가가 되고 싶었어요. 그리고 분명하게도, 작가가 되고 싶은 사람이라면 글만으로도 생계를 유지할 수 있기를 꿈꾸죠. 하지만 저는 양면성을 가지고 있었어요. 왜냐하면 저는 아동 도서를 쓰면서 글로만 생계를 유지할 수 있을 가능성이 빈약하다는 걸 아주 잘 알고 있었거든요. 그게 현실이죠.

전 아주 잘 알고 있었어요. 그래서 이 모든 게 아주 거대하고 엄청난 충격으로 다가오는 거예요. 기쁘죠. 저는 언제나 글을 쓰고 싶었고, 써왔으니까요. 하지만 솔직히 말씀드리면 제 현실적인 면은 제게 일어난 일의 반도 꿈꾸도록 허락하지 않았었어요."[388]

당시 가난을 충분히 경험해 본 조앤 롤링은 현실을 모르는 순진한 소녀가 아니었다. 해리 포터의 출간으로 돈을 버는 것이 어렵다는 사실 정도는 분명히 인지하고 있었다.

"한번 시도해 보자고 결정을 내린 상태였어요. 그렇게 결심을 한 상태였죠. 솔직히 말씀드리면 당시 제 인생은 이미 충분히 엉망이었는데 뭐가 더 나빠질 수 있겠냐고 생각했어요. '모든 사람들이 거절한대도 그게 뭐 큰일은 아니지.'라고 생각했죠."[389]

"저는 사실 딸 제시카한테 많은 것을 빚졌어요. 아주 많이요. 그중 하나는 딸 덕분에 제가, 그러니까 저는 제 삶이 완전히 끝장났다고 여기고 있었는데요. 그것이 다른 비본질적인 것들을 전부 걷어내 주었어요. 그리고 이런 생각에 이르게 되었죠.

'지금 상황에서 일어날 수 있는 최악의 일은 모든 출판사들이 이 책을 거절하는 거야, 근데 그게 무슨 대수지? 지금까지 내가 생존해 온 것들에 비하면 그건 정말 아무것도 아니잖아. 그러니까 책을 완성해야겠다.'

그리고 어린 딸은 정말 사랑스러웠어요. 딸이 깨어 있을 때는 할 수 있는 게 많지 않았죠. 아주 가끔 앉아서 동영상을 보도록 아이를 설득할 수 있었어요. 하지만 저도 딸과 놀아 주면서 방 안에 있어야 했죠. 그렇지만 동시에 몰래 글을 쓸 수도 있었어요. 힘들었죠. 하지만 그게 저를 정말 집중하도록 만들어 주었어요. 굉장한 훈련이었죠."[390]

"첫 번째 결혼에 대해 먼저 말씀드리고 싶은 가장 중요한 점은 제가 제시카를 위해 그 과정을 하나씩 하나씩 전부 다 다시 할 수 있다는 거예요. 제시카는 정말 굉장하고 딸과 함께하는 세상이 더 좋은 곳이에요. 그래서 후회는 전혀 없습니다."[391]

그렇게 글을 완성한 조앤 롤링은 출판사들에 원고를 투고한다.

"투고한 원고를 많이 거절하던가요?"

"오 네, 먼저 네다섯 개의 출판사가 거절했죠. 계속 지적되었던 것은 아이들이 읽기에 너무 길다는 것이었어요."[392]

롤링은 네다섯 곳의 출판사들로부터 거절을 당한 뒤 출판사 에이전시의 목록을 살펴보다 출판 중개인인 크리스토퍼 리틀의 이름을 발견한다. 그 분야에 관해 아무것도 알지 못했던 그녀는 단순히 그 이름이 '아동 도서의 캐릭터 같아 마음에 든다.'는 이유로 그를 선택한 뒤 『해리 포터와 마법사의 돌』의 첫 3장을 보낸다.[393]

크리스토퍼 리틀은 1999년 인터뷰에서 당시의 상황을 다음과 같이 말했다.

"이런 원고들은 문서 더미 속에서 한참이고 그냥 쌓여 있을 수 있어요. 그걸 '산더미처럼 쌓인 원고(slush pile)'라고 합니다. 게다가 우리가 먼저 요청한 것이 아니라면, 음 보통 참가에 의의를 두어야 하는 거죠. 그런데 이틀 뒤에 정말 우연히 누군가가 늦어서 이 무더기를 들고 점심 식사에 갔다가 그 속에 있던 해리 포터를 읽기 시작했어요. 그리고, 아시겠죠, (성공을 직감해)제 발가락들이 오그라들었습니다."[394]

그러나 리틀의 생각과 달리 출판사들은 무명작가인 롤링의 원고를 계속해서 거절한다. 그렇게 해리 포터는 알려진 대로 12곳의 출판사들로부터 거절당한다.[395]

조앤 롤링이 해리 포터를 쓰기 시작한 후 마침내 출간하기까지는 7년이 걸렸다. 롤링은 그 이유를 다음과 같이 말했다.

"마법사의 돌에 관한 아이디어를 가진 때부터 출간하기까지 7년이 걸린 이유 중 하나는, 제가 그걸 쓰레기라고 생각해서 한 번에 몇 달씩 원고를 치워 놓곤 했기 때문이었어요."[396]

만약 조앤 롤링이 『해리 포터와 마법사의 돌』 원고를 몇 달이 아니라 영원히 치워 버렸다면 지금의 해리 포터는 없을 것이다.

그렇다면 조앤 롤링은 어떻게 그 시기를 견디고 끝내 책을 완성해 출간할 수 있었을까?

"가장 위대한 작가들도 수차례나 거절을 당했었죠. 공개적인 평가를 견뎌 내고 작품이 살아남게 하기 위해서는 스스로를 다시 일으켜 세워 계속 해나갈 수 있도록 하는 것이 매우 중요해요. 많은 경우 가장 가혹한 비평가는 자신의 머릿속에 있어요.

요즘은 비스킷을 먹이거나 휴식 시간을 줌으로써 그 비평가(자신)

를 진정시킬 수 있죠. (작가 생활을 시작한)초기에는 때로 진행 중인 작업을 더 다정한 눈으로 바라볼 수 있게 될 때까지 일주일을 쉬어야 하기도 했지만 말이에요."[397]

그렇게 할 수 있었던 이유는 조앤 롤링이 결국은 **자신과 자신의 작품을 자랑스러워했기 때문**이었다. 이는 힘든 시기를 견뎌 낸 여러 사람들이 인터뷰에서 공통적으로 말하는 것이기도 하다. 누가 뭐라고 하든 상관없이 결국엔 냉소나 원망이 아닌 자부심이 있어야만 한다.

"그래도 스스로에 대한 믿음이 분명 있었어요."

"롤링 씨를 믿어 준 다른 사람들이 있었나요?"

"아뇨, 아니, 이렇게 말하면 제 친구들에게 너무 가혹하겠네요. 당시 제가 글을 쓰고 있다고 말할 수 있었던 한 친구는 있었어요. 전 항상 글을 쓰는 것에 관해 아주 비밀스러웠거든요."

"재능이 있다고 생각하셨나요?"

"재능이 있는 것이길 바랐었어요. 이제는 안심이 많이 되죠. 그래도 혹시 제가 좀 괜찮게 하는 것 같다고 생각했던 것이 한 가지 있었는데, 그게 글쓰기였어요."

"글쓰기 말고 다른 잘하는 것들이 있으신가요?"

"아뇨, 대부분의 다른 것들은 난처할 정도로 잘하지 못해요. 정말 체계적이지 못한 사람이에요. 사무실들에서는 끔찍했죠. 외국인들에게 영어를 가르치는 건 잘했어요. 그 일을 하는 건 좋아했었죠. 그건 괜찮았던 것 같아요. 음, 열대어 키우기도 잘했고요. 다른 것들은 잘 모르겠네요."

"저는 저 자신에게 몹시 화가 나있었어요. 아주 긴 시간 동안 말이죠. 하지만 동시에 저는 저 자신이 자랑스러웠어요. 이게 진실이에요.

이 영상을 보는 사람들, 그리고 저와 정확히 똑같은 상황에 있는 여성들에게 이렇게 말씀을 드려야 할 것 같아요.

저는 제 지난 시절을 되돌아보면서 '이런 루저가 다 있나.'라고 생각하지 않아요. 당시를 돌아보면 전 아주 자랑스러워요. 3명분의 일을 하고 있었으니까요. 생계비를 벌어오는 유일한 가장이었고, 엄마였고, 아빠였어요. 누구라도 그게 쉬워 보인다면 한번 해보라고 하세요. 전 소설까지 쓰고 있었어요.

그렇기에 저는 과거를 돌아보며 제가 전혀 루저라고 생각하지 않아요. 그 적은 돈을 가지고 일주일을 견딜 수 있도록 잘 관리해 생계를 꾸려 가면서 저렴한 비용으로도 아이가 잘 먹게 하는 일을 하는 사람은 루저가 아니에요."[398]

"저는 해리가 엄청나게 자랑스러워요."[399]

조앤 롤링은 다른 사람들의 시선이나 돈 때문에 억지로 글을 썼던 것이 아니었다. 해리 포터의 시작 역시 기차에서 느꼈던 즐거움에서 비롯된 것이었다.

"보통은 그게 좋은 생각이라는 걸 그런 신체적인 반응으로 알 수 있는 것 같아요. 저는 아주 신이 났어요. 이 글을 쓰는 게 아주 즐거

울 거라는 생각이 들었어요. 바로 그게 제가 계속 해리에 관해 쓸 수 있게 한 추진력을 주었어요."⁴⁰⁰

그 자체로 자신에게 의미 있는 일은 그 뒤에도 글쓰기를 지속할 수 있는 힘을 주었다.

"순수한 영감의 순간은 눈부시게 아름답죠, 하지만 대부분 작가의 삶은 오래된 클리셰를 가지고 개작하는, 영감보다는 땀 흘림에 관한 것이에요. 때로는(영감을 주는) 뮤즈가 도와주지 않더라도 글을 써야만 해요."⁴⁰¹

그녀는 기본적으로 자기 자신을 위해 글을 썼다.

"대답으로 사랑스러운 뭔가를 이야기할 수 있었으면 좋겠지만 저는 정말 저를 위해 썼었어요! (해리 포터는)그냥 제가 정말로 쓰고 싶었던 것이었거든요. 아이디어가 생각났을 때 쓰는 게 정말로 재미있겠다고 생각했었어요. 그리고 지금까지 실제로도 그랬죠."⁴⁰²

이미 초창기인 1998년 조앤 롤링은 다음과 같이 말했다.

"저는 제가 즐거워하는 것을 썼어요. 그게 제가 글을 쓴 이유예요. 저는 『해리 포터와 마법사의 돌』을 쓸 때 단 한 번도, 한 번도 멈춰서 '이게 그 마케팅 집단에 먹힐까?'에 관해 생각해 본 적이 없어요. 저는 순전히, 유일한 기준은 제가 느끼기에 무섭고, 제가 느끼기에 웃긴 것이었죠. 그리고 제가 좋아하는 캐릭터들을 만들었어요."⁴⁰³

1999년에는 이렇게 말했다.

"책을 아이들을 위해 쓰셨습니까? 아니면 성인들을 위해 쓰셨습니까?"

"저 자신을 위해서 썼습니다. 그러니까 둘 다죠. 저는 현재의 제가 읽으면 좋겠을 책을 썼습니다. 하지만 동시에 10살인 제가 읽어도 좋겠을 책을 썼죠. 저는 누군가를 염두에 두고 글을 쓰지 않았습니다. 전 지금도 가상의 타겟층을 정해 놓고 글을 쓰지 않아요. 저는 '왜 책들이 이렇게 인기가 많은지'에 관해 수없이 많은 질문들을 받았습니다. 그리고 저는 그걸 분석하고 싶지 않아요.

저는 그런 공식이 있다고 결정하고 싶지 않거든요. 정말로 그걸 너무 면밀히 보고 싶지 않습니다. 저는 계속 제가 쓰고 싶은 방향대로 글을 쓰고 싶기 때문이에요. (성공을 위한)재료 X를 글에 넣기 시작하는 게 아니라 말이에요. 그건 제가 아니라 다른 사람들이 결정해야 할 것이라고 생각합니다."[404]

"사실 저는 제가 쓰고 싶은 것을 써요. 우리가 하는 논의의 특성상 저는 이런 규칙들을 분석하게 되잖아요. 하지만 제가 글을 쓸 때는 앉아서 '여기 대사가 있고 여기 우리 아이들을 가르칠 교훈을 넣어야겠다.'는 식으로 쓰지 않아요. … 저는 제가 쓰고 싶은 것을 써요."

"해리가 자라면서 다른 문제들도 맞닥뜨리게 될까요? 우리 청소년들의 마약 문제나 10대 임신 문제 같은 것들 말입니다. 이런 것들은 청소년들의 진짜 문제잖아요."

"'아동 문학에서 마약 문제나 10대 임신 문제가 다루어져야 할까요?' 네, 물론이죠. 아동 문학에서 다루어지지 않아야 하는 주제들은 거의 없잖아요. 제대로 다루어질 수만 있다면 이야기해야 할 그

만한 문제들도 없겠죠. 하지만 해리 포터 시리즈의 경우 그건 책들의 분위기에 충실하지 않은 것 같아요.

'헤르미온느가 떠나서 13살에 아이를 가진다?' 아니죠. 해리 포터 시리즈는 그런 종류의 책이 아니기 때문이에요. 솔직히 해리, 론, 헤르미온느에게는 불법 약물들에 손을 대기 시작하는 것 말고 대처해야 할 일들이 이미 충분히 많이 있잖아요."[405]

"기차에서 처음 아이디어를 얻고 책을 완성할 때까지 5년이 걸렸어요. 그 5년 동안 수많은 자료들이 생성되었죠. 그중 일부는 절대로 책에 쓰이지 않을 것들이었어요. 책에 들어갈 필요가 없는 것들이었죠.

그것들은 부분적으로는 저만의 즐거움을 위해서, 부분적으로는 제가 자신이 쓰는 내용에 관해 모든 것을 아는 것 같은 느낌을 주는 작가의 책을 읽는 것을 좋아하기 때문에 만들어진 것이었어요. 독자에게 모든 걸 알려 주지는 않더라도 그런 자신감을 주는 작가 말이에요."[406]

"자신이 가장 잘 아는 것에 관해 쓰기 시작하는 것이 좋다고 생각해요. 자신만의 감정들이나 자신이 많이 알고 있는 주제들에 관해서 말이에요."[407]

이와 같은 조앤 롤링의 마음가짐은 그녀가 외로움과 거절들을 견디고 끝내 책을 출간할 수 있게 해주었다.

"그 힘든 시기는 제게 판단의 시금석이 되어 주기도 했죠. 저는 제 진짜 친구들이 누구인지 알게 되었거든요. 그 친구들은 그때부터 제 곁에 있어 주었어요. 그건 선물이죠.

정신 나간 소리처럼 들리실지 모르지만, 제가 처음 출판사로부터 거절 편지를 받았을 때 저는 그걸 상당히 자랑스러워했어요."

"왜죠?"

"왜냐하면 '진짜 작가들'은 거절을 당한다고 생각했거든요. 그래서 그 편지들을 부엌 벽에 있는 게시판에 붙여 놓았었어요."[408]

조앤 롤링은 2022년 새해 인사와 함께 이 이야기를 다시 했다.

"전 부엌 벽에 초기의 거절 편지들을 붙여 놓았답니다. 왜냐하면 제가 존경하는 모든 작가들이 처음에 거절을 당했었기 때문에 마침내 제가 그들과 공통점이 하나 생긴 것이었거든요. 자신이 사랑하는 일을 하고, 그 일을 더 잘하고자 배우는 데 들이는 시간은 낭비되는 것이 아니에요."[409]

실패하지 않기 위해 그 어떤 도전도 하지 않는 삶은 그 자체로 실패한 것과 같다는 조앤 롤링의 말은 내게도 도전할 용기를 주었다. 지속 가능한 글쓰기를 위한 그녀의 마음가짐과 꾸준함, 인내에는 공감할 수 있는 부분들이 특히 많았다.

사랑하는 일은 거절 등의 어려움을 감내할 수 있는 용기를 준다. 과거 조앤 롤링의 상황과 마찬가지로 출판 경험이 전무했던 나의 경우 지난 첫 책을 출간할 때 원고를 투고한 29곳의 출판사들로부터 거절당한 뒤 서른 번째 출판사를 통해 책을 출간할 수 있었다.

그러나 사실 거절을 당하더라도 계속해서 더 많은 출판사들에 투고해 볼 생각이었으며 거절에 개의치 않았다. 당시에는 '맨땅에 헤딩하는' 전통적인 방식의 출판 형식밖에 알지 못했지만 어떻게든 출판을 하는 것이 중요했기 때문이다.

그녀의 말마따나 의미 있고 사랑하는 일을 더 잘하기 위해 들이는 노력은 세속적 의미의 성공 여부를 떠나 정말로 낭비되지 않았다.

12번을 거절당한 끝에 조앤 롤링은 마침내 소규모 출판사였던 블룸즈배리 출판사와 계약하는 데 성공한다. 여기에는 그곳에서 출판을 결정한 배리 커닝햄의 8살짜리 딸 앨리스도 중요한 역할을 했다.

배리 커닝햄은 당시를 이렇게 회고한다.

"이야기는 어느 비가 오던 날 밤, 제가 제 작은 사무실에서 원고를 받게 되면서 시작되었습니다.

저는 물론 그 원고가 여러 출판사들로부터 거절당했다는 것은 알지 못했죠. 그날 밤 집에 가서 글을 읽었습니다.

…그 이야기가 좋았던 건 '우정' 때문이었습니다. 그러니까, 올빼미들, 기숙 학교, 마법과 호그와트도 좋았지만 그 아이들 사이의 우정이 제 마음을 움직였던 겁니다.

저는 그날 밤 그 원고를 제 딸인 앨리스에게 주었는데, 책 읽기를 멈추지 못해서 다음 날 아침까지는 읽지 못하도록 해야 했습니다. 이 책을 사야 할까 하는데 어떻게 생각하느냐고 물었더니 좋은 생각이라더군요.

엠마 왓슨이
해리 포터를 고민했다

그래서 출판 중개인에게 전화를 걸어 한 10분 정도 흥정을 했습니다. 상대적으로 저렴한 금액[410]을 가지고 말이죠. 그렇게 첫 2권을 구매했습니다. 그리고, 그게 다입니다. 그렇게 지난 50년간의 출판 역사상 가장 중대한 구매가 마무리된 겁니다. 하하하 지금에야 그 일에 관해 이렇게 웃지만 당시엔 전혀 몰랐었습니다.

제가 조앤 롤링 씨에게 전화를 걸었을 때, 다른 많은 작가들처럼 출판사라는 걸 믿지 못했습니다. 농담인 줄 알더군요. 제가 정말 런던에서 전화를 건 배리 커닝햄이라는 사실을 설득한 뒤, 롤링 씨는 할 말을 잃었습니다. 당시 저는 그동안 그녀의 여정이 얼마나 길었는지, 얼마나 많은 출판사들이, 중개인들도 그랬겠죠, 거절을 했는지 알지 못했죠.

조앤 롤링 씨를 런던에 초대했습니다. … 제게 아주, 아주 조심스럽게 속편에 대해서는 어떻게 생각하는지 묻더군요. 전 '글쎄요, 일단 첫 번째 책부터 출간한 다음에 한번 생각해 봅시다.'라고 했죠.

하지만 롤링 씨는 이후의 모든 책들에 관한 이야기를 이어 갔습니다. 실제로 어떻게 해리가 자라게 되는지 말이에요. 당시로서는 아주 혁명적인 것이었죠. 과거의 속편들은 다른 환경으로 설정된 같은 이야기들이었거든요.

하지만 저는 걱정스러웠습니다. 롤링 씨는 싱글맘이었고, 제대로 된 소득이 없었던 데다 아동 도서 시장은 지금과는 달리 금광이 아니었거든요. 그래서 롤링 씨에게 그 악명 높은 조언을 건네게 된 겁니다.

아동 도서로는 절대 돈을 벌지 못할 거라고 했습니다. 그러니까 글 쓰는 일 외에도 다른 본업을 갖는 것을 정말로 생각해 보셔야 한 다고 말이죠."[411]

그러나 당시 32세였던 조앤 롤링은 그의 현실적인 조언과는 상 관없이 자신이 꿈꾸던 출간의 기쁨을 마음껏 누렸다.

"그 순간, 블룸즈배리 출판사가 제 책을 출판하고 싶어 한다는 말 을 들었을 때의 순간은 제 딸의 출생을 제외하고는 제 인생에서 가 장 기뻤던 때였어요."[412]

"저는 난생처음으로 책을 내게 된 작가였어요. 누군가 제 책을 출 판해준다는 것이 너무도 고마워서 제 이름을 '이니드 스노드그라 스'라고 하자고 한데도 그렇게 하라고 했었을 거예요. 그게 사실이 죠. 저는 상관하지 않았어요. 책만 내준다면 정말로 상관없었죠."[413]

"첫 책을 서점에서 보셨을 때 어떠셨나요?"

"역대 최고의 순간이었죠. 그걸 본 게 다른 그 어떤 것들보다도 좋았어요. 제대로 된 서점에 있는, 진짜 책이었잖아요. 아주 멋졌어 요. 정말요."

"총 일곱 편이 될 거예요. 얼마 전 내년 여름에 출간될 예정인 2 권을 완성했어요. 제목은 『해리 포터와 비밀의 방』이에요. … 지금 은 3권을 쓰고 있어요."[414]

초판으로 500부를 인쇄했던 무명작가의 책은 입소문을 타고 점 차 독자들에게 알려지기 시작한다.[415 416] 자신을 위해 선한 마음으로

엠마 왓슨이
해리 포터를 고민했다

썼던 글은 독자들에게도 영향을 미치게 되었다.

"글을 쓸 때는 그 세계 속에 너무 깊이 매몰돼 그곳에서 살고 또 느끼고 있어서, 솔직히 말씀드리면, 마음속에 가장 마지막에 드는 생각이 '다른 사람들이 이걸 어떻게 읽을까?'예요. 그 세계를 만들어 내느라 너무 바빴던 나머지 전 시간이 지난 뒤에야 '와' 했던 거죠.

특히 괴롭힘과 같은 것들에 관한 독자들의 편지를 받게 되면서부터 말이에요. '우리 반에도 드레이코 말포이 같은 애가 있어요.'와 같은 내용의 편지들을 많이 받았어요. 저는 그런 문제들을 다루어야 하는 사람들이 '혼자가 아니구나, 어떤 사람들은 그저 정말로 못됐고 나랑은 관련이 없구나. 어떻게든 그런 사람들 틈에서 살아 낼 방법을 찾아야겠다.'라고 생각하길 바라요."[417]

이는 출판 중개인, 출판사도 예측하지 못했던 일이었다. 블룸즈배리 출판사의 배리 커닝햄은 이렇게 말했다.

"저와 롤링 씨를 포함해 모두가 약 1년 동안은 좋은 반응이 그토록 빠르게 일어나고 있다는 것을 제대로 몰랐던 것 같습니다. 1년쯤 뒤 미국에서 수많은 제안들이 들어오기 시작했어요. 그분들은 미국에서의 판권을 위해 아주 큰 돈을 지불했죠. 제 생각에 그 시점에서 우리는 아동 도서의 세계에 무언가 변화가 일어나고 있다는 걸 인지했던 것 같습니다."[418]

당시 뉴욕타임스의 아동 도서 편집자였던 에덴 로스 립슨(Eden Ross Lipson)은 그 성공을 다음과 같이 표현했다.

"이건 미국에서도, 영국에서도 전례가 없는 일입니다. 해리 포터 시리즈의 성공 속도에 비할 수 있는 것은 없어요."

"3권의 책이 베스트셀러 목록에 동시에 있어요. 아동 도서이든 아니든 상관도 없이 말이죠."

"네, 그게 요점입니다. 같은 캐릭터들이 등장하는 3권의 책이 동시에 성인 베스트셀러 목록에 오른 것은 전례가 없어요."[419]

1999년 조앤 롤링은 이렇게 말했다.

"처음으로 출판 중개인을 만났을 때, 그분이 제게 이렇게 말해 주셨어요. '이제 돈을 많이 벌지는 못하실 거라는 건 기억하셔야 합니다. 아동 도서 쪽은 그다지 돈이 되지는 않는 곳이에요.' 저는 완벽히 받아들였죠. 분명히 그분은 그저 저에게 현실적으로 말씀해 주시고 계셨던 거예요.

저는 '저도 알고 있어요. 제가 원하는 건 투고한 제 원고가 진짜 책이 되어 있는 걸 보는 거예요.'라고 했죠. 그리고 그분은 이제 8개 국에 책을 판매하고 있어요. 참 아이러니하지 않나요? 바로 그분이 제게 기대치를 높게 잡지 말라고 경고하셨는데 이제 그분이, 그러니까 크리스토퍼 씨가 책을 이렇게 많은 국가들에 팔고 있잖아요."

"할리우드와 관련된 이야기는 어떻게 되는 건가요?"

"음 그것에 관해서는 결정된 것이 아무것도 없어요. 할리우드의 몇 개 회사들이 관심을 보인 건 사실이지만 말이에요. 너무 초기라, 그 관심은 정말 놀랍지만 결정된 건 없어요.

…제대로만 만들어진다면 훌륭한 영화로 만들 수 있을 것 같아요. 하지만 저는 책을 쓰고 싶어 했어요. 무슨 말인지 아시죠? 제가

정말로 원했던 건 할리우드가 아니었어요. 정말 원했던 건 책들을 많이 파는 거였죠."[420]

이후의 스토리는 우리 모두가 잘 알고 있다. 책은 그 뒤 전 세계 200개국 이상에서 80개가 넘는 언어로 번역되었고 5억 부 이상 판매되었으며[421 422] 성경과 종교 및 이념 도서들을 제외하면 전 세계에서 가장 많이 팔린 도서 시리즈가 되었다.[423]

심지어 2017년에는 조앤 롤링의 친필 사인이 들어간 『해리 포터와 마법사의 돌』(당시 현자의 돌) 초판본 1권이 약 1억 7,000만 원에, 2021년 경매에서는 '오탈자가 있어 인기가 높다.'는 이유로 초판본 1권이 약 1억 3,000만 원에 팔리기도 했다.[424 425]

아이들이 읽기에는 책이 너무 길다거나, 타겟층인 남자아이들이 여성 작가가 쓴 소설에는 큰 관심을 보이지 않는다는 것과 같은 기존의 성공 도식들은[426] 조앤 롤링을 통해 모두 깨졌다.

조앤 롤링은 『해리 포터와 불의 잔』을 출간한 뒤 새로운 남편[427]을 만나 재혼했고, 영화화된 해리 포터 시리즈는 대성공을 거두며 테마파크가 건설되고 연극 〈해리 포터와 저주받은 아이〉에 이어 '신비한 동물' 영화 시리즈까지 제작되었다. 더 나아가 조앤 롤링이 제작에 참여한 해리 포터 TV 시리즈는 1권당 1개 시즌씩 앞으로 10년에 걸쳐 총 7개 시즌으로 만들어질 예정이다.[428]

특히 가장 많은 사람들의 뇌리에 각인된 것은 역시나 해리 포터 영화 시리즈일 것이다. 그런데 조앤 롤링은 세계에서 가장 성공한 프랜차이즈 영화가 되었던 이 해리 포터 시리즈의 제작을 거절했었다.

"글쎄요, 처음엔 안 하겠다고 했었어요. 영화화를 하길 원했던 회사가 워너 브라더스만이 아니었기 때문에 모두에게 안 하겠다고 말을 했죠. 그런 다음 워너 브라더스가 다시 돌아와서는, 그분들은 이게 '돈 문제'인 줄 알았던 거예요. 그래서 이렇게 말하셨죠. '조금 더 많은 돈이 필요하신가요?' 전 '아뇨.'라고 했어요.

제게 있어서 문제는 이야기의 나머지 부분에 대한 통제권을 주고 싶지가 않았던 거예요. 그래서 저는 그분들이 앞으로 만들 모든 후속편의 내용이 '제 속편들'이 된다는 것을 보장할 준비가 되어 있으시다면 우리가 이야기를 할 수 있을 거라고 했죠."

"그러니까 제작업체 측에서는 꼭 내용이 아니라 캐릭터들을 구매할 수도 있었던 거군요?"

"네 맞아요, 그러니까 해리 포터와 라스베이거스 같은, 그분들이 원하는 걸 다 할 수도 있었던 거예요."

"'매춘부를 찾는 해리'도 가능한 거고요?"

"하하 네 그렇죠."[429]

그것이 그녀가 소니, 마이크로소프트, 보잉 등으로부터 받았던 수백 건의 라이센싱 제안들을 거절한 이유이기도 했다.

"각종 광고와 홍보, 그리고 솔직히 말하면 온갖 이상한 것들에 해리를 사용하는 것과 관련해 제가 받았던 제안들이 어떠한 종류의 것이었는가를 사람들이 볼 수 있다면 말이죠…. 저는 그 모든 제안

엠마 왓슨이
해리 포터를 고민했다

들에 전부 '안 된다.'고 말했어요."[430]

조앤 롤링에게 중요했던 것은 돈이 아니라 해리였다. 영화 속 주인공인 해리 포터 역의 다니엘 래드클리프를 섭외하게 된 과정도 흥미롭다.

조앤 롤링과 제작진은 〈해리 포터와 마법사의 돌〉의 첫 촬영을 한 달 앞둔 시점까지도 해리 역의 배우를 찾지 못하고 있었다.

"우리는 해리를 찾을 수가 없었죠. 우리는 그저 해리를 찾을 수가 없었어요. 시간이 지날수록 이상했고 우리를 공황 상태에 빠지게 했죠."[431]

물론 상황이 그렇게 된 데에는 '눈의 색깔'[432]과 같이 조앤 롤링이 제시했던 조건들도 한몫을 했다.

그러다 마침내 다니엘 래드클리프를 찾게 되었는데 문제는 다니엘이 더 이상 배우 일을 하고 싶지 않아 했던 데다, 부모님이 일곱 편으로 예정된 이 거대한 프랜차이즈 영화에 참여하기를 반대했다는 것이었다.

그때 우연히 제작자인 데이비드 헤이먼이 각본가와 함께 연극을 보러 방문한 한 극장에서 가족과 함께 연극을 보러 온 오랜 친구이자 다니엘 래드클리프의 아버지인 앨런 래드클리프를 만나 설득에 성공하면서 비로소 문제는 해결을 맞게 되었다. 그 관심은 당시 다니엘 래드클리프도 느낄 수 있었다고 한다.

"제 앞 좌석 줄에 앉은 두 사람이 자꾸만 뒤를 돌아보기 시작하더라고요."

"오디션을 보러 오는 게 어떠니? 한번 생각해 보려무나."

그렇게 마침내 해리, 론, 헤르미온느 역의 배우들이 한자리에 모이게 되었을 때 캐스팅 디렉터인 히르스헨슨은 조앤 롤링의 얼굴에서 '아주 큰 미소'를 볼 수 있었다고 한다. 기자는 그 이유를 롤링도 그것이 마법 같다는 것을 알았기 때문이었을 것이라고 설명했다.[433 434 435]

작가의 장벽

　물론 책의 성공 이후 모든 과정이 그저 순탄했던 것은 아니다. 먼저 이른바 '작가의 장벽(writer's block)'이 조앤 롤링을 찾아왔었다. 생각지 못한 성공 탓에 해리 포터 2권을 집필할 때 어려움이 생겼던 것이다.

　"『해리 포터와 비밀의 방』을 쓰는 동안 작가의 장벽을 심하게 겪었어요. 첫 번째 책과 관련해 처음으로 폭발적인 언론의 관심을 받게 되었고 그게 저를 마비시켰죠. 두 번째 책이 기대에 미치지 못할까 봐 두려웠는데 이겨 낼 수 있었어요!"436

　"그러니까 순전히 저를 위해 쓰면서 상당히 행복했었던 철저한, 완전한 무명 상태에서 갑자기 마치 한 100명 정도의 사람들이 제가 무언가를 쓰려고 펜을 집어 들 때마다 어깨너머로 저를 쳐다보는 듯한 느낌을 받는 상태가 된 거예요."[437]

"'나 계속할 수 없을 것 같아, 계속해 나갈 수 없을 것 같아.' 하면서 불안해했고 무서웠어요. 그게 몇 주 정도 갔던 것 같은데, 꽤 쉽게 매일 글을 쓰던 저 같은 사람에게는 아주 긴 시간이었죠."[438]

"특히 미국판 계약이 끝난 후에, 아동 도서로서는 전례가 없이 컸던 건 말이에요, 솔직히 말씀드리자면 그게 저를 엄청나게 겁먹게 만들었어요. 정말로 겁이 나게 만들었죠. 2권을 반쯤 쓰고 있던 상황이었는데, 글길이 막혔고 저는 공포에 휩싸였어요. 제가 무엇을 쓰고 있는 것인지를 스스로 과할 정도로 의식하게 되었었거든요.

하지만 저는 극복해 낼 수 있게 되었어요. **약 한 달 정도 걸렸는데요, 쉬면서 스스로 '나는 그저 다시 한번 나 자신을 위해 쓰는 거야.'라고** 믿게 만들었어요. 그리고 그렇게 했죠. 지금은 2권에 대해 아주 기쁜 마음이 들어요."[439]

그러나 어려움은 해리 포터 시리즈의 영화화 이후 더더욱 커진 유명세와 함께 다시 찾아왔다.

"제가 『해리 포터와 불의 잔』을 쓰고 있었을 당시 스티브 클로브스 씨(영화화된 해리 포터 전 시리즈의 각본 담당)에게 메일을 아주 많이 보냈었잖아요."

"맞아요, 약간의 위기를 겪고 계셨죠. 이렇게 말해도 되는지는 모르겠지만 말이에요."

"괜찮아요, 저는 '약간의' 위기라고 하시길래 웃고 있었던 거예요. 하하하."

"쉽지 않은 시기를 보내고 계셨죠."

"네 제게 그렇게 좋지 않았던 시기였죠. 큰 위기를 겪고 있었고, 기억하는데, '해그리드에 관한 배경 이야기가 이렇게나 많이 있는데, 너무 과한 게 아닐까요? 책이 너무 길어질 것 같은데, 넣어야 할까요?'라고 이메일을 보냈었어요."[440]

"언론은 제가 두 번째 책을 쓸 때 작가의 장벽을 겪었다고 보도했잖아요. 웃긴 점은 당시 제가 정말 연일 부담감 때문에 무너져 버리거나 또 반대로 결혼 생활이 너무 행복해서 글쓰기를 멈춰 버렸었다는 거예요. 그 두 가지를 동시에 겪을 수는 없잖아요. 그런데 사실 『해리 포터와 불사조 기사단』은 제게 어떤 문제도 되지 않았어요. 쓰기에 어렵지 않은 꽤 유순한 책이었죠. 쓰는 게 재미있었어요.

『해리 포터와 비밀의 방』의 경우, 제가 정말 작가의 장벽을 겪긴 했었어요. 제 생각에 잠깐 동안요. 아주 심각한 건 아니었어요, 대략 5주 정도였던 것 같아요. 다른 사람들의 경우에 비하면 5주가 무슨 대수겠어요?

하지만 『해리 포터와 불의 잔』의 경우 집필의 끝으로 가면서 전 아주 불행했어요, 그리고 어떤 지점에서 저는 제가 글을 쓸 수 없도록 하기 위해 제 팔을 부러뜨려서…. 진지하게 말하는 거예요. 제 말은 제가 실제로 '어떻게 하면 내가 팔을 부러뜨려서 출판사들에게 '물리적으로' 글을 쓸 수가 없게 되었다고 말하지? 그럼 내가 시간을 더 벌 수 있을 거야.'라고 생각하는 단계까지 이르러 있었다는 거예요. 왜냐하면 전 아주 비현실적인 마감 기한에 매달리고 있었거든요. 제가 만든 것이었지만, 정말로 쉴 틈 없이 항상 일하면서 만들었었거든요. 저는 정말로 불행했어요."

"이번 책은 지난 책이 나온 뒤 3년이 지나 나온 것이잖아요? 왜 이렇게 오래 걸린 거죠?"

"오래 걸린 게 아니에요. 책이 나오는 데 그렇게 오래 걸린 것이 아니에요. 저는 결심했어요, 그러니까 무슨 일이 있었냐면 불의 잔의 경우, 저는 정말 책이 완성될 당시 상당히 안 좋은 상태에 있었어요, 그리고 그 시점에서 저는 불의 잔과 함께 여러 가지 일들이 한꺼번에 찾아왔다고 느꼈죠. 제 말은 매스컴의 관심이 지금껏 알려진 적이 없는 정도에 이르렀고, 저는 더 이상 집 밖에서 일을 할 수 없게 되었고, 수많은 일들이 일어나고 있었어요, 아시잖아요, 유명세 때문이었죠.

제가 여전히 그렇게 느끼냐고요? 아뇨. 하지만 그건 제가 휴식 기간을 가졌기 때문이에요. 그리고 전 그 3년 동안에도 계속 글을 쓰고 있었어요, 저는 글쓰기를 멈추지 않으니까요. 하지만 저는 다시 출판을 하고 싶지가 않았어요. 그건 아주 큰 차이였죠. 그래서 『해리 포터와 불의 잔』을 완성했을 때 차기작을 구매해 놓았던 두 출판사들에게 제가 받은 선금을 상환하고 싶다고 말했어요. 수화기 너머로 두 출판사 관계자들이 모두 거의 심장 마비에 걸리는 듯한 소리를 들을 수 있었죠.

'왜 선금을 상환하려고 하시는 건가요?' 전 말했죠, '내년에 출간하는 걸 원하지 않거든요. 전 이 책을 보다 여유로운 방식으로 쓰고 싶고 휴식 기간을 어느 정도 가지고 싶어요.' 왜냐하면 저는『해리 포터와 마법사의 돌』을 완성하자마자 말 그대로 그날 오후『해리 포터와 비밀의 방』집필을 시작했어요.『해리 포터와 비밀의 방』을 완성하고는 그다음 날『해리 포터와 아즈카반의 죄수』를 쓰기 시작했죠. 그리고『해리 포터와 아즈카반의 죄수』를 완성했을 때 전 이미『해리 포터와 불의 잔』을 시작한 상태였어요. 왜냐하면 그 둘이 겹쳤거든요. 느슨함이라는 건 전혀 없었던 거예요.

그리고 전 제가 그렇게는 못 할 거라는 걸 알았어요. 그저 그렇게는 하지 못할 거라는 걸요. 제가 그걸 다시 시도한다면 제 뇌가 합선돼 버릴 거라는 걸 말이에요. 그래서 그분들이 이렇게 말했죠. '그럼, 작가님이 책을 완성하실 때 저희가 받는 건 그대로 하지만 마감 기한을 없애는 건 어떠신가요?' 그래서 전 알겠다고 했죠. 그렇게 최종적으로, 그리고 공식적으로, 저는 마감 기한을 어긴 게 아니에요. 왜냐하면 마감 기한이 없었으니까요."[441]

'무엇을 써야 할지 모르겠을 때 어떻게 하는지'를 묻는 질문에 조앤 롤링은 다음과 같이 답했다.

"가끔은 산책을 하러 가요. 또 때로는 부엌으로 가서 남편이 거기 있으면 '나 못하겠어! 이 책은 끔찍해!'라고 말하기도 해요. 그러면 남편은 '자기는 항상 15장 정도까지 썼을 때쯤 그렇게 말하잖아.'라고 해요. 남편이 맞아요, 사실 그렇거든요.

『해리 포터와 죽음의 성물』을 쓸 때는 다니엘과 루퍼트, 엠마를 보기 위해 한번 세트장에 다녀온 적이 있었어요. 그리고 런던으로 돌아오는 비행기 안에서(작가의 장벽이) 깨졌죠."442

"부담감이 때때로 압도적이었을 것 같아요."

"네, 그랬어요. 이제는 그렇게 말할 수 있네요. 그것으로부터 자유로워졌으니까요. 당시에는 부담감이 얼마나 컸는지를 부인할 필요성을 느꼈었어요. 그게 제가 대처하는 방식이었거든요. 제게는 너무도 빨리 일어난 일이었어요. 그리고 그래서는 안 되었던 거잖아요. 아시잖아요, 해리 포터 시리즈는 아동 도서였어요. 게다가 제가 반복해서 상업적인 성공을 기대할 수 없다고 들어왔던 그 아동 도서요. 저는 많이 거절을 당했었잖아요.

그래서 저는 완전한 무명에서, 마치 비틀즈와도 같아요, 정신 나간(crazy) 상황에 이르게 된 거죠. 그리고 비틀즈는 4명이었잖아요! 그렇기 때문에 서로를 향해 얼굴을 돌린 뒤 '오 이런 이거 완전히 미쳤는데!'라고 할 수 있었죠. 저는 얼굴을 돌릴 수 있는 사람이 없었어요. 그래서 부담감이 엄청났어요.

제가 두 번째로 미국 투어를 하면서 책 사인회를 했던 적이 있어요. 첫 번째 미국 투어는 약간 들쭉날쭉했죠. 전 두 번째 미국 투어도 그와 같을 것이라고 생각했어요.

출판사 측과 차를 타고 거리를 내려가고 있는데, 사람들이 서 있는 줄들이 단지, 또 단지마다 계속해서 늘어서 있는 거예요. 저는 창문 밖을 보고 출판사에서 나온 여자분한테 '지금 여기 세일하나요?'라고 물었어요. 그리고 코너를 도는데 거대한 반스 & 노블(미국에서 가장 큰 서점 체인)이 있는 거예요. 저는 '오 하나님.' 했죠. 줄들이 거리를 따라 위로 올라가서 반스 & 노블의 4층까지 이어졌어요. 그분들이 저를 뒷문으로 데려갔고 문을 열자 수많은 사람들이 함성을 질렀어요. 그리고 모든 백열전구들이 일제히 제 얼굴을 향해 켜졌죠. 그때 저는 '오, 이런.' 하고 있었어요. 그날 2,000권의 책들에 사인을 해드렸고 줄은 끝나지 않았어요. 우리는 그냥 떠나야 했죠.

제게는 그게 상징적인 순간이었어요. 저는 상황이 점점 커져 가고 있다는 걸 알고 있었어요. 언론의 관심과 같은 것들 말이에요. 하지만 그 시점이 정말 말도 안 되는 상황이 시작된 때였어요.

부담감에 관해 물으셨죠? 그때 저는 사람들에게 계속해서 '괜찮아, 나 잘 대처하고 있어.'라고 말했어요. 진실은 제가 겨우겨우 버티고 있었던 때들이 있었다는 거예요."[443]

『해리 포터와 불의 잔』이 출간되었을 때 조앤 롤링은 기차에 탄 채 인터뷰를 진행하는 한 프로그램에 참여했던 적이 있다.

고풍스럽게 꾸며진 기차 좌석에 앉아 테이블을 가운데 두고 진행자와 마주 보며 인터뷰를 시작한 지 얼마 지나지 않아 달리던 기차는 역에 정차한다.

그러자 곧 창문에 커다란 카메라의 렌즈를 대고 조앤 롤링의 사진을 찍던 한 남성과 다른 사람 사이에 실랑이가 벌어지고 밀쳐진 남성이 상대방을 향해 삿대질을 하며 '날 밀지 마, 밀지 말라고!'라고 소리치는 험악한 소리가 기차 안까지 들린다. 인터뷰는 잠시 중

단되고 조앤 롤링은 두 손을 모은 채 걱정스러운 표정으로 창밖의 상황을 지켜본다.

"오, 이런."

"상황이 더 거칠어지는 것 같네요." 인터뷰 진행자의 말에 조앤 롤링은 다음과 같은 이야기를 한다.

"제 최악의 악몽은 실랑이 가운데 아이들이 상처를 받는 거예요. 우리는 그 상황에 조금 더 가까워진 것 같네요. 분명한 건 엔진 때문에 멈춰 섰던 지난 역의 지역 신문이 제가 사인을 할 거라는 내용을 보도했다는 거예요. 그래서 지금 저기 200명의 아이들이 기다리고 있죠. 경호 등이 전혀 대비되어 있지 않아서 하기로 하지 않았었는데도 말이에요."

그리고 열차 밖 역에 있던 한 아이의 아버지가 슬픈 표정으로 조앤 롤링이 앉은 자리의 창문에 "제발 우리에게 5분만 시간을 써주세요."라고 적은 종이를 가져다 붙인다.

곧 조앤 롤링은 관계자들과 이야기를 나눈 뒤 몇 개라도 사인을 해주기로 결정한다.

"제가 몇 개라도 사인을 해서 드릴 수 있잖아요. 사람들이 잘못 안내되었더라도 말이에요."

조앤 롤링은 직접 열차 밖으로 나가지 않고 관계자로부터 열차 밖에서 기다리는 사람들의 사인지를 전달받아 사인을 한 뒤 건네는 방식으로 사인을 해준다.

정신없이 책에 사인을 하며 롤링은 인터뷰를 이어가기 위해 계속 말을 한다.

"미국에서 한 상점에 간 적이 있었는데 저보다 사인을 빨리하는 사람을 단 한 명 본 적 있다고 하더라고요. 그분들이 제가 2시간 안에 사인을 몇 개나 하는지 셌기 때문에 알 수 있었죠. 그 한 명은 지미 카터(미국의 제39대 대통령)였어요."

결국 역을 떠나며 조앤 롤링은 끝까지 창밖의 어린이들과 어른들에게 손을 흔든다. 카메라는 열차 밖 창문을 통해 손을 흔들며 인사를 하다 눈물을 훔치는 한 할머니의 모습을 비춘다.

"오 하나님, 정말 마음이 아프네요, 그렇지 않나요? 마치 고문 같아요." 한 어린 소녀는 끝까지 해맑게 손을 흔들며 기차를 따라 뛰어온다.

"저기 주근깨가 있는 어린 여자애가 있네요. 저도 주근깨가 있는 작은 소녀였기 때문에 마음이 더 쓰여요."

재개된 인터뷰에서 롤링은 진행자의 질문에 자신의 심정을 다음과 같이 밝힌다.

"믿을 수가 없군요. 쉽지 않으시겠어요."

"네 맞아요. 그렇죠. 사실은 끔찍하죠. 다들 나와 있는데, 그래요, 아주 끔찍해요. 10살짜리 아이들이 지역 신문에서 제가 사인해 주러 나온다는 이야기를 듣고 역에 나와 있는데 경찰들은 문제가 될 테니 저보고 나가지 말라고 하죠. 보세요. 이건 고문이에요. 그렇지 않나요? 그저 여기 앉아서 우는 아이들을 바라보는 거 말이에요. 끔찍해요."[444]

전후 사정을 알지 못하고 역에 있던 사람들은 집에 돌아간 뒤 "조앤 롤링은 약속을 지키지 않는 파렴치한 사람"이라는 내용의 글을 온라인상에 남길 수도 있을 것이다. 더 나아가 조앤 롤링이 일부에게라도 사인을 해주지 않았다면 우는 아이들의 사진이 인터넷 기사에 대문짝만하게 실렸을지도 모른다.

조앤 롤링이 가진 언론에 대한 부담스러운 감정은 해리 포터 시리즈에 등장하는 예언자 일보의 기자 리타 스키터로 승화된다. 리타 스키터는 마법의 속기 깃펜을 사용해 자극적인 내용의 왜곡된 기사들을 쏟아냄으로써 해리를 괴롭게 하는 인물이다.

"제가 리타를 소개하기 위해 펜을 잡았을 때 '이런 잠깐만, 사람들은 이게 내(언론에 대한) 반응이라고 생각할 텐데'.라는 생각이 들었어요. 그런데 사실은 아니었어요. 그전에도 있던 리타의 이름은 리타가 아니라 브리짓이었죠. 리타는 『해리 포터와 마법사의 돌』에서 편집되었어요. 제가 잘랐죠.

원래는 해리가 처음으로 리키 콜드런에 들어설 때 리타가 인터뷰를 따내려고 해리에게 곧장 달려드는 장면을 넣었어요. 그런데 『해리 포터와 마법사의 돌』에 대한 최종 퇴고 작업을 하며 7권에 대한 계획을 모두 세웠고 리타가 등장하는 시점은 해리의 유명세가 해리를 억누르기 시작하는 『해리 포터와 불의 잔』이 적합하다고 생각하게 되었죠.

그런데 그사이에 저한테 무슨 일이 일어났는지를 보세요. 저는 '이제 내가 리타를 책에 소개하면 모두가 그렇게(언론에 대해 대응하는 것이라고) 말하겠네. 근데 그거 알아? 계속 생각만 하고 있으면 길을 잃어 버리고 말잖아.'라고 생각한 뒤 그냥 리타를 냅다 넣어 버리고 즐겼 어요. 거짓말은 하지 않을게요. 리타를 쓰는 걸 훨씬 더 즐길 수 있 었어요."[445]

언론 외에도 유명세는 조앤 롤링에게 다양한 영향을 미쳤는데 심 지어는 출간 전 책들이 사라지는 일까지 있었다.

"해리 포터 시리즈의 마지막 3권은 인쇄소에서 도둑맞았어요."

"정말요? 원고가 넘겨진 다음에요? 되찾았나요? 어떻게 되었죠? 출간 때 내용을 지우셨나요?"

"3권은 모두 인쇄 단계에서 사라졌어요."

"내용은 똑같이 다루어질 것이고요?"

"네, 다들 좋은 내용들이거든요. 사건의 자세한 내막은 알지 못 해요."

"혹시 범인이 집요정(해리 포터 시리즈에 등장하는 가정부 요정)이었나요?"

"아뇨, 부정직한 경비원이었어요."[446]

조앤 롤링은 유명세가 사라진다면 무엇을 가장 하고 싶었을까?

엄청난 함성 소리와 함께 거대한 홀의 무대 위에 등장한 조앤 롤 링은 4,000명의 아이들(과 성인들) 앞에서 다음과 같이 말했다.

"하루 동안 어떠한 마법 능력이든 가질 수 있다면 무엇을 가지고 싶고 또 어떻게 사용하고 싶나요?"

"투명하게 되는 능력을 가지고 싶어요. 약간은 슬픈 이야기지만 전 아마 몰래 카페에 들어가서 하루 종일 글을 쓸 거예요."[447]

롤링은 다른 인터뷰에서도 비슷한 이야기를 했다.

"어젯밤 책을 읽고 나서 에든버러를 걷다가 한 카페를 지나쳤는데, 아시죠? 바깥에 '해리 포터가 탄생한 곳'이라고 쓰여 있는 곳이요."

"하하하하, 정확히 어떤 카페였나요?"

"'엘리펀트 하우스' 카페였어요. '해리 포터가 탄생한 곳'이라는 문구가 있는 장소죠. 이제는 보다 평범하게 작가 사무실에서 글을 쓰시죠?"

"네 맞아요, 우울하게도 말이에요. 저는 카페에서 글을 쓰는 걸 사랑했거든요. 카페에서 글 쓰는 걸 정말로 사랑했어요. 엘리펀트 하우스가 아주 끔찍한 제 사진이 창문에 걸려 있는 곳이죠? 떼어 냈나요?"

"아뇨, 아직 거기에 사진이 있더군요."

"그렇군요, 엘리펀트 하우스의 운영자를 몇 년 전에 거리에서 만난 적이 있는데 이렇게 말하더라고요. '왜 이제는 제 카페에서 글을 쓰지 않으세요?' 저는 이렇게 말했죠. '그 사진을 견딜 수가 없어서요. 사진을 내려 주시면 제가 다시 돌아갈지도 몰라요!' 사실 아니죠, 그저 가능하지 않게 된 거예요. 저는(그곳에서 글 쓰는 걸) 사랑했어요. 하지만 카페에서 글을 쓰는 것의 필수적인 조건은 익명성이죠. 그리고 아시잖아요, 더 이상 제가 그렇게 할 수 없게 된 시점이 왔죠."[448]

여배우가 아닌 작가에게 그와 같은 유명세는 예견하기 어려운 일이었다.

엠마 왓슨이
해리 포터를 고민했다

"저는 너무 준비가 안 되어 있었어요. 제대로 말한 적이 없는 이야기인 것 같은데 저는 작가였어요. 제 주변에 누구도, 직업적으로든, 개인적으로든 조금이라도 제가 이런 질문을 가지게 되었을 때 답을 해줄 수 있는 사람이 없었어요. '언론 종사자들이 제 쓰레기통을 뒤지고 있을 땐 어떻게 해야 하나요?' 일어나게 되는 정말 정신 나간 일들 말이에요."

"대부분의 작가들에게는 일어나지 않는 일이잖아요."

"맞아요, 정확해요. 그래서 제 주변의 모든 사람들을 놀라게 만들었죠."

"여배우라면 예상해 볼 수 있었겠지만 말이죠?"

"네 물론이죠, '내가 엄청나게 크게 성공한다면 그런 일들이 일어날 거야. 내가 좋아하지는 않겠지만 그런 일이 일어나겠지.'라고 생각할 수 있을 거예요. 그런데 작가의 경우는 '내가 엄청 성공하면 사람들이 기다란 렌즈를 가지고 해변에 있는 내 사진을 찍어 대겠지.'라고 생각할 수가 없어요. 저는 완전히 준비되어 있지 않았고 그래서 한동안 정말 겁을 먹었었어요."[449]

1998년의 인터뷰를 통해서도 알 수 있듯 조앤 롤링이 가졌던 작가로서의 환상은 처음부터 명료했다.

"저는 항상 해리가 정말 유명해지기를 원했어요. 그건 아주 많은 사람들이 책을 좋아해 주셨다는 증표잖아요. 하지만 저 자신이 어떤 방식으로든 유명해지는 건 예상하지 않았었어요."[450]

"왜냐하면 제 가장 큰 판타지는 책이 출간되는 것이었거든요. 거기서 제 환상은 멈췄죠. 전 그저 제가 서점에 들어가서 선반에 있는 제 책을 보는 공상을 했어요. 그러니까 지금까지 일어난 모든 일들은 아무리 적게 보아도 '예상치 못했던' 일이었던 거죠."[451]

"개인적으로 저는 제가 신문에 실릴 거라고 전혀 예상하지 못했어요. 솔직히 말씀드리면 제 야망의 높이는 이 책들이 리뷰를 받는 거였어요. 많은 아동 도서들은 리뷰 자체를 받지 못하잖아요. 좋은 리뷰, 나쁜 리뷰는 차치하고요. 그렇기 때문에 저는 개인적으로 제가 신문들에 실릴 거라고는 예상하지 못했어요. 그래서 그런 일들은 제게 이상한 경험이었죠."[452]

"『해리 포터와 마법사의 돌』로 미국에서 전례 없는 금액의 선금을 지급받게 되었어요. 마법사의 돌은 영국에서도 상당히 빨리 좋은 성적을 거두었고 출판사는 흥분했죠. 그러고 나서 미국에서 관심을 보였고 아주 큰 선금을 받게 된 거예요. 그게 제가 가르치는 일을 그만두고 집을 살 수 있게 해주었죠. 굉장한 일이었어요.

그리고 신문들이 연락을 해오기 시작했어요. 갑자기 '더 선'이 제 이야기를 써도 되겠냐고 물어봤죠. 저는 인터뷰들을 해야 했어요. 저는 제 통제를 완전히 벗어났다고 느끼게 되었죠. '일어날 일들이 아니었는데.' 했던 거예요. 저는 정말 무서웠어요.

…항상 제 작은 꿈은 언젠가 상점에서 결제를 하기 위해 카드를 내밀었는데 점원이 이름을 보고는 '세상에, 이럴 수가! 제가 가장 좋아하는 책을 쓰신 분이잖아요!' 하는 거였어요. 그게 제 환상이었죠. 해변에서 다른 사람들에게 둘러싸여 사진을 찍히는 건 전혀 기

엠마 왓슨이
해리 포터를 고민했다

대해 본 적 없어요. 작가에게 일어나지 않는 일이잖아요.

웃긴 건 몇 년이 지나는 동안 그런 것들에 익숙해지며 이제는 마음이 꽤나 단단해졌지만, 그 당시에 제게 와서, 그러니까 전 그때 '이건 멈출 거야, 멈출 거야, 멈출 거라고, 이건 그저 선불금 때문에 일어나는 정신 나간 일들에 불과해!'라고 생각했었거든요. 그런데 제게 와서 '아니, 아니, 아니, 이거 30년짜리야.'라고 말했다면 제가 두 번째 책을 쓸 수 있었을지 모르겠어요. 저는 너무 겁을 먹었을 것 같아요."[453]

장기 목표도 결국은 눈앞에 놓인 수많은 단기 목표들의 성취를 통해 이루어질 수 있다. 너무 멀리, 크게만 보고 낙심하는 것은 현명한 선택이 아니다.

모든 상황이 균형을 이뤄 조앤 롤링에게 가장 편안하게 느껴졌던 시기는『해리 포터와 아즈카반의 죄수』를 집필할 때였다.

"지금까지 출간한 5권의 책들 중에는 세 번째 책인『해리 포터와 아즈카반의 죄수』를 썼던 것이 아마 최고의 집필 경험이었던 것 같아요.『해리 포터와 아즈카반의 죄수』를 쓰는 것이 가장 쉬웠어요. 시리즈의 세 번째 책을 쓸 때는 굉장히 편안한 상황에 있었거든요. 급박했던 재정적인 염려들이 사라졌고 언론의 관심도 아직 지나친 수준에 이르기 전이었죠. 그러니까, 세 번째 책을 쓸 때는 스스로에 대해 가지는 부담감이 더 적었어요."[454]

동시에 딸과 겨우 생계를 유지하며 살아가던 때를 '그럼에도 행복했던 시기'로 회상하기도 했다.

　"저는(과거를 돌아보며) '그때는 정말 끔찍했지.'라고 말하고 싶지 않아요. 왜냐하면 정말로 그처럼 끔찍하지 않았거든요. 우리는 잘 지내고 있었어요. 저는 가르치는 일을 했고요. 제 딸은 여전히 이렇게 말해요, 사실은 어제 말했죠. '우리 그때 행복했었잖아.' 그러니까 저는 돈이 좀 생겼다고 거기 앉아서 고상한 말투로 '오 모든 게 아주 끔찍했었는데 이제는 굉장하지 않니, 아가야.'라고 하고 싶지가 않아요."[455]

　"하지만 말이죠, 다른 작가들과는 달리 롤링 씨는 일종의 기업이 되었잖아요. 그러니까 내시는 새 책은….'

　"저는 그런 생각은 싫어요, 하지만….'

　"그래도(그런 생각을) 가지고 계시잖아요.'

　"글쎄요, 저는 기업이 아니에요. 전 기업가형 인간이 아니죠. 저는 작가예요. 저 밖에 프랜차이즈가 있는 건 분명한 사실이지만, 개인적으로 저는 기업이 아니에요.'

　"아니, 하지만 제가 말씀드리고자 하는 건 롤링 씨가 내시는 새 책은 새로운 애플사의 제품과도 같다는 거예요. 기대가 있고 또 기밀이 있다는 점에서 말이죠.'

　"다시 한번 말씀드리지만 저는, 만약 잠시라도 제 머릿속에 들어와 보실 수 있다면 제가 그 모든 것에서 얼마나 공상적일 정도로 무심함을 유지하고 있는지에 상당히 놀라실 거예요. 솔직히 말씀드리면 그러실 것 같네요, 저는 실제로, 의식적으로 관심을 끊어요.

그래야만 해요. 안 그러면 미쳐 버릴 테니까요. 저는 애플사가 아니에요."

"그래도 기업가적인 두뇌가 있어야만 하잖아요. 안 그래요? 결정을 내려야 할 것들이 있는데…."

"아니요, 아니요, 저는 기업가적 두뇌를 가진 사람들을 고용해요. 거기에 차이가 있죠. 다시 한번 말씀드리는 거지만, 얼마 전에 다른 분이 제게 말씀하셨죠. 'e북 권한을 내주지 않은 건 정말로 대단한 결정이었어요. 그 권한들을 보유하기로 했었다니…. 정말 기업가적인 두뇌를 가지고 계시는군요!' 전 대답했죠. '아니요! 전 그게 뭔지도 몰랐답니다. 정말로요.' 전자책과 관련된 권리들은 사실상 제게 별 중요성을 가지지 못했어요. 전 종이책을 좋아하죠. 그건 제가 아니라 저를 대신해 제 대행사가 둔 영리한 수였던 거예요.

저는 지금 제가 아주 대단한 성직자가 된 척을 하려고 하는 게 아니에요. 궁극적으로 결정을 내리는 건 저죠. 전화를 하고 예스인지 노인지를 말해야 하는 건 저예요. 하지만 저는 이런 분야들에서 저보다 더 똑똑한 사람들을 고용할 수 있을 정도로는 현명하답니다."

"하지만 저는 가장 근본적인 질문을 하려고 했는데요, 어떤 출판사, 어떤 대행사를 선택하는지는 모두 롤링 씨가 결정하는 것이잖아요."

"네, 물론이죠."

"그러니까(사업에 관한) 결정들을 내리셔야만 하는 건데 그건 쉬운 결정이 아니죠."

"글쎄요, 그렇지만도 않아요. 대행사가 더 많이 결정하거든요. 그리고 맞아요, 출판사를 정하는 건 '어느 곳에서 내가 가장 행복할 수 있을까.'에 관한 완전히 개인적인 결정이었죠. 사실 그래요, 행복에 관한 거였어요."[456]

계속해서 같은 내용을 집요하게 물어보는 인터뷰어의 질문들에 대한 답을 통해 우리는 조앤 롤링이 가진 가치관과 태도를 엿볼 수 있다.

조앤 롤링은 해리 포터 시리즈를 통해(서거한 엘리자베스 여왕을 포함해[457]) 당대 영국 여성 최고 부호[458], (포브스가 발표한)전 세계에서 가장 부유한 552번째 인물이 되었다.[459]

과거의 경험을 통해 돈의 중요성을 분명히 인지하고 있는 조앤 롤링은 어떻게 이처럼 부귀영화를 얻은 뒤에도[460] 합리적인 태도를 가지고 균형을 유지할 수 있는 걸까?

엠마 왓슨이
해리 포터를 고민했다

행복을 위한
레시피

"만약 누군가 제게 행복을 위한 레시피가 무엇인지 물어본다면, 첫 번째는 세상에서 자신이 가장 하고 싶은 사랑하는 일을 찾는 것이고, 두 번째는 당신이 그 일을 하도록 돈을 지불해 줄 누군가를 찾는 것이라고 말할 거예요."[461]

"돈을 가짐으로써 제 삶에서 생긴 가장 큰 변화는, 극도로 빈털터리가 된 사람만 정말로 이해하실 수 있을 것 같은데요, 매일 돈 걱정을 하지 않아도 된다는 거예요. 저는 매일 그 사실로 인해 감사해요. 돈에 관해 걱정하지 않아도 된다는 사실 말이에요.

3~4년간 저는 매일마다 돈에 관해 아주, 아주 걱정했었거든요. 그러니까, 그냥 가게에 들어가서 치마나 무엇이 되었든 그걸 스스로 살 수도 있다는 건 아주 멋진 일이에요. 무언가를 살 수 있다는 사실이 멋

질 순 있지만, 그건 걱정을 하지 않을 수 있다는 사실에 비하면 아무것도 아니에요. 저는 이제 다른 문제들로 걱정하지만요."[462]

조앤 롤링은 돈이 가지는 의미를 알고 있었지만 동시에 그것이 '초능력'이 아니라는 점도 분명히 인지하고 있었다.

"마법을 위해서는 자기 자신에게 의존해야 해요. 물론 종교의 경우는 바깥으로부터의 도움을 구하죠. 그게 마법이 흥미를 끄는 이유예요. 제가 마법이 진짜라고 믿는다는 말을 하는 건 아니에요. 저는 마법이 진짜라고 믿지 않아요. 하지만 그게 마법이 가지는 지속적인 매력이죠. 우리 자신이 힘을 가지고 세상을 변화시켜 나갈 수 있다는 생각 말이에요.

저는 때때로 그게 아주 많은 돈을 가지는 것과 매우 비슷하다는 생각을 해요. 왜냐하면 그건 어떤 면에서 초능력을 가지는 것과도 같거든요. 이 모든 일이 제게 일어난 뒤에 종종 생각해 본 거예요. 사람들은 이렇게 생각하더라고요. '글쎄, 이제 롤링 씨는 모든 걸 다 해결할 수 있으시잖아요.' 저는 생각하죠. '정말로 그렇게 생각해요? 그런 식으로 되지는 않는답니다.'"[463]

"신(higher power)을 믿으세요?"

"네, 믿어요. 하나님(God)이라고 부르겠냐고 물으신다면, 맞다고 하겠어요."[464]

"거의 책을 쓰기 시작했을 무렵부터 7권의 시리즈로 구상했었어요. 해리가 마법사 학교를 통해 끝내 완전히 자격을 갖춘 마법사로

거듭나는 이야기 말이에요."[465]

"해리가 마법 세계에 발을 들여놓는 것을 보며 우리 중 많은 사람들은 환상을 가질 거예요. '정말 멋지겠다. 나한테 마법 지팡이가 있다면 모든 게 아주 멋질 거야.' 제 요지는 인간의 본성은 그대로라는 거예요. 그 어떤 초능력과 재능을 가져도 말이죠.

해리는 이 놀라운 세계에 들어서요. 참으로 멋지죠. 그리고 곧바로 다른 세상에 두고 왔다고 생각했던 모든 문제들을 다시 맞닥뜨려요. 하지만 더 과장된 채로 말이죠. 마법이 문제들을 더 비대해지게 만들었거든요."[466]

해리는 호그와트에서 온갖 어려움을 겪는다. 자신을 고아라고 놀리는 말포이와 함께 학교생활을 하며, 누명을 쓰고 억울하게 따돌림을 당하기도 하고, 사랑하는 사람을 잃으며, 죽음을 무릅쓰고 '악의 화신' 볼드모트와 혈투를 벌인다.

"역경을 통해 시험을 해보기 전까지는 결코 자기 자신과 자신이 가지고 있는 관계의 힘에 대해 진실로 알 수 없어요."[467]

우리는 실수를 연발하는 해리 포터 시리즈 속의 어수룩한 캐릭터 네빌 롱바텀을 기억하고 있다.

"1권을 읽어 보신 분이라면 네빌 롱바텀을 기억하실 거예요. 코믹하지만 코믹하기만 한 캐릭터는 아니죠. 네빌은 사실 아주 비극적인 캐릭터이기도 해요. 제 안에도 네빌이 있어요. 충분히 잘 해낼 수 없을 것만 같은, 그런 느낌 말이에요.

제 말은, 우리 모두는 어떤 시점에서 그와 같은 것을 느껴 본 적이 있잖아요. 더 어렸을 때 전 그와 같은 감정을 많이 느꼈었어요. 저는 네빌이 무언가 위대한 일을 하는 걸 보여 주고 싶었어요. 해리나 헤르미온느처럼 대단하게 용감한 것은 아니지만 네빌은 진정한 도덕적 용기를 발견해요. 가장 가까운 친구들의 편에 서는 것 말이에요. … 그 점이 제게 있어 첫 번째 책에서 아주 중요한 순간이었던 것 같아요."

"언젠가 덤블도어가 해리에게 말한 적이 있지 않던가요? 자신이 진짜 누구인지 보여 주는 것은…."

"**능력이 아니라 선택에 달려 있다.** 네 맞아요. 제가 정말로 믿는 거죠."[468]

슬픈 가족사[469]를 가지고 의기소침해 있던 네빌은 시리즈의 마지막인 '해리 포터와 죽음의 성물'에 이르러 크게 성장한 모습을 보여 준다.

최후의 전쟁에서 네빌은 자신에게 전향을 권하는 볼드모트와 마주한다. 책의 내용과는 다르지만[470] 조앤 롤링이 제작을 맡은 영화판에서는 죽은 줄로만 알고 있는 해리를 곁에 두고 의기양양해 있는 볼드모트와 슬픈 표정의 동료 마법사들 앞에서 다음과 같은 연설을 한다.

"해리가 죽었대도 상관없어요. 사람들은 매일 죽어요. 친구들도, 가족도, 오늘 밤엔 해리를 잃었네요. 그래도 여전히 함께 있어요. (가슴을 가리키며) 여기에요. … 해리는 헛되이 죽지 않았어요. 하지만 볼드모트 넌 그렇겠지! 너는 잘못되었기 때문이야. 해리의 심장은 우리

엠마 왓슨이
해리 포터를 고민했다

를 위해 뛰었어. 우리 모두를 위해서! (그리핀도르의 검을 뽑으며)아직 끝난 게 아니야!"

그리고 죽은 줄로만 알았던 해리는 다시 살아나 딱총나무 지팡이를 든 볼드모트와 최후의 결전을 치른다. 그리고 늘 그렇듯 결국엔 선이 승리한다.

영생을 위해 수단과 방법을 가리지 않고 만반의 준비를 갖춘 볼드모트가 들고 있던 딱총나무 지팡이는 죽음의 성물들 중 하나다. 해리 포터 시리즈에는 세 가지 '죽음의 성물'의 유래에 관한 이야기가 나온다.

옛날 옛적, 다른 이들과 달리 마법을 배웠던 삼 형제는 강을 건너 용케 죽음을 면하게 되었다. 그러자 죽음은 삼 형제의 능력을 칭찬하며 원하는 것을 주겠다고 한다.

경쟁심이 강했던 첫째는 어떤 결투에서도 승리하는 최고의 마법 지팡이를, 거만했던 둘째는 죽음에게 굴욕감을 안겨 주고자 죽은 이들을 소생시킬 수 있는 능력을 요구했다. 겸손하고 지혜로웠던 막내는 죽음에게 추적을 당하지 않고 그곳을 벗어날 수 있는 무언가를 요구했다. 이에 죽음은 삼 형제에게 각각 딱총나무 지팡이, 부활의 돌, 투명 망토를 주었다.

얼마 뒤 첫째는 마법사들과의 결투에서 얻은 승리에 도취돼 술을 마시고 잠자리에 든다. 이때 또 다른 마법사가 몰래 첫째에게 다가가 그를 죽이고 지팡이를 훔친다. 둘째는 사랑했지만 때 이른 죽음을 맞았던 여인을 소생시켰다. 그러나 여인은 어떤 장막에 가로막혀 진정으로 이 세계에 속한 것이 아니었다. 둘째는 채울 수 없는 갈망을 느끼다 진정으로 그녀와 함께하기 위해 스스로 목숨을 끊는다.

그렇게 죽음은 첫째와 둘째를 차지한다. 그러나 셋째는 죽음의 눈에 띄지 않았다. 끝내 셋째는 굉장히 많은 시간이 지난 뒤 투명 망토를 벗어 아들에게 주고 죽음을 오랜 친구로 맞아들였다. 그리고 기꺼이 죽음과 함께 갔다.

전설의 음유시인 비들이 들려주는 삼 형제 이야기[471]는 우리에게 여러 교훈을 준다.

"삶은 어렵고 복잡해요. 어떤 사람이 되었든 완전한 통제는 불가능하죠. 그 사실을 아는 겸손함이 삶의 우여곡절을 통과해 생존할 수 있게 해줄 거예요."[472]

과거의 어려움을 통해 조앤 롤링은 돈의 중요성뿐 아니라 무엇이 삶에서 진실로 중요한지를 깨달았다. 어머니의 죽음과 생활고는 인간의 근본적인 유한성과 자기 자신, 그리고 다른 사람들의 불완전함을 깨닫게 해주었다. 삶의 덧없음에 대한 자각은 세속적 가치에 대한 집착을 줄여 주었을 것이다.

그러나 소망이 없다면 모든 결과가 영(0)으로 수렴하는 죽음을 기다리는 인생은 그저 공허할 뿐이다. 고귀한 희생으로 죽은 뒤 받는 대훈장은 과연 당사자에게(궁극적으로는 인류 전체에게) 어떤 의미가 있을까? 소망이 있어야 역경을 만났을 때 생존을 초월한 옳은 선택을 기반으로 '좋은 삶'을 생각할 수 있게 된다.

하지만 반대로 지긋지긋한 세상에서 도피하고자 둘째와 같이 소망에만 몰두하는 것도 주어진 삶을 진정으로 살아 내지 못하게 한다. 해리 포터 시리즈 속 '소망의 거울'이 바로 그 예가 될 수 있다.

소망의 거울(Mirror of Erised)은 마음속 바람을 보여 주는 거울로서 주변에 "I Show Not Your Face But Your Heart's Desire(나는 당신의 모습이 아니라 당신의 마음속 바람을 보여 준다)."는 글귀가 반대 방향으로 새겨져 있다.

1999년 인터뷰에서 조앤 롤링은 '소망의 거울'에 관해 이렇게 말했다.

"네, 그게 첫 번째 책에서 제가 가장 좋아하는 장이에요. 때로 글을 쓰다 보면, 글쎄요, 사실 항상 자신이 거기에 있는 것처럼 느끼잖아요. 하지만 그 장을 쓸 때는 특히 제가 거기 있는 것 같은 강한 느낌을 받았어요.

그리고 제가 그 장을 다시 읽기 전까지는 몰랐어요. 전 해리가 소망의 거울을 보고 느끼는 감정이 완전히 어머니의 죽음과 관련된 제 감정에서 비롯되었다는 것을 깨달았죠(해리는 소망의 거울에서 돌아가셨지만 자신과 함께 있는 부모님을 본다). 의식적으로 그렇게 한 건 아니었지만 다시 읽을 때 그건 고통스러울 정도로 분명했어요.

해리는 소망의 거울에 꽤 집착하게 되죠. 전 이해할 수 있어요. 이 세상에서 제 어머니가 살아 있는 장면을 보게 된다면 부분적으로는 아주 아름답겠지만, 이별이 늘상 그렇듯 5분으로는 충분하지 않을 거예요."

"롤링 씨는 소망의 거울에서 무엇을 볼 것 같나요?"

"의심할 여지 없이 해리가 보는 것, 다시 제 어머니를 보게 될 거예요. 그리고 해리가 보였던 것과 같이 특별히 건강하다고 할 수 없는 반응을 똑같이 보이게 될 거예요. 다른 것들은 모두 배제해 놓은 채 계속 거기에 가서 앉아 있고, 또 앉아 있고 하겠죠.

교장 선생님인 덤블도어가 지적하듯 그건 건강하지 않아요. **슬퍼했다면 다시 일어나서 나아가야죠.**"[473] "돌아가신 해리의 부모님도 그걸 원하셨을 거예요."[474]

덤블도어는 볼드모트로부터 생명의 영약인 마법사의 돌을 지키기 위해 마법을 걸어 마법사의 돌을 소망의 거울 안에 숨긴다.

마법사의 돌을 찾고 싶어 하더라도 사용은 하지 않을 사람만 마법사의 돌을 얻을 수 있게 되어 있기 때문에 볼드모트는 소망의 거울을 보더라도 이미 돌을 손에 쥔 자기 자신의 모습만을 볼 수 있다. 그러나 반대로 사용할 의도 없이 마법사의 돌을 지키고자 했던 해리는 소망의 거울을 통해 마법사의 돌을 얻게 된다.

영화판에서 볼드모트는 마법사의 돌을 건네줄 것을 권하며 어린 해리에게 다음과 같이 말한다.

"선과 악이란 없어. 힘과, 그 힘을 갖기엔 너무나 나약한 사람들이 있을 뿐이지."

그러나 끝내 지켜진 마법사의 돌은 덤블도어와 마법사의 돌 덕분에 그간 600년 이상을 살아온 니콜라스 플라멜(과 아내 피레넬)의 합의

엠마 왓슨이
해리 포터를 고민했다

하에 파괴된다.

"니콜라스와 피레넬은 아주 아주 긴 세월을 살았기에 정말로 쉬고 싶을 거야. 결국, 위대한 마법사에게는, 죽음이란 그저 또 하나의 위대한 모험에 불과하단다."[475]

생존에 대한 집착을 버리고 그것을 초월할 때 진정한 생명을 얻을 수 있는 것인지도 모른다. 마치 건강함에 과도하게 집착해 심기증에 걸리는 것이 바람직하지 않은 것처럼 말이다. 동시에 실제로도 건강한 생활을 해나갈 필요 역시 있을 것이다. 우리는 소망을 바라보지만 도피하지 않고 냉철한 현실 인식 위에서 주어진 삶에 발을 딛고 살아가야 한다.

재혼 전인 2000년 "무인도에 남겨질 경우 어떻게 할 것인지"에 관한 질문을 받은 조앤 롤링은 다음과 같이 답했다.

"얼마간은 즐길 것 같아요. 아주 좋아할 거예요. 주변에 아무도 없고 말이죠. 사람들은 종일 제게 연락을 하려고 하거든요. 그건 과거의 문제가 되겠죠. 그러고 나서 최대 일주일이 지나면 절박하게 사람들을 그리워하기 시작할 거예요.

전 현실성 있는 사람은 전혀 아니에요. 하지만 저는 분명히 저에게 생존하고자 하는 상당히 강한 의지가 있다고는 생각해요. 그게 제가 견디게 도와줄 것이고 아마 3년 뒤에 매우 마른 채로 구조될 거예요. 몹시 건강한 상태는 아니겠지만 저는 여전히 거기에 살아 있을 거예요."

"책은 무엇을 가지고 가시겠어요? 성경과 셰익스피어 말고는 말이죠."

"음, 이 질문은 제게 끔찍이도 많은 어려움을 야기했는데요. 최종적으로 저는 이렇게 결정했어요. 사치품으로는 제가 읽을 이야기들을 쓸 수 있도록 무제한의 종이와 펜을 주세요. 셰익스피어와 성경은 이미 저한테 주셨죠. 문학은 위대하지만 전 정말로 살고 싶기도 해요. 그러니까 『SAS 서바이벌 가이드(영국 특수부대 SAS의 생존 교본)』를 좀 부탁드릴게요. 하하하."[476]

"사람들은 이것이 마치 로또에 당첨되는 것 같다고 말씀해 오셨죠. 어떤 면에선 그게 맞아요. 그만큼이나 예상치 못한 일이었다는 것은 분명하니까 말이에요. 하지만 저는 제가 그것을 위해 노력해 왔다는 것도 분명 알고 있어요. 그것을 달성하겠다는 기대를 가지고 노력을 했던 것은 아니지만 열심히 노력하는 것과 돈 사이에는 직접적인 연관성이 있어요. 그렇다고 제가 이만큼이나 되는 돈을 벌만 하다는 말을 하는 것은 아니지만요."[477]

성경과 『SAS 서바이벌 가이드』를 모두 구비한 조앤 롤링은 포기하지 않은 채 소망에 기반한 현실을 살아 냈고 변화를 만들어 냈다. 이는 앞서 그녀가 언급한 '행복의 레시피'와도 연결되는 것이다. 조앤 롤링의 행복의 레시피에서 필수불가결한 요소 중 하나였던 돈은 어디까지나 사랑하는 일을 위한 보조 수단이었다.

"첫 번째 해리 포터 책에서 덤블도어가 해리한테 말하잖아요. 살아 있는 가장 행복한 사람은 소망의 거울 속에서 지금 그대로의 자기 자신을 본다고 말이죠. 그런 점에서 저는 지금 그 상태에 꽤나 가깝다고 생각해요."[478]

자신이 가진 마음속 바람은 삶의 에너지와 동력이 될 수 있다. 그러나 그 방향이 어긋나거나 현실을 저버릴 경우 남는 것은 부조화로 인한 고통일 것이다. 조앤 롤링은 극적이었던 삶의 궤적 속에서 행복을 위한 자신의 균형점을 찾아갔다.

결과적으로 『해리 포터와 불의 잔』의 출간과 함께 더욱 성장한 조앤 롤링은 끝내 행복한 상태로 해리 포터 시리즈의 집필을 마칠 수 있었다.

"저는 정말 행복해요. 시간이 지날수록 행복해지는 것 같아요. 그 이유 중 하나는 제가 가장 하고 싶은 일을 하고 있다고 느끼기 때문이에요. 그리고 제가 그걸 더 잘하게 되었다고 생각하기 때문이죠. 왜냐하면 제 생각에 마지막 권이(해리 포터) 시리즈 중 최고였거든요. 시리즈를 끝내는 최고의 방식이었어요."[479]

물론 얼마간은 해리를 떠나보내며 마음을 정리할 시간을 가져야 했다.

"해리 포터 시리즈를 끝마쳤을 때 저는 상실감을 느꼈어요. 정말 상실감 말이에요. 해리는 17년간 그 자리에 있었어요. 독자들이 절대 알 수 없는 건 자신을 지지해 주는 그 자리를 가졌던 것이 제게 얼마나 큰 힘을 주었는지예요.

포터는 제 결혼이 끝장나는 것도, 첫아이의 탄생도, 상당히 보기 좋지 않게 끝났던 첫 번째 남편과의 결혼 생활도, 가난했던 제 과거도 모두 지켜보았어요. 가난을 지켜보며 견디도록 도와주었다는 말의 의미는 제가 가난했을 때(해리 포터를 쓰는 것이) 아주 기쁨을 주는 일이었다는 말이죠. 17년 동안이나 계속해서 말이죠.

그리고 제 불쌍한(두 번째) 남편 닐은 제가 일곱 번째 책인 『해리 포터와 죽음의 성물』을 완성하고 얼마 지나지 않아 주말에 절 베니스로 데려갔어요. 그날은 정말, 정말로 아름다운 아침이었죠. 아침을 먹으려고 앉아 있는데 남편이 테이블 건너편에서 활짝 웃고 있었어요. 전 와락 눈물이 터졌어요. 저는 '미안해, 미안해, 정말 감정이 북받치네. 이제 진짜로 끝이 났잖아.'라고 했어요.

집필을 말한 거였어요. 여전히 출판이 남아 있었고 모든 사람들이 마지막 권이 나오는 순간 해리 포터 책들을 읽지 않을 거라고 생각했던 것도 아니지만 제게 가장 큰 의미를 가졌던 그 큰 부분이 끝났고 다시 돌아오지는 않는다는 생각에 그랬던 거예요. 남편은 제가 계속 이야기를 하도록 내버려 뒀죠. 전 '사별한 것 같은 감정이 든다.'고 했어요.[480]

마법사를 위한
최고의 인생 교훈

2010년 해리 포터 시리즈의 집필을 마무리한 조앤 롤링은 오프라 윈프리 쇼를 끝마치는 오프라 윈프리와 다음과 같은 이야기를 나누었다.

"오프라 윈프리 쇼도 끝을 향해 가고 있잖아요, 어떻게 느끼세요?"

"'이것'을 끝내기에는 적당한 시점인 것 같다는 생각이 들어요. … 제가 최근에 『더 메이킹 오브 스릴러』에서의 마이클 잭슨에 관한 이야기를 읽었는데요."

"아, 저도 읽었어요."

"작가가 마이클 잭슨은 역사상 가장 많이 팔린 앨범이 된 '스릴러'가 하나의 현상이었다는 사실을 결코 깨닫지 못했다고 하더라고요. 하나의 '현상'이었다는 걸 말이에요. 그 앨범이 발매되었을 때 전 세계의 사람들이 그 춤을 추고 앨범의 모든 노래들을 듣고 하는 건 하나의 현상이었는데, 마이클 잭슨은 그 현상을 좇는 데 평생을 썼고 그렇기 때문에 결코 만족할 수 없었다는 거예요."

"저도 읽었고 아주 공감할 수 있었어요."

"저도 공감할 수 있었어요! 그리고 '나는 저렇게 되고 싶지 않아.'라고 생각했죠."

"정확해요!"

"이건 이만 끝내고, 롤링 씨가 그것(해리 포터 시리즈)을 마무리하셨듯이 말이죠. 무엇이 되었든 그다음 장으로 넘어가는 거예요. 그리곤 무엇이 되든 그게 될 대로 되게 놔두는 거죠."

"저도 정확히 그렇게 생각해요. 인터뷰를 위해서는 다른 생각을 가졌어야 더 흥미로웠을 테지만 말이에요. 하하하. … 왜냐하면(오프라 윈프리 씨도) 그렇게 엄청나게 될 줄을 모르셨잖아요."

"애초에 제가 그렇게 만든 게 아니니까 말이죠! 그건 뭐 숙명, 우주적인, 신적인 섭리, 예수님 그런 거예요."[481]

조앤 롤링은 해리 포터 시리즈의 집필을 마친 뒤 이번엔 기차가 아닌 비행기 안에서 새로운 아이디어를 떠올리게 되었고[482] 이를 바탕으로 2012년 『캐주얼 베이컨시』를 출간한다. 이와 관련해 그녀는 인터뷰에서 다음과 같이 말했다.

"이번 책을 쓰시면서 부담을 느끼진 않으셨나요?"

"답은 '네, 그리고 아니요.'예요! 분명히 저는 사람들이 기대하고 또 기다리고 있다는 것을 알고 있었어요. 사람들은 말 그대로 길거리에서 항상 제게 '요즘은 무얼 하고 계신가요?'라고 물어보셨죠. 하지만 동시에 저는 다시 한번 아무도 모르는 제 머릿속의 사적인 세계를 가질 수 있다는 것 때문에 즐거웠어요. 재미있었죠."[483]

"제가 해리 포터 책을 만들어 낼 때마다 두려움을 느꼈다는 사실을 알게 되면 사람들이 놀랄지도 모르겠어요. 그 기대의 무게란, 저는 압도적이라고 말하고 싶네요, 그와 같은 기대의 무게를 받는 것은 기이하면서도 신나는 일이었죠.

하나같이 이야기에 깊이 빠져 책 속에서 자신이 원하는 이야기를 보고 싶어 하는 수백만 명에 달하는 팬들의 기대를 받으면서 저는 자주 정신적인 눈가리개를 써야 했어요. '나는 내 이야기가 어떻게 되어야 하는지 알고 있어, 이런 것 때문에 영향을 받아서는 안 돼.' 하면서 말이에요.

『캐주얼 베이컨시』를 쓰던 처음 2년 동안 저는 스스로에게 '이걸 아예 출간하지 않아도 괜찮아.'라고 말하며 시간을 보냈어요. 스스로 하는 제 과한 인식을 내려놓는 방법이었죠. 새 책은 어떤 사람들이 원했던 책이 되지는 않을 것이었으니까요. 왜냐하면 아시다시피 저는 해리 포터 시리즈를 사실상 영원히 계속 쓸 수도 있었잖아요."[484]

"다시 글을 쓰는 것에 관해 생각해 보았을 때 솔직히 기가 죽어 있지는 않았어요. 이미 그것이 해리 포터가 될 수 없을 거라는 사실은 잘 알고 받아들였기 때문이에요. 전 그저 새로운 아이디어를 가지고 무언가를 다시 할 생각에 신이 났어요.

'와 나는 정말 뭘 하든 잘하는구나.'라고 느꼈기 때문이 아니었어요. 그렇지 않았죠. 살면서 한 번도 그렇게 느낀 적이 없어요. 그것보다는 '이건 내가 사랑하는 일이야. 그리고 난 다시 내가 사랑하는 일을 하러 돌아왔어. 그게 나한테 더 중요해.'와 같은 것이었어요. 지금도 그래요. 그렇게 느껴요."[485]

"확보된 독자층에는 양면성이 있는 거예요. … 복잡한 거죠. 저는 사람들이 제 책을 좋아하셨으면 좋겠어요. 무언가를 얻어 가시길 바라요. 하지만 사람들이 좋아하지 않는다고 해도요, 괜찮아요. 그건 무언가를 만들어 내는 것이 가지는 속성에서 비롯되는 거잖아요. 그게 책이든, 그림이든, 음악이든 예술은 주관적이죠. **제가 확실히 아는 건 저는 이 책이 정말 좋다는 거예요. 제가 원했던 책이거든요.**"[486]

조앤 롤링은 더 나아가 2013년 로버트 갤브레이스[487]라는 새로운 '필명'으로 『쿠쿠스 콜링』을 출간했다. 기존의 유명세를 적극적으로 활용하는 일반적인 사람들과는 반대로 행동한 것이다.

"저는 그저 J.K. 롤링이 아니길 바랐어요. 사실 『캐주얼 베이컨시』를 쓰기 전에 『쿠쿠스 콜링』을 먼저 썼어요. 조금 시간을 보내다가 새 필명으로 출판사들에 투고하기로 결정했죠."

"명성이 아니라 글로 평가받고 싶으셔서 그렇게 하신 건가요?"

"몇 가지 이유가 있죠. 저는 정직한 거절 편지를 받기 위해 과거의 그때로 되돌아가고 싶은 강한 갈망이 있었거든요. 진심으로 하는 말이에요. … 해리 포터 시리즈에 대한 리뷰들의 상당수가 제 은행 잔고에 관해 쓰이는 지점에 도달했었죠. **좋은 리뷰는 그것으로부터 배울 수 있는 것이잖아요. 전 항상 그렇게 느꼈어요. 좋든 나쁘든 말이에요.**[488]

여전히 흥미롭고 사려 깊은 리뷰들을 받기 때문에 분명히 모든 리뷰들이 그런 건 아니에요. 하지만 많은 리뷰들은 저나 어떤 현상에 관한 것들이에요. '제가 돈을 얼마나 많이 벌었나.'와 같은 이야기 말이죠. 일부 리뷰어들의 경우 정말 책에 대한 리뷰는 중단되었어요.

저는 그저 이제는 애정 어린 시선으로 되돌아보게 되는 과거의 것에 대한 강한 갈망이 있었죠. 왜냐하면 우리는 언제나 초기의 거절 편지들을 받던 그 시기가 얼마나 어두웠는지를 잊어버리잖아요. 전 그저 단순함으로 돌아가고 싶었어요.

몇 개의 출판사들이 로버트에 관심을 보였고 비밀을 지켜 주겠다고 한 리틀 브라운과 함께하기로 했죠. 한동안 잘 넘어갔어요. 좀 더 길었어도 좋았겠지만 말이에요. **저는 밖에 나가 J.K. 롤링이 되어야만 하지 않는 그 순수한 저술 경험을 가지고 싶었어요. 그 시간이 지속되는 동안 아주 좋았어요. 만족스러웠고요.**"[489]

조앤 롤링은 이후에도 코모란 스트라이크 시리즈에 해당하는 『실크웜』(2014년), 『커리어 오브 이블』(2015년), 『리설 화이트(Lethal White)』(2018년), 『트러블드 블러드(Troubled Blood)』(2020년), 『The Ink

Black Heart』(2022년), 『The Running Grave』(2023년) 등의 추리 소설 작품들을 로버트 갤브레이스라는 필명으로 발표했다.

조앤 롤링의 우선순위는 명확했다.

"저는(언론에서 묘사되는 것처럼) 은둔적인 사람이 아니에요. 제가 최근에 인터뷰를 많이 하지 않는 이유로는 두 가지가 있어요. 첫 번째는 말씀드린 것처럼 일을 하고 싶기 때문이에요. 제 말은, 인터뷰는 제 업무 시간의 반을 날려 버려요. 저는 이 책(『해리 포터와 불의 잔』)을 쓰는 데 하루에 10시간을 썼어요. 그렇기 때문에 시간을 낼 수가 없었어요. 제게는 에너지의 낭비에 해당하는 일이었죠. 인터뷰를 하느니 글을 쓰겠다는 거였어요.

다른 이유는 경험상 사람들이 자꾸만 잊어버리곤 하는데 제가 싱글맘이기 때문이에요. 제가 보기에 사람들이 기대하는 건 '네가 일단 돈을 좀 벌었다면 아이를 유모 부대에 넘겨 놓고 나가서 네가 하고 싶은 일을 자유롭게 하라.'는 것인 것 같은데 저는 제 딸을 직접 키우고 싶어요. 그러기 위해서는 제 딸과 함께 시간을 보내야 하죠. 출간 때마다 각국으로 홍보 투어를 떠난다면 그렇게 할 수가 없어요."[490]

딸을 키워 내고 해리 포터 시리즈를 마무리한 뒤에도 조앤 롤링은 자신의 우선순위를 고수했고 때로 부담이 되기도 했던 부와 유명세는 보다 가치 있는 일들을 위한 훌륭한 도구로 승화되었다.

"솔직히 말하면 그 변화가 너무 극적이어서 아주 혼미하게 느껴질 정도였어요. 죄책감을 느꼈고요. 이상하고 또 어색했죠. 이제 저는 그 문제에 관해 더 성숙해졌어요. 스스로 생각하죠. '아니야, 난 더 이상 죄책감을 느끼지 않아. 이 돈으로 훌륭한 일을 할 수 있잖아.'"[491]

이미 해리 포터를 저술할 당시부터 조앤 롤링은 2000년 어머니의 이름을 딴 볼란트 자선 단체(Volant Charitable Trust)를 설립해 저소득층 및 한 부모 가정의 아이들과 다발성 경화증 연구를 지원하기 시작했다. 같은 해 인연을 맺은 한 부모 가정 지원 단체인 One Parent Families(현 Gingerbread)에서는 아예 대표를 맡는다.

또 『신비한 동물사전』, 『퀴디치의 역사』 등 해리 포터 시리즈의 비하인드 스토리들을 출간해 수익금을 자선 단체인 코믹 릴리프(Comic Relief)에 기부했다.[492] 앞서 죽음의 성물을 이야기하며 언급한 바 있는 『음유시인 비들 이야기』 역시 수익금을 버려진 아이들을 돕기 위해 본인이 설립한 자선 단체인 칠드런스 보이스(The Children's Voice)에 기탁하기 위해 출간한 것이었다.[493]

칠드런스 보이스는 2010년 조앤 롤링이 설립한 또 다른 단체와 함께 해리 포터 시리즈에서 빛으로 어둠을 밝히는 유명한 주문인 '루모스'라는 이름의 단체로 새롭게 탄생한다.

같은 해 롤링은 1,000만 파운드를 들여 다시 한번 다발성 경화증과 관련된 합병증으로 운명을 달리한 어머니의 이름을 딴 연구 센터인 '앤 롤링 재생 신경외과'를 에든버러대학교에 설립한다. 조앤 롤링은 2019년에도 앤 롤링 재생 신경외과에 1,530만 파운드(약 225억 원)를 기부했다.[494]

자신의 개인적 배경과 깊은 관련이 있어 보이는 진정성 있는 자선 활동 외에도 조앤 롤링은 2013년 『쿠쿠스 콜링』을 출간한 뒤 그 로열티를 (전직)군인과 군인 가족을 위한 자선 단체(ABF The Soldiers' Charity)에 기부하기도 했다.[495]

막대한 자금을 기부한 조앤 롤링은 2015년 엘튼 존의 뒤를 이어 영국의 유명 인사들 중 두 번째로 가장 많은 기부를 한 인물에 올랐다.[496]

앞서 이야기한 것처럼 조앤 롤링은(특히 작가의 경우에도 자주 돈과 직접적으로 연관되곤 하는) 유명세로 인해 어려움을 겪었다. 예전과 같이 카페의 구석진 창가 자리에 앉아 거리를 지나다니는 사람들을 바라보며 조용히 글을 쓰는 것은 투명 망토를 필요로 하는 가장 큰 소원이 되고 말았다.

그러나 유명세로 인한 부와 시간이 가져다준 성숙함, 지혜는 이 문제 역시 다소 특별한 방법을 통해 해결될 수 있도록 해주었다. 고풍스러운 성처럼 생긴 120년 역사의 한 '5성급 호텔'에서 해리 포터 시리즈를 완성할 수 있게 되었던 것이다.

"지금 우리가 있는 바로 이 호텔(더 발모랄, 에든버러)에 롤링 씨의 창작 과정을 자극하는 무언가가 있기 때문에 여기에 와서 해리 포터 시리즈를 완성하고 싶으셨던 걸까요?"

"결과적으로 자극을 많이 받게 되었어요. (집에서)『해리 포터와 죽음의 성물』을 완성하면서 어떤 날에 도달하게 되었었죠. 그날 창문을 닦는 분이 오셨고요. 아이들도 집에 있었고 개들은 짖어 댔어요.

저는 도무지 일을 할 수가 없었죠. 그때 제 머리에 번뜩이는 생각이 하나 들었어요. '내가 이 문제에 돈을 좀 쏟아부을 수 있겠구나. 이 문제를 해결할 수 있겠어.' 하고 말이죠.

아주 오랫동안 저는 카페에 가서 다른 자리에 앉아 매번 다른 종류의 소음을 들으면서 일했잖아요. 그러다 이번엔 내가 좀 조용한 곳에 가서 일할 수 있겠다는 생각이 든 거예요. 그래서 저는 이 호텔에 오게 되었죠. 왜냐하면 아름다운 호텔이니까요. 여기에 오래 머물 생각은 아니었어요. 그런데 호텔 측이 제게 너무 잘해 주셔서, 작가들은 약간 미신적이 될 수도 있잖아요, 첫 번째 날 글쓰기가 잘 되었어요. 그래서 계속 이곳에 오게 되었고 해리 포터 시리즈의 마지막 책들을 여기서 완성하게 되었던 거예요."[497]

그렇게 조앤 롤링은 투명 망토 없이도 호텔 방 안의 창가 자리 테이블에 앉아 다시금 거리를 지나다니는 사람들을 보며 편안히 글을 쓸 수 있게 되었다.

파파라치에 대응하는 데도 영화 시리즈에서 해리 포터 역을 맡았던 다니엘 래드클리프의 경우와 같이 여러 기발한 방법들이 있을 것이다.

"다니엘 씨는 같은 의상을 약 6개월간 입고 다니신 적이 있다고 요?"

"한 3~4달 동안이었던 것 같아요. 런던에서 연극을 하고 있었는데 파파라치들이 매일 밤 공연장 밖에 있었어요. 그러다 문득 제가 게을러서 며칠 동안 옷을 갈아입지 않게 된 이후에 파파라치들이 없어졌다는 걸 알게 되었죠. 저는 '오, 이건 아마도 내가 똑같은 옷을 입고 있으니까 사진들이 다 같은 날 찍힌 것처럼 보이기 때문이구나. 그럼 그냥 계속 같은 의상을 입어야겠다.' 했던 거예요. 그러니까 파파라치들이 오질 않더라고요! 다 같은 사진들처럼 보이니까요.

물론 그처럼 간단한 일은 아니죠. 그게 모든 문제를 해결해 준 건 아니었지만 파파라치들에 대항해 작은 승리를 거머쥔 것이었어요. … 한 친구는 제게 반사 물질로 만들어진 자켓 하나를 선물해 준 적도 있어요. 누군가 플래시를 터뜨려 사진을 찍으면 여기저기로 빛을 막 산란해 버리는 거죠."[498]

그러나 파파라치들이 쫓아다니는 유명세를 역이용해 선한 영향력으로 승화시키는 데는 보다 장기적인 효과를 가지는 여러 다양한 방법들이 있을 수 있다.

가령 엠마 스톤과(전 연인인) 앤드류 가필드는 데이트 중 파파라치를 맞닥뜨리자 카드 형태의 종이를 한 장씩 들어 보였다. 엠마 스톤이 든 종이에는 "우리는 관심이 필요하지 않지만 이 단체들은 관심을 필요로 해요→", 앤드류 가필드가 들어 보인 종이에는 자폐증 어린이와 암 환자를 돕는 자선 단체 등 기부가 필요한 4개 단체의 홈페이지 주소와 함께 좋은 하루를 보내라는 인사가 적혀 있었다.[499] 이들은 2년 전에도 같은 방법을 통해 2개 단체로의 기부를 유도한 바 있다.[500]

비교적 최근에도 트랜스젠더 관련 발언[501]을 했다는 이유로 다니엘 래드클리프, 엠마 왓슨 등과 의견 대립을 겪고[502] 자택 주소가 유포된 상태로 수차례 살해 협박을 당하는[503] 등[504] 유명세는 조앤 롤링을 계속 불편하게 했지만, 그녀는 선한 영향력을 미치는 여러 활동들을 지속하고 있다.

"저는 지금 너무 많은 살해 협박을 받아서 그 종이로 온 집안을 도배할 수 있을 지경입니다. 하지만 공개적으로 제 목소리를 내는 것을 멈추지 않을 거예요."[505]

끊임없이 변하는 상황 속에서도 조앤 롤링은 초심을 기억하며 자신의 우선순위를 지키고자 노력했다. 기본적으로 남들의 인정을 받기 위한 글이 아니라 자신이 즐거워하는 글을 썼던 것이다.

"출판 중개인이 저한테 전화를 걸어서 '우리 블룸즈배리와 계약하게 되었어요.'라는 말을 했던 그때가 딸의 출생을 제외하고는 제 인생 최고의 순간이에요. 그 이후에 일어난 모든 일들, 판매액과 뉴욕타임스의 베스트셀러 목록에 오른 것을 다 포함해서 말이에요. 오해하지 마세요, 그것들도 굉장한 일이었지만 그 무엇도 제 책이 출간될 것이라는 사실을 알았을 때와 같진 않았어요."[506]

설사 해리 포터 시리즈의 성공으로 충분한 소득을 버는 '전업 작가'가 되지 못했더라도 조앤 롤링은 가르치는 일 등을 병행하며 행복의 레시피를 찾아갔을 것이다.

사랑하는 일을 하는 데 있어 누군가의 승인을 받아야만 하는 '직업'을 갖는 것 자체가 중요한 것은 아니다.

"평생 NFL(미국 프로 미식축구 연맹) 선수가 되길 꿈꿨지만 CFL[507]에 입성하자마자 단돈 7달러만 남은 채 잘렸던 것이 프로레슬링 선수를 거쳐(전 세계 수입 1위[508]의) 액션 배우가 된 현재의 자신을 만들어 준 최고의 일"이라고 말하는 드웨인 존슨의 경우와 같이[509], 열정이 느껴지는 분야에 대한 큰 방향성을 가지고 나아간다면 구체적인 직업에 관해서는 보다 유연한 태도를 가질 수 있을 것이다.

미래를 구체화하는 과정에서 〈비긴 어게인〉의 그레타처럼 기존의 틀을 깨는 새로운 길을 개척할 수도 있다.

2016년에는 조앤 롤링이 해리 포터를 집필할 당시 사용했던 낡은 나무 의자 하나가 약 5억 원에 판매되기도 했다.[510] 그러나 해리 포터를 탄생시킨 그녀와 우리는 근본적으로 무엇이 다를까?

조앤 롤링이 해리 포터 시리즈 속에 등장하는 온갖 명칭들에 관한 아이디어를 얻었던 것은 평소 지나다니던 길거리의 간판들과, 성인(聖人)들의 이름이 적힌 전기 사전[511], 주변인들의 이름 등을 통해서였다.[512]

아직 유명해지기 전 『해리 포터와 아즈카반의 죄수』를 쓰고 있던 조앤 롤링이 초기 인터뷰[513]에서 사람들이 알아보지 못하는 가운데 커피를 사기 위해 엘리펀트 하우스 카페에서 줄을 서고 있는 모습을 보면 정말 여느 사람과 전혀 다를 바 없이 평범해 보인다.

조앤 롤링은 해리 포터 시리즈의 출간을 모두 마친 이후에도 가끔 버스를 이용한다고 한다.[514] 버스 옆자리에 앉은 사람이 조앤 롤링일 수 있다고 누가 상상이나 하겠는가? **그러나 우리는 늘**(후광효과를 배제하고) **자신이, 내 옆에 있는 사람이 바로 그녀와 같은 사람일 수 있음을 기억해야 한다.**

"유명세가 관계를 왜곡하는 영향을 미칠 수는 있다고 생각해요. 제게 있는 한 친구의 말을 듣고 당황한 적이 있어요. 그 여자분을 안 지는 이제 약 2년 정도 되었어요. 저를 처음 만났을 때 그분은 해리 포터에 관해 아예 전혀 알지 못했었어요. 그리고 우리는 친해졌죠. 부모들은 아이를 학교에 등하교시키면서 자연스럽게 친해지게 되잖아요.

저는 그 친구한테 이미 제가 아동 도서를 쓰는 작가라고 말을 했었어요. 그렇지만 늘상 그렇듯이 '오 그렇구나.' 하는 반응이었죠. 그러곤 어느 날 놀이터에서 친구를 만났는데, 평소와 상당히 달라 보였어요. (유명한 해리 포터 시리즈의 저자라는 걸)알게 된 거죠. 그리고 저한테 이렇게 말하더군요. '미리 알았더라면 말이라도 붙일 수 있었을지 모르겠어.'

이런 식으로 말하더라고요. '왜냐하면 난 이렇게 생각했을 것이고, 그리고 너도 이렇게 생각했을 테니까, 내가 말을 거는 데는 그렇고 그런 이유가 있을 거라고 생각했을 테니까…' 그런 건 전부 다 말도 안 되는 것들이죠. 왜냐하면 그분의 아들과 제 딸이 최고의 친구거든요. 저는 전혀 그런 식으로 생각하지 않았을 거예요."[515]

사실 엠마 왓슨과 마찬가지로 조앤 롤링도 해리 포터를 고민했었다.

"(해리 포터의 집필을) 시작하지 않았으면 좋았겠다는 생각을 해보신 적이 있으세요?"

"네, 하지만 질문자분이 예상하는 이유 때문은 아닐 거예요. 때로 그랬죠. '내가 대체 왜 이걸 하는 거지?'라고 생각했던 기분이 아주 다운되는 순간들이 있었어요. 하지만 아주 드물었죠. 아주 드물었어요."

"때로 왜 그렇게 생각하셨던 건가요?"

"이제는 오랫동안 그런 생각을 해본 적이 없는데요, 제가 네 번째 책(『해리 포터와 불의 잔』)을 쓸 때였어요. 아주 힘든 시기를 겪고 있었죠."516

그러나 동시에 조앤 롤링은 같은 인터뷰에서 다음과 같이 말했다.

"저는 절대로 해리의 소유를 포기하는 일은 하지 않을 거예요. 제가 약속드리죠. 저는 절대로, 절대, 절대 해리 포터 시리즈를 만든 것에 관해 사과하지 않을 거예요. 왜냐하면 저는 그게 자랑스럽거든요. 그리고 원하는 모든 사람들에 대항해 해리를 변호할 겁니다."517

조앤 롤링은 본인이 말하듯 사무실에서 좋은 직원이 될 수 없었을지는 모른다. 그러나 끝끝내 해리 포터 시리즈를 완성해 낼 수는 있었다.

상처가 아문 흉터는 그럼에도 불구하고 살아남았다는 승리의 상징이다. 해리 포터는 '세상에서 가장 강력한 마법사'가 아니다(가장 강한 마법사는 아마도 덤블도어일 것이다). 주인공인 해리는 '살아남은 아이'로서

엠마 왓슨이
해리 포터를 고민했다

자신의 주어진 사명들을 잘 감당해 낸 마법사이다. 살아남은 아이의 증표인 번개 모양 흉터는 결국 볼드모트에 대한 승리의 상징이다.

영화 〈노팅 힐〉에서 지극히 평범한 남자인 윌리엄 태커의 집에 방문하게 된 당대 최고의 여배우 애나 스콧은 태커의 가족, 지인들과 마지막으로 하나 남은 초코 브라우니를 놓고 '누가누가 더 슬픈 인생인가' 게임에 참여한다.

버니는 점점 더 살이 쪄가는 자신을 아무도 좋아하지 않고, 사춘기 이후 여자친구 하나 없으며 직장에서 모든 사람들이 자신보다 먼저 진급한다고 말하며 자신이 가장 한심함을 주장한다.

허니는 버니와 달리 월급 자체가 없고 음반 가게에서 주급 20펜스를 받으며 일한다는 사실을 언급하며 자신의 외모는 형편없고 못된 남자만 좋아하니 결혼은 하지 못할 것이라고 한탄한다.

그러자 사고로 휠체어를 타고 있는 벨라는 허니의 몸이 건강하다는 사실을 일러 주며 자신이 이제 남편과의 사이에서 아이를 가질 수 없게 되었음을 고백한다.

이에 브라우니를 차지한 것이냐고 물어보는 벨라에게 남편인 맥스는 운영 중인 여행 서적 전문 서점으로 전혀 돈을 벌지 못하고, 이혼했으며, 나이가 들어감에 따라 외모마저 삭고 있는 태커가 브라우니를 먹는 것이 맞다고 말한다.

바로 그때 자신에게도 한번 기회를 달라고 요청한 애나 스콧은 마지막으로 자신은 19살 때부터 다이어트를 해왔기에 사실상 지난 10년간 굶주린 것과 다름없으며, 못된 남자들을 여럿 만났고 맞은 적도 있다고 말한다. 그리고 상처를 받을 때마다 신문은 그것이 재 밌는 일인 양 실컷 떠들어 대며 예쁜 외모를 갖게 된 것 역시 두 차 례의 고통스러운 성형 수술의 결과일 뿐이라고 고백한다. 또 얼마 후면 자신의 아름다움은 시들 것이고 중년의 퇴물 배우가 되어 사 람들의 뇌리에서 사라질 것이라고 이야기한다.

심각하게 이야기를 듣던 사람들은 이 정도로 브라우니를 내놓을 수는 없다고 말하며 웃는다. 결국 영화에서는 누가 브라우니를 차 지했는지 언급되지 않는다.

우리는 '누구의 인생이 더 못났는지'를 가리는 게임을 할 필요가 없다. 그저 자신의 주어진 삶을 충실히 개척해 나가면 되는 것이다. 호그와트 입학통지서는 이미 모두에게 도착했다.

"'마법사를 위한 최고의 인생 교훈이 무엇인지?'에 대한 제 대답 은 마법사가 아닌 우리 모두에게 주는 것과 똑같아요. 그건 바로 '지금 있는 자리에서, 나에게 주어진 것을 가지고, 최선을 다하는 것'이 죠."[518]

엠마 왓슨이
해리 포터를 고민했다

"또 이게 기억나네요. 미국에서 세 번째 책이 출간된 뒤

롤링 씨가 제게 이런 말을 했습니다.

'제가 어젯밤에 꿈을 꿨어요.

우리가 처음 만났던 미팅에 관한 것이었는데

그 일이 사실은 일어나지 않았던 거예요.

제 책을 선택하지 않으셨고 출판하지도 않은 거죠.

제게는 이 모든 게 여전히 아주 멋진 꿈처럼 느껴지네요.'

정말로 해리 포터에 관한 이 이야기는

그 자체가 하나의 이야기 같아요. 동화 속 이야기 같죠."[519]

– 블룸즈배리 출판사의 배리 커닝햄

엠마 왓슨과 마찬가지로 어린 나이인 12세에 연기를 시작한 뒤 회의를 느끼고 하버드대학교에 진학했다가 결국은 다시 열정을 찾고 배우의 길을 걷게 된, 키이라 나이틀리의 닮은꼴 나탈리 포트만은 이렇게 말했다.[520]

"상들은 거짓 우상으로 기능합니다. 명예, 부, 유명세, 권력 … 제가 졸업 연설자로 초청된 것은 제가 자랑스러운 졸업생이기 때문도 있지만 제 삶 속에서(아들의 장난감과 같이) 플라스틱도 아니고, 형편없지도 않지만 탐나는 오스카상과 같은 장난감들을 받았기 때문이기도 합니다.

그래서 우리는 졸업 연설에서 많은 것들을 이룬 사람이 나와서, 성취의 열매가 항상 믿을 만한 것은 아니라고 이야기하는 흔해 빠진 비유의 모순에 부딪히게 되는 것입니다. 하지만 저는 그 모순이 조화될 수 있으며 더 나아가 유익할 수도 있다고 생각합니다. 성취는 자신이 왜 그 일을 하는지를 알고 있을 경우 아주 멋진 것입니다. 하지만 그렇지 못할 경우 끔찍한 함정이 될 수 있습니다.

저는 저 자신만의 의미를 가질 수 있게 되었습니다. 그리고 그것이 박스 오피스 수익이나 명성에 의해 결정되지 않도록 할 수 있게 되었습니다."

조앤 롤링과 같이 하버드대학교의 졸업 연설자로 선 나탈리 포트만이 전하는 '선한 의미를 찾아야 한다.'는 메시지는 그녀의 말마따나 "진실이기 때문에 상투적으로 들린다.". 그러나 결국 그녀가 인용한 것처럼 "되느냐 안 되느냐(to be or not to be)보다 더 중요한 질문은 어떻게 되고 어떻게 되지 않느냐(how to be and how not to be)"이다.

눈치를 챘을지 모르겠지만 이 책은 사실 유명한 다섯 인물에 관한 이야기가 아니라 당신에 관한 이야기다. 엠마 왓슨의 영화에서는 엠마 왓슨이 주인공일지 모르지만 각자의 영화에서 주인공은 '나 자신'이며 엠마 왓슨은 조연이 된다.

그리고 대개 영화 속 주인공은 해리 포터의 경우와 같이 소외당하고 시련을 겪으며 세상의 무시와 조롱을 받는다. 기숙사를 정하는 것은 내가 아니지만 이를 통해 성장하며 비로소 주인공다운 서사를 써가게 된다.

이 책을 단 한 명의 독자라도 읽어 주면 된다는 마음가짐으로 썼다. 이미 당신이 책을 읽어 주었으니 나는 이미 '성공'했다. 부디 여러분의 앞길에 그리핀도르의 용기와 후플푸프의 친절, 슬리데린의 재간과 래번클로의 지혜가 함께하길 바란다.

참고 자료

프롤로그

1   "Warren Buffett shares advice on becoming successful", Yahoo Finance, 2019.6.20.

chapter 1. 엠마 왓슨과 헤르미온느

2   "Emma Watson To Turn Back On Acting", Female First, 2009.6.25.
     "Watson's Career Makeover Plans", Female First, 2009.7.4.

3   Graham Cluley, "Emma Watson has NOT died in a car crash", Naked Security by Sophos, 2009.7.24.
     "반라 사진 유출-사망설… '다사다난'한 엠마왓슨", 뉴스인사이드, 2009.7.25.

4   Eric Ditzian, "EMMA WATSON RECALLS NEARLY QUITTING 'HARRY POTTER'", MTV News, 2010.11.16.

5   TIME, "Emma Watson On Harry Potter And The Deathly Hallows Part 1 | 10 Questions | TIME", TIME, 2010.11.19.

6   "Harry Potter and the Half-Blood Prince - London Press Conference", phase9tv, 2009.7.11.

7   "'Harry Potter' star Emma Watson on playing Hermione Granger and more on TODAY", NBC News, 2019.4.12. 2010년 방영본에서 발췌.

8   엠마 왓슨은 영국의 케임브리지대학교에 진학하는 것을 고려했었다.
     〈Live with Regis and Kelly〉 2010년 11월 16일 방영본.

9   〈Harry Potter 20th Anniversary: Return to Hogwarts〉(2022년).

10   Scott Feinberg, "'Harry Potter' Star Emma Watson Interviewed by Scott Feinberg", Scott, 2012.9.12.

11   Derek Blasberg, "Cover Story: Emma Watson, Rebel Belle", Vanity Fair, 2017.2.28.

12   "HeForShe Arts Week | An Intimate Conversation: Emma Watson & Forest Whitaker", HeForShe, 2016.3.10.

13   〈Live with Regis and Kelly〉 2009년 7월 13일 방영본.

14   〈Live with Regis and Kelly〉 2010년 11월 16일 방영본.

15   "Emma Watson Talks College And Her New Haircut At Harry Potter",
      RedCarpetReport, 2010.11.16.

16   "Emma Watson Talks Turning 30, Working With Meryl Streep, And Being
      Happily Single", British Vogue, 2019.11.5.

17   Emma Watson, "Technology is like a Superpower", HITRECORD,
      2016.3.23.

18   2009년 당시 엠마 왓슨은 할리우드에서 가장 많은 수입을 올리는 여배우였다.
      Jessica Bumpus, "The Watson Factor", British Vogue, 2010.2.5.

19   Daniel Bukszpan, "The Highest Grossing Movie Franchises of All
      Time", CNBC, 2010.11.18.
      https://web.archive.org/web/20230116083025/https://www.youtube.
      com/watch?v=bTrk-SqgHEg&t=277s

20   Spring 2021 Global Attitudes Survey. Q36. "What Makes Life
      Meaningful? Views From 17 Advanced Economies", Pew Research
      Center, 2021.11.18.
      분석 결과에 관해서는 이견이 있을 수 있지만, 어찌 되었든 한국인들이 주로 '한
      가지 응답'만을 제시하면서 친구, 건강, 가족 등의 응답을 모두 뒤로하고 '가장 높
      은 순위로' '물질적' 풍요를 선택했다는 사실에는 변함이 없다.

21   Yonhap, "S. Korea estimated to have ranked 10th in 2020 global GDP
      rankings",The Korea Herald, 2021.3.15.

22   Sam Kim, "Korea's Suicide Rate Rises, Remains Highest in Developed
      World", Bloomberg Economic News, 2022.9.27.

23   한국경제학회 한국경제포럼, "행복지수를 활용한 한국인의 행복 연구", 한국경제
      학회, 2020.2.5.

24   개인 수준으로 보아도(임금근로자의 경우) 월 600만 원이 최대 행복이었다는 한
      국보건사회연구원의 최근 연구 결과도 있었다.
      고혜진 and 정해식 "소득과 행복의 관계에 관한 연구: 근로시간과 근로소득 간의
      상호성을 반영하여." 보건사회연구, 42(1), 2022, pp. 217-237.

25   Interview in the August isuue of Elle magazine, on money 부분, Elle UK
      magazine, 2009년 8월호.

26   "Emma Watson: Why I had to cut my hair after Harry Potter", Metro UK,
      2010.12.8.

27   Interview with Anthony Breznican, Entertainment Weekly, 2017.2.22.

28   Stan Hochman, "Wilt did his best scoring off court, new book says",
      Baltimore Sun, 1991.10.31.

29 "Wilt Chamberlain on Conan", Late Night With Conan O'Brien, 1997.2.12.

30 Di Tella, Rafael, John Haisken-De New, and Robert MacCulloch. "Happiness Adaptation to Income and to Status in an Individual Panel." Journal of Economic Behavior & Organization 76.3 (2010): 834-52.

31 Violet Henderson, "Emma Watson: The Vogue Interview", British Vogue, 2017.3.6.

32 "Emma Watson I Behind the Scenes I ELLE", ELLE, 2014.4.8.

33 Scott Feinberg, ""Harry Potter" Star Emma Watson Interviewed by Scott Feinberg", Scott, 2012.9.12.

34 "Emma Watson Talks Turning 30, Working With Meryl Streep, And Being Happily Single", British Vogue, 2019.11.5.

35 Kjersti Flaa, "EMMA WATSON on starting out so young and dealing with FAME", Kjersti Flaa, 2014.4.9.

36 Scott Feinberg, ""Harry Potter" Star Emma Watson Interviewed by Scott Feinberg", Scott, 2012.9.12.

37 가령 2017년 진행된 한 인터뷰에서 엠마 왓슨은 마치 포켓몬을 잡듯이 전 세계에 흩어진 해리 포터 주연 배우들을 단톡방에 잡아 두려고 노력한다는 이야기를 했다.
"EXCLUSIVE: Emma Watson Says the 'Harry Potter' Cast Has a Group Text Chain Going!", Entertainment Tonight, 2017.3.7.

38 잠언 21:9.

39 Fowler, James & Christakis, Nicholas. (2008). Dynamic Spread of Happiness in a Large Social Network: Longitudinal Analysis Over 20 Years in the Framingham Heart Study. BMJ (Clinical research ed.). 337. a2338. 10.1136/bmj.a2338.

40 "Emma Watson Talks Turning 30, Working With Meryl Streep, And Being Happily Single", British Vogue, 2019.11.5.

41 "Emma Watson Talks Turning 30, Working With Meryl Streep, And Being Happily Single", British Vogue, 2019.11.5.

42 "The Perks of Being A Wallflower: Emma Watson Interview Part 2", ScreenSlam, 2012.9.21.

43 "Who did Emma Watson bring to the Women's March? // SiriusXM // Entertainment Weekly Radio", SiriusXM, 2017.3.11.

44 "The Perks of Being A Wallflower: Emma Watson Interview Part 2", ScreenSlam, 2012.9.21.

45 Grover, Shawn, and John F Helliwell. "How's Life at Home? New Evidence on Marriage and the Set Point for Happiness." Journal of Happiness Studies 20.2 (2019): 373-90.
Marina Adshade, "Does Marriage Really Make Us Healthier and Happier?", IFS, 2019.11.6.

46 특히 배우자에게 '감사한 마음'을 가지고 있고 그것을 표현할 때 여러 장애물을 넘어 관계는 지속 가능해질 수 있다.
Barton, Allen W., Ted G. Futris, and Robert B. Nielsen. "Linking Financial Distress to Marital Quality: The Intermediary Roles of Demand/withdraw and Spousal Gratitude Expressions." Personal Relationships 22.3 (2015): 536-49.

47 〈Live with Regis and Kelly〉 2011년 7월 12일 방영본.

48 "Emma Watson Talks About Shedding 'Hermione' Persona", Anderson, 2012.9.15.

49 "Emma Watson on Childhood Stardom - Jonathan Ross Classic", The Jonathan Ross Show, 2012.9.29.

50 "Emma Watson Talks About Her Unspoken Connection With Logan Lerman", POPSUGAR Entertainment, 2012.9.19.

51 "Emma Watson on Her Fight to Get 'Wallflower' Made", Anderson, 2012.9.15.

52 Derek Blasberg, "Cover Story: Emma Watson, Rebel Belle", Vanity Fair, 2017.2.28.

53 Violet Henderson, "Emma Watson: The Vogue Interview", British Vogue, 2017.3.6.

54 "How Emma Watson Changed Belle's Backstory In 'Beauty And The Beast'", Entertainment Weekly, 2017.2.17.

55 "Emma Watson Talks Turning 30, Working With Meryl Streep, And Being Happily Single", British Vogue, 2019.11.5.

56 그녀는 성평등 문제 외에도 환경 문제, 기술 발전에 따른 위험성 등의 이슈에도 많은 관심을 가지고 있다.

57 "Grimmy chats to Emma Watson", BBC Radio 1, 2012.9.28.

58 Derek Blasberg, "Cover Story: Emma Watson, Rebel Belle", Vanity Fair, 2017.2.28.

59 "The Making of PRADA PARADOXE", Prada, 2022.8.23.

Cassie Carpenter, "Emma Watson directs and stars in commercial for Prada Beauty's Paradoxe refillable fragrance", Daily Mail Online, 2022.8.22.

60 "Emma Watson Talks Turning 30, Working With Meryl Streep, And Being Happily Single", British Vogue, 2019.11.5.

61 HeForShe Conversation with Emma Watson on International Women's Day 2015, HeForShe, 2015.3.9.

62 "Emma Watson at the HeForShe Campaign 2014 - Official UN Video", United Nations, 2014.9.23.

63 Teen Vogue Staff, "Emma Watson and Author Valerie Hudson Discuss "Sex and World Peace"", Teen Vogue, 2020.3.31.
가령 페미니즘과 젠더 문제 등에 있어 '자유와 해방'의 측면을 강조하는 엠마 왓슨은 이들이 더 많은 소통과 합의를 필요로 한다는 이유로 '변태 문화(kink culture)'에 속한 사람들에게 감명을 받기도 했다는 인터뷰를 하기도 했다. 그러나 도덕적 가치와 의무를 단순히 사회적 합의의 산물로만 보지 않는다면 그루밍 성범죄자나 괴벨스를 훌륭한 소통가로 볼 수 없듯 자유가 멈추는 지점에 대한 논의 역시 필요할 것이다. 미제 사건이 존재한다고 해서 수사 자체를 금지해서는 안 된다.

64 Violet Henderson, "Emma Watson: The Vogue Interview", British Vogue, 2017.3.6.

65 "PRADA PARADOXE - THE FILM", Prada Beauty, 2022.8.22.

66 "The feminist movement is "an unstoppable current" | Emma Watson", One Young World, 2016.9.30.
엠마 왓슨은 자신도 지금까지 매일 고군분투한다는 말과 함께 총 일곱 가지 다짐들을 이야기했다.
"나는 나서길 원한다."
"나는 목소리를 내길 원한다."
"나는 계속해 나가기를 원한다."
"나는 다른 사람들이 하는 말에도 귀를 기울이길 원한다."
"나는 내가 혼자라고 느낄 때도 계속 앞으로 나아가길 원한다."
"나는 매일 밤 스스로와 평화를 이룬 채 잠자리에 들길 원한다."
"나는 가장 성숙한, 최고의, 가장 강인한 자신이 되길 원한다."

67 Kjersti Flaa, "EMMA WATSON on starting out so young and dealing with FAME", Kjersti Flaa, 2014.4.9.

68 Alice Newbold, "Emma Watson has donated $1.7 million to the UK Justice and Equality Fund", Vogue, 2018.2.20.

69 Victor Zapana, "It's official: Emma Watson is going to Brown", Yale Daily News, 2009.7.21.

70 "엠마 왓슨 X 루크 에반스 X 조시게드 〈미녀와 야수〉 V라이브 'Emma Watson

X Luke Evans 〈Beauty and the Beast〉 V LIVE'", V Live, 2017.3.6.

71   Emma's Year in Books - Goodreads(2016년).

72   bell hooks(Gloria Jean Watkins), "In Conversation with bell hooks and Emma Watson", Paper Magazine, 2016.2.18.

73   Derek Blasberg, "Cover Story: Emma Watson, Rebel Belle", Vanity Fair, 2017.2.28.

74   유지원 김도균, "배우 '엠마 왓슨', 지하철에 소설책 100권 숨겼다!", SBS 뉴스, 2016.11.4.
     Emma Watson, Our Shared Shelf Community Group.

75   Violet Henderson, "Emma Watson: The Vogue Interview", British Vogue, 2017.3.6.

76   Jen Abidor, "23 Times Emma Watson Was Relatable AF", BuzzFeed, 2017.4.29.(Originally from Time Magazine).

77   Derek Blasberg, "Cover Story: Emma Watson, Rebel Belle", Vanity Fair, 2017.2.28.

78   Derek Blasberg, An excerpt of the May cover story, Interview Magazine, 2009.4.16.

79   〈Live with Regis and Kelly〉 2001년 12월 3일 방영본.

80   "Beauty and the Beast Emma Watson Interview", Flicks And The City Clips, 2017.3.8.

81   〈Live with Regis and Kelly〉 2011년 7월 12일 방영본.

82   〈Harry Potter 20th Anniversary: Return to Hogwarts〉(2022년).

83   Violet Henderson, "Emma Watson: The Vogue Interview", British Vogue, 2017.3.6.

84   Kjersti Flaa, "EMMA WATSON on starting out so young and dealing with FAME", Kjersti Flaa, 2014.4.9.

85   https://web.archive.org/web/20230116083025/https://www.youtube.com/watch?v=bTrk-SqgHEg&t=277s

86   "Grimmy chats to Emma Watson", BBC Radio 1, 2012.9.28.

87   〈Live with Regis and Kelly〉 2011년 7월 12일 방영본.

88   "The Making of PRADA PARADOXE", Prada, 2022.8.23.

89   "Emma Watson Talks Turning 30, Working With Meryl Streep, And Being

Happily Single", British Vogue, 2019.11.5.

90   Scott Feinberg, ""Harry Potter" Star Emma Watson Interviewed by Scott
      Feinberg", Scott, 2012.9.12.

91   "Emma Watson Talks Turning 30, Working With Meryl Streep, And Being
      Happily Single", British Vogue, 2019.11.5.

92   주인공인 헬렌이 직장에서 해고를 당한 뒤 귀갓길에 지하철을 타는지 놓치는지의
      여부가 나비 효과를 일으켜 추후 전혀 다른 인생이 전개된다는 내용의 영화이다.
      이처럼 해리 포터 시리즈 속 시간 여행 장치를 사용한다고 해도 우리의 삶이 어떻
      게 달라질지는 알 수 없는 법이다.

93   "Prada Paradoxe I The Film", Prada, 2022.8.23.

94   Emma Watson(Harry Potter and the Deathly Hallows: Part 2) –
      Interview, tribute.ca, Uploaded on 2013.5.20.
      Alex Bilmes, "Emma Watson's house of spirits", Financial Times,
      2023.4.28.
      2023년 엠마 왓슨은 인터뷰를 통해 그동안 자신이 배우 일을 하며 그다지 행복
      하지 않았으며 새장에 갇힌 기분이 들었었다고 밝혔다. 동시에 앞으로는 '로봇 모
      드'로 돌아가지 않고 자신에게 맞는 작품이 올 때까지 기꺼이 기다리며 주체적인
      작품 활동을 하겠다고 말했다. 엠마 왓슨은 과거와 유사해 보이는 상황에서 이번
      에는 옥스퍼드 대학교 석사 과정에 진학해 문예창작을 공부하기로 결정했다.

95   "Emma Watson at the HeForShe Campaign 2014 – Official UN Video",
      United Nations, 2014.9.23.

chapter 2. 키이라 나이틀리, 그리고 비긴 어게인

96   Matt Joseph, "Talking To The Cast Of Begin Again At The NYC
      Premiere", We Got This Covered, 2014.7.2.

97   "Begin Again – Exclusive Interview", Showcase Cinemas UK,
      2014.7.12.

98   "Begin Again – Exclusive Interview", Showcase Cinemas UK,
      2014.7.12.

99   "Keira Knightley interview: Actress on her secret singing talent
      and collaborating with One Direction", On Demand Entertainment,
      2014.7.9.

100   "Begin Again – Exclusive Interview", Showcase Cinemas UK,

2014.7.12.

101 Brad Balfour, "Keira Knightley – The Actress (and Now Singer) Has a Grand Slam Year", PopEntertainment, 2020.4.16.

102 "Keira Knightley Interview – Begin Again", HeyUGuys, 2014.7.9.

103 "Keira Knightley: Begin Again Interview", RTÉ – IRELAND'S NATIONAL PUBLIC SERVICE MEDIA, 2014.7.10.

104 "Begin Again: Keira Knightley Behind the Scenes Movie Interview", ScreenSlam, 2014.6.5.

105 "Begin Again: Cast Interview with Mark Ruffalo, Kiera Knightley, James Corden", Anne Mavity, 2014.7.5.

106 "Begin Again: Keira Knightley Behind the Scenes Movie Interview", ScreenSlam, 2014.6.5.

107 Brad Balfour, "Keira Knightley – The Actress (and Now Singer) Has a Grand Slam Year", PopEntertainment, 2020.4.16.

108 "Keira Knightley interview: Actress on her secret singing talent and collaborating with One Direction", On Demand Entertainment, 2014.7.9.

109 "Director John Carney Interview – Begin Again", HeyUGuys, 2014.7.11.

110 Timothy Rhys, "Mark Ruffalo's Revenge: A Long Strange Trip to the Promised Land", MovieMaker, 2004.4.11.

111 "Adam Levine, Keira Knightley & Mark Ruffalo: BEGIN AGAIN", The Movie Times, 2014.6.29.

112 "Begin Again: New York Press Conference 4 of 4 – Mark Ruffalo, Keira Knightley", ScreenSlam, 2014.6.30.

113 https://web.archive.org/web/20230118172716/https://www.youtube.com/watch?v=cM_QUUjDqX4

114 "Keira Knightley Interview – Begin Again", HeyUGuys, 2014.7.9.

115 Eliana Dockterman, "Keira Knightley Posed Topless to Protest Photoshopping", TIME, 2014.11.5.

116 "Knightley wins weight libel claim", BBC News, 2007.5.24.

117 "Keira Knightley: society thinks looks are 'more important than what you have to say'", Associated Press, 2020.10.3.

118 "Keira Knightley Won't Go Nude On Film Again & Reveals Mental Health Battles", Glamour Magazine UK, 2019.2.28.

119 Suzy Strutner, "Keira Knightley Gets Refreshingly Real About Losing Her Hair", HuffPost, 2016.8.19(updated Dec 19, 2016).

120 Scott Feinberg, "'Awards Chatter' Podcast — Keira Knightley ('Colette')", The Hollywood Reporter's 'Awards Chatter' podcast, 2018.10.3.

121 엠마 왓슨과 마찬가지로 유명세로 홍역을 치르던 키이라 나이틀리는 이 시기 연기를 그만둘 생각까지 했었다.
"Knightley 'wants to quit acting'", BBC News, 2007.5.2.

122 "Keira Knightley OBE - Made By Dyslexia Interview", Made By Dyslexia, 2018.7.2.

123 "Banksy Sells Artwork for $60 on NYC Streets", ABC News, 2013.10.15.
Hannah Furness, "Woman makes £125,000 from two Banksys she bought for £70", The Telegraph, 2014.7.3.
"Banksy stall sells art works for $60 in New York", BBC News, 2013.10.14.

124 "We Faked a model to the top of Fashion Week", The Zac and Jay Show, 2019.2.28.

125 "We made a Grandma Famous at Fashion Week (Featured in Vogue)", The Zac and Jay Show, 2020.2.27.

126 상대적인 비교가 삶의 질을 크게 떨어뜨린다는 내용의 연구 결과들은 많다. 특히, 보다 최근에는 SNS의 사용이 사회적 비교와 연계될 경우 이를 심화시킬 수 있다는 우려 섞인 연구들이 제시되고 있다.
Jiang, Shaohai, and Annabel Ngien. "The Effects of Instagram Use, Social Comparison, and Self-Esteem on Social Anxiety: A Survey Study in Singapore." Social Media Society 6.2 (2020): 205630512091248.
Vogel, Erin & Rose, Jason & Roberts, Lindsay & Eckles, Katheryn. (2014). Social comparison, social media, and self-esteem. Psychology of Popular Media Culture. 3. 206-222. 10.1037/ppm0000047.

127 "Lou Holtz: Undergraduate Commencement Address 2015", Franciscan University of Steubenville, 2015.5.14.

128 사랑과 같은 비물질적인 가치를 포함해 모든 것을 일종의 '제로섬 게임'으로 보는 것은 환상이며 아이러니하게도 이와 같은 태도는 장기적으로 낮은 성취로 이어지는 경우가 많다. 미국인이지만 초등학교부터 석사 과정까지를 한국에서 마친 뒤 2022년 7월 한국계 최초로 수학계의 노벨상에 해당하는 필즈상을 수상한 허준이 프리스턴대학교 교수는 "한국 학생들이 학창 시절을 공부하는 데 쓰는 게 아니라

평가받기 위해 쓰고 있다."며 한국에 '수포자'(수학 포기자)가 많은 이유를 "경쟁에서 반드시 이겨야 하고, 문제를 완벽히 풀어야 하는 사회 · 문화적인 여건 때문"이라고 밝히기도 했다.
이정호, "허준이 교수 "수포자가 많은 건 경쟁 교육 탓…마음이 시키는 공부, 깊게 해야"", 경향신문, 2022.07.13.

129 "Keira Knightley on "Begin Again" and faking it", CBS Sunday Morning, 2014.7.12.

130 "Keira Knightley Interview – Begin Again", HeyUGuys, 2014.7.9.

131 "Begin Again: Keira Knightley Red Carpet Movie Premiere Interview", ScreenSlam, 2014.6.27.

132 Geoffrey Macnab, "Keira Knightley: 'Sometimes I just sit on the bathroom floor and burst into tears'", The Independent, 2012.1.7.

133 "COCO CRUSH Diamonds – CHANEL", CHANEL, 2016.11.26.
제2차 세계 대전이 발발하기 전이었던 1939년 영국 정부가 시민들의 사기 진작을 위해 제작했던 포스터의 문구이다.
Jacopo Prisco, "Keep calm: The story behind the UK's most famous poster design", CNN, 2017.11.1.

134 "Begin Again: Keira Knightley Behind the Scenes Movie Interview", ScreenSlam, 2014.6.5.

135 심리학의 연구 결과들은 우리가 일어날 수 있는 좋지 않은 일의 결과를 사전에 과도하게 크게 생각하며 우리의 회복 탄력성을 간과하는 경향이 있다고 주장한다.
Levine, Linda J, Martin A Safer, Robin L Kaplan, and Heather C Lench. ""Accuracy and Artifact: Reexamining the Intensity Bias in Affective Forecasting": Correction to Levine Et Al. (2012)." Journal of Personality and Social Psychology 103.5 (2012): 772.
Gilbert, Daniel Todd. Stumbling on Happiness / Daniel Gilbert. (2006).

136 빅터 프랭클, 『죽음의 수용소에서』, 청아출판사, 2020년. p. 204~p. 205.

137 "Keira Knightley Banned from Pouting on Set", The Graham Norton Show, 2014.3.7.

138 Geoffrey Macnab, "Keira Knightley: 'Sometimes I just sit on the bathroom floor and burst into tears'", The Independent, 2012.1.7.

139 또는 키이라 나이틀리가 그랬듯 전문의와의 상담과 치료를 필요로 할 수도 있겠지만.

140 쓸 글이, 읽을 책이 있다는 것은 얼마나 큰 행복인가?

141 구체적인 도움을 줄 수 있는 유용한 심리학적 기법이 하나 있다. 그것은 '웁(WOOP)'인데 Wish(소원), Outcome(결과), Obstacle(장애물), Plan(계획)의 약자다. 순서대로 원하는 것, 그것이 이루어졌을 경우 얻게 될 최고의 결과, 그

것을 막는 잠재적인 장애물들, 만약 이런 일이 발생한다면 이렇게 하겠다는(IF / THEN) 해결을 위한 매우 구체적인 계획을 생각해 보는 것이다. 변화를 이끌어 내는 데 큰 도움이 될 것이다.

Oettingen, Gabriele. Rethinking Positive Thinking : Inside the New Science of Motivation. 2014.

142 게리 바이너척의 말처럼 감사와 정진이 상충된다는 것은 거짓 딜레마다. 우리는 타인을 시기하지 않고 주어진 것에 충분히 감사하면서도 성장해 더 나은 내가 되기 위해 열심히 노력할 수 있다. 불안과 분노로 인한 성취보다 선한 동기로 인한 성공이 진정한 의미의 '성공'에 더 가깝다.
ALWAYS BE GRATEFUL, GaryVee, 2022.3.16.
Vaynerchuk, Gary. 『부와 성공을 부르는 12가지 원칙』, 천그루숲, 2022년. p. 178.

143 물질주의적인 태도를 가진 사람들이 이후 더 낮은 삶의 만족도를 보인다는 연구 결과도 있다.
Nickerson, Carol, Norbert Schwarz, Ed Diener, and Daniel Kahneman. "Zeroing in on the Dark Side of the American Dream: A Closer Look at the Negative Consequences of the Goal for Financial Success." Psychological Science 14.6 (2003): 531-36.

144 "Begin Again: New York Press Conference 3 of 4 - Mark Ruffalo, Keira Knightley", ScreenSlam, 2014.6.30.

145 Katie Van Syckle, "'Begin Again's John Carney on Manhattan, Musicals and His Bono Project", Rolling Stone, 2014.6.24.

146 1944년 4월 5일 자 안네의 일기.
안네의 일기는 문학적, 역사적 가치를 인정받아 2009년 유네스코 세계기록유산으로 등재되었다.

147 "Keira Knightley on rift with her Begin Again director John Carney: 'It takes two to tango'", RTE, 2019.1.5.

148 미국 박스 오피스 집계 사이트 모조 기준.
https://web.archive.org/web/20170319102452/http://www.boxofficemojo.com/movies/?page=main&id=canasong.htm

149 NCIS Season 10 Episode 8: "Gone" 中.

150 "Highest Grossing Stars of 1998 at the Domestic Box Office", The Numbers. 1998년 북미에서 가장 많은 소득을 벌어들인 남성 배우 10명의 평균 키를 간단히 계산해 본 것이다.

151 Bob Mondello, "Hollywood Heights: The Ups, Downs And In-Betweens", NPR, 2012.12.7.

152 "Peter Dinklage lives large", Today, 2003.10.2.

153 Carly Mallenbaum, "Peter Dinklage talks about 'being different'", USA Today, 2015.9.21.

154 "Peter Dinklage lives large", Today, 2003.10.2.

155 Sarah Anne Hughes, "Peter Dinklage draws attention to 'dwarf tossing' victim, Martin Henderson (Video)", The Washington Post, 2012.1.17.

156 Georgia Diebelius, "Actor who was injured during cruel 'dwarf tossing' event has died aged 42", Metro UK, 2016.12.18.

157 Brain Hiatt, "Peter Dinklage: Master of the Game", RollingStone, 2012.5.24.

158 Dan Kois, "Peter Dinklage Was Smart to Say No", The New York Times Magazine, 2012.3.29.

159 James Hibberd, "Peter Dinklage talks Herv Villechaize movie, addresses casting controversy", Entertainment Weekly, 2018.8.29.

160 "The Cast Remembers: Peter Dinklage on Playing Tyrion Lannister I Game of Thrones: Season 8 (HBO)", GameofThrones, 2019.4.9.

161 Eric Spitznagel, "Peter Dinklage's Porn Name Is, Not Surprisingly, Peter Dinklage", Vanity Fair, 2011.1.20.

162 Eric Spitznagel, "20Q Peter Dinklage", Playboy, 2013.5.3.

163 Karen Grigsby Bates, "Actor Peter Dinklage", NPR, 2003.10.17.

164 체중 감소와 성형 수술 그 자체만으로는 행복과 정신 건강을 그다지 증진시키지 못한다는 연구 결과들도 있다.
Jackson, Sarah E, Andrew Steptoe, Rebecca J Beeken, Mika Kivimaki, and Jane Wardle. "Psychological Changes following Weight Loss in Overweight and Obese Adults: A Prospective Cohort Study." PloS One 9.8 (2014): E104552.
Von Soest, T., I. L. Kvalem, and L. Wichstrøm. "Predictors of Cosmetic

Surgery and Its Effects on Psychological Factors and Mental Health: A Population-based Follow-up Study among Norwegian Females." Psychological Medicine 42.3 (2012): 617-26.

165 화상 경험자 최려나 씨(위드어스 대표). 『지선아 사랑해』, 『꽤 괜찮은 해피엔딩』 등 내가 개인적으로 존경하는 이지선 작가(교수)의 저서들을 읽어 보길 추천한다. 『꽤 괜찮은 해피엔딩』에는 두 사람의 인연이 소개된다.

166 '지난 30년간 세계에서 가장 영향력 있는 철학자 10인'에 선정된 바 있는 기독교 철학자 윌리엄 레인 크레이그(William Lane Craig) 교수.
"List of the most influential people in Philosophy, for the years 1990 - 2020", Academic Influence.

167 Catherine Hakim, Erotic Capital, European Sociological Review, Volume 26, Issue 5, October 2010, Pages 499-518, http://lps3.doi.org. libproxy.snu.ac.kr/10.1093/esr/jcq014

168 Peter Dinklage Interview, "Late Night With David Letterman", 2014.3.26.

169 Eric Spitznagel, "20Q Peter Dinklage", Playboy, 2013.5.3.

170 Dinitia Smith, "Dark, Handsome And Short; Star of a Sundance Hit Is Ready for an Encore", The New York Times, 2003.10.2.

171 Bennington College, "Peter Dinklage '91 Addresses Bennington College's Class of 2012", 2012.6.6.

172 Peter Dinklage Interview, "Late Night With David Letterman", 2014.3.26.

173 "40대 뮤지션으로 산다는 것", 재즈 에비뉴 - Jazz Avenue, 2019.9.21.

174 〈말하는대로〉 4회 방송분(허성태), 정효민, 이나라, 박지예, 안정현, 정종찬 연출, JTBC, 2016.10.12.

175 김예랑, "'배우 안 했음 어쩔 뻔했어'… 대기업 회사원 출신 늦깎이 스타 모음", 한국경제TV, 2018.6.2.

176 "'접속무비월드' 허성태 "연기 오디션 횟수만 180번 정도", 헤럴드 POP, 2017.11.25.
허성태 배우는 이후 에미상에서 총 6개의 상을 받게 되는 한 작품에 비중 있는 역할로 출연하며 본격적으로 유명세를 얻는다.

177 "Why Most People Die Before 25", Prince Ea, 2014.11.25.

178 Alison de Souza, "Emmy winner Peter Dinklage says no to magical dwarf and other lousy roles", The Straits Times, 2015.8.12.

179 Audie Cornish, "Peter Dinklage: On 'Thrones,' And On His Own Terms", NPR Interview, 2012.5.21.

180 "No Bigger than a Minute", P.O.V. - PBS, 2006.

181 〈나니아 연대기: 캐스피언 왕자〉 속 트럼킨.

182 Audie Cornish, "Peter Dinklage: On 'Thrones,' And On His Own Terms", NPR Interview, 2012.5.21.

183 Audie Cornish, "Peter Dinklage: On 'Thrones,' And On His Own Terms", NPR Interview, 2012.5.21.

184 Eric Spitznagel, "20Q Peter Dinklage", Playboy, 2013.5.3.

185 "Conversation with Daniel Radcliffe & J.K. Rowling", Warner Bros. Entertainment, 2011.11.11.
조앤 롤링은 엠마 왓슨을 실제로 보기 전 전화 통화를 통해 원작에서 튀어나온 것 같은 그녀의 성격을 먼저 확인할 수 있었던 것이 '행운이었다.'고 말했다.

186 "The Early Show interview with Keira Knightley", CBS, 2005.10.11.
조 라이트 감독은 캐나다의 몬트리올에서 〈The Jacket〉을 촬영하며 추운 날씨에 매우 지쳐 있던 키이라 나이틀리의 실물을 본 뒤 마음을 바꿨다고 한다.
"The Graham Norton Show: Season 14: Episode 15", BBC One, 2014.1.24.
키이라 나이틀리는 〈오만과 편견〉 이후 조 라이트 감독과 추가로 〈어톤먼트〉, 〈안나 카레니나〉를 함께 하게 된다.

187 Alison de Souza, "Emmy winner Peter Dinklage says no to magical dwarf and other lousy roles", The Straits Times, 2015.8.12.

188 "Lou Holtz: Undergraduate Commencement Address 2015", Franciscan University of Steubenville, 2015.5.14.

189 Matthew Solan, "The secret to happiness? Here's some advice from the longest-running study on happiness", Harvard Health Publishing, 2017.10.5.

190 레이 크록은 52세에 프렌차이즈 브랜드로서의 맥도날드를 시작했고, 할랜드 샌더스는 65세에 비로소 KFC 프랜차이즈 레스토랑을 시작했다.

191 Eric Spitznagel, "20Q Peter Dinklage", Playboy, 2013.5.3.

192 Will Lawrence, "Peter Dinklage: 'Tyrion has a sense of humour - even in the worst of times'", The Guardian, 2015.8.9.

193 Marc Lupo, "Game of Thrones' Peter Dinklage, Wife Erica Schmidt Welcome Second Child", Us Weekly, 2017.10.20.

194   Lesley Goldberg, "'Game of Thrones' Stars Score Hefty Pay Raises for Season 8", The Hollywood Reporter, 2016.6.21.

195   Tilly Pearce, "Game Of Thrones' Peter Dinklage sets new record with landmark win at the Emmys", Metro UK, 2019.9.23.

196   Angelique Jackson, "Peter Dinklage to Produce 'This Was Our Pact' and Voice Talking Bear in Animated Film (EXCLUSIVE)", Variety, 2021.2.8.

197   "Peter Dinklage lives large", Today, 2003.10.2.

198   "Avengers: Infinity War (2018) – Box Office Mojo".

chapter 4. 노숙자, 스트리퍼, 그리고 크리스 프랫

199   Wolf, Maryanne. 『다시, 책으로』, 어크로스, 2019년. p. 73~p. 74.

200   필자의 논문을 참고하면 도움이 될 것이다.
      박찬준, "2010년대 한국 출판계의 인문학 베스트셀러 현상에 대한 사례 연구 : 『지적 대화를 위한 넓고 얕은 지식』을 중심으로", 서울대학교 대학원 사회학과 석사학위논문, 2022년.

201   Sandy Ringer, "Lake Stevens wrestlers try to pin down storybook ending for documentary", The Seattle Times, 2011.2.14.

202   "Brent Barnes: 'Chris Pratt is a class act and a great guy'", Trackwrestling.com, 2019.8.1.

203   Clark Collis, "Chris Pratt: How He Went from Zero to Hero", Entertainment Weekly, 2014.7.11.

204   "Brent Barnes: 'Chris Pratt needed wrestling'", Trackwrestling.com. 2020.6.16.

205   Mike Miller, "How Chris Pratt Went From Homeless Stripper to King of the Summer Box Office", People, 2018.6.22.

206   "Chris Pratt Is the Perfect Salesman in 'Pitch Please'", TheEllenShow, 2019.2.16.

207   "What do Chris Pratt and John Bishop have in common? – The Graham Norton Show – Episode 8 – BBC One", BBC, 2015.5.30.

208 "Chris Pratt Was A Kick-Ass Coupon Salesman - CONAN on TBS", Team Coco, 2012.12.19.

209 "What do Chris Pratt and John Bishop have in common? - The Graham Norton Show - Episode 8 - BBC One", BBC, 2015.5.30.

210 Jordan Zakarin, "Chris Pratt Was A Barely Legal Stripper (And More Fun Facts)", BuzzFeed, 2013.11.5.

211 "Chris Pratt's Stripper Past", TheEllenShow, 2013.11.16.

212 "Chris Pratt Was Paid $40 To Strip! | The Graham Norton Show", The Graham Norton Show, 2019.1.31.

213 "Ellen's Hot Guys: Chris Pratt Remembers Living in a Van", TheEllenShow, 2015.6.16.

214 "Behind the Scenes with Chris Pratt at 'SNL'", Entertainment Tonight, 2014.9.24.

215 "Chris Pratt reacts to seeing home video of himself living on a beach in Hawaii - KING 5 Evening", KING 5, 2018.4.27.

216 Kaleem Aftab, "Chris Pratt: From Parks and Recreation to Guardians of the Galaxy", The Independent, 2014.7.30.

217 Justin Monroe, "Interview: "The Five-Year Engagement" Star Chris Pratt On Living In A Van & Pretending Brad Pitt Is Nobody Special", Complex, 2012.4.26.

218 Rich Cohen, "Cover Story: Chris Pratt's Call to Stardom", Vanity Fair, 2017.1.3.

219 "Chris Pratt Worked at Bubba Gump Shrimp Company", LIVEKellyandRyan, 2018.6.15.

220 Rich Cohen, "Cover Story: Chris Pratt's Call to Stardom", Vanity Fair, 2017.1.3.

221 "Ellen's Hot Guys: Chris Pratt Remembers Living in a Van", TheEllenShow, 2015.6.16.

222 "Chris Pratt Has Kind Words for Jimmy (Late Night with Jimmy Fallon)", The Tonight Show Starring Jimmy Fallon, 2014.2.7.

223 "Chris Pratt Worked at Bubba Gump Shrimp Company", LIVEKellyandRyan, 2018.6.15.

224 "Chris Pratt's First Celebrity Sighting Was Lance Bass", Jimmy Kimmel Live, 2015.6.11.

225 "Chris Pratt's leftover steak story – The Graham Norton Show 2016: Episode 9 – BBC", BBC, 2016.12.3.

226 "Chris Pratt's First Headshot Haunts Him", The Tonight Show Starring Jimmy Fallon, 2014.9.26.

227 "Chris Pratt's First Headshots Will Blow You Away – The Graham Norton Show", The Graham Norton Show, 2015.5.30.

228 Rich Cohen, "Cover Story: Chris Pratt's Call to Stardom", Vanity Fair, 2017.1.3.

229 "Chris Pratt's First Celebrity Sighting Was Lance Bass", Jimmy Kimmel Live, 2015.6.11.

230 "Ellen's Hot Guys: Chris Pratt Remembers Living in a Van", TheEllenShow, 2015.6.16.

231 "DID CHRIS PRATT PREDICT HIS JURASSIC WORLD ROLE FIVE YEARS AGO?", ARY News, 2022.6.2.

232 "Chris Pratt behind the scenes Parks and Recreation", Parks and Rec Clips, 2014.2.10.

233 "Jurassic World Dominion's Chris Pratt & Bryce Dallas Howard | Full Interview", NOVA FM, 2022.5.31.

234 "Chris Pratt reflects on the lessons he learned from wrestling", Trackwrestling.com, 2018.8.25.

235 "Brent Barnes: 'Chris Pratt needed wrestling'", Trackwrestling.com, 2020.6.16.

236 "Chris Pratt reflects on the lessons he learned from wrestling", Trackwrestling.com, 2018.8.25.

237 "Parks and Recreation – Chris Pratt Does His Own Stunts", The Paley Center for Media, 2012.10.26.

238 "Chris Pratt reflects on the lessons he learned from wrestling", Trackwrestling.com, 2018.8.25.

239 "Chris Pratt: From Lovable Goofball to 'Man of the Year'", Entertainment Tonight, 2014.11.18.

240 Rich Cohen, "Cover Story: Chris Pratt's Call to Stardom", Vanity Fair, 2017.1.3.

241 크리스 프랫은 레슬링뿐 아니라 미식축구와 육상을 한 경험도 있다.
"Chris Pratt on Playing a Navy SEAL, Jurassic World & Bill Hader Getting Pranked into Meeting Him", Jimmy Kimmel Live, 2022.6.9.

242 "Watch Chris Pratt Get Choked Up Talking About His Son | People", People, 2014.8.2.

243 "Chris Pratt's First ET Interview on the Set of 'Everwood'", Entertainment Tonight, 2014.8.14.

244 물론 훗날 크리스 프랫이 남긴 조언처럼 경험이 쌓이며 오디션에 관해 더 영리해질수록 '액션' 소리를 듣기 전부터 그 캐릭터가 되어 오디션장에 입장하는 등의 노력 역시 필요할 것이다.
Rich Cohen, "Cover Story: Chris Pratt's Call to Stardom", Vanity Fair, 2017.1.3.

245 An Excerpt from Robert De Niro's commencement speech to the NYU Tisch School of the Arts 2015.

246 만약 거절을 받아들이는 구체적인 방법이나 태도를 배우길 원한다면 다음의 TED 강연을 참고하라.
"What I learned from 100 days of rejection | Jia Jiang", TED, 2017.1.7.

247 불가피한 고통은 불완전한 세상을 살아가는 이들을 위로하는 예술의 재료로 사용될 수 있다.
테일러 스위프트는 따돌림으로 인한 외로움에 대처하기 위해 음악을 시작했으며, 안 좋은 일을 당할 때면 '괜찮아, 나중에 이걸로 곡을 쓸 수 있으니까.'라고 생각했다고 한다.
〈Ellen Degeneres Show〉 2010년 11월 1일 방영본.

248 "Chris Pratt Was A Kick-Ass Coupon Salesman | CONAN on TBS", Team Coco, 2012.12.19.

249 Rich Cohen, "Cover Story: Chris Pratt's Call to Stardom", Vanity Fair, 2017.1.3.

250 "Chris Pratt Ranks His Characters", BuzzFeed Celeb, 2021.7.3.

251 "Brent Barnes: 'Chris Pratt is a class act and a great guy'", Trackwrestling.com, 2019.8.1.

252 "Brent Barnes: 'Chris Pratt needed wrestling'", Trackwrestling.com, 2020.6.16.

253 2015년 당시 "All Time Worldwide Box Office - Worldwide Grosses", Box Office Mojo.

254 Christina Radish, "Chris Pratt, Zoe Saldana, Dave Bautista, Michael Rooker, Benicio Del Toro, Vin Diesel and James Gunn Talk GUARDIANS OF THE GALAXY, Collider, 2014.7.28.

255 "Domestic Box Office For 2014", Box Office Mojo.

256 "Guardians of the Galaxy Vol. 2 Cast on the Success of Guardians", Jimmy Kimmel Live, 2017.4.18.

257 "Chris Pratt on 'Guardians of the Galaxy Vol. 2'", TheEllenShow, 2017.5.12.

258 피터 퀼은 1988년 지구에서 우주로 납치되었기 때문에 과거 지구에 살 당시 어머니와의 추억이 담긴 워크맨과 '끝내주는 노래 모음집' 카세트테이프를 소중히 간직하고 있다.

259 Keller, Abiola, Kristin Litzelman, Lauren E Wisk, Torsheika Maddox, Erika Rose Cheng, Paul D Creswell, and Whitney P Witt. "Does the Perception That Stress Affects Health Matter? The Association With Health and Mortality." Health Psychology 31.5 (2012): 677-84.

260 보다 최근의 연구.
Laferton, Johannes A.C, Susanne Fischer, David D Ebert, Nikola M Stenzel, and Johannes Zimmermann. "The Effects of Stress Beliefs on Daily Affective Stress Responses." Annals of Behavioral Medicine 54.4 (2020): 258-67.

261 Jamieson, Jeremy P, Matthew K Nock, and Wendy Berry Mendes. "Mind over Matter: Reappraising Arousal Improves Cardiovascular and Cognitive Responses to Stress." Journal of Experimental Psychology. General 141.3 (2012): 417-22.

262 Poulin, Michael J, Stephanie L Brown, Amanda J Dillard, and Dylan M Smith. "Giving to Others and the Association between Stress and Mortality." American Journal of Public Health (1971) 103.9 (2013): 1649-655.

263 가령 유전자나 삶 속에서 발생하는 일련의 사건들을 제외하더라도 우리가 통제를 통해 조절할 수 있는 행복은 적어도 약 40%는 된다.
Lyubomirsky, Sonja. The How of Happiness : A Scientific Approach to Getting the Life You Want / Sonja Lyubomirsky. (2007).
인간의 건강에 결정적인 것은(몇몇 예외를 제외하고) '좋은' 또는 '나쁜' 유전자를 물려받았는가의 여부가 아니라 개별 인간의 삶 속에서 유전자의 활동이 어떻게 조절되느냐이며, 이에 각 인간은 '스스로' 영향을 가할 수 있다. 의미 지향적인 태도를 가지고 '좋은 삶'을 추구하는 사람들의 경우 쾌락주의적인 삶의 태도를 가진 사람들과는 달리 질환을 유발하는 위험 유전자들의 활동이 증가하지 않고 감소하는 것으로 나타났다.
요아힘 바우어, 『공감하는 유전자』, 매일경제신문사, 2022. p. 33~p. 45.
신경과학자의 관점에서도 인간은 각 사람에게 새겨진 생물학적 · 사회적 특징에도 불구하고 마음대로 선이나 악을 행할 자유 의지를 가질 수 있는 존재이다. 요아힘 바우어, 『자기 통제: 자유 의지의 재발견(Selbststeuerung: Die Wiederentdeckung des freien Willens)』, 하이네 출판사, 2018년.

264 "How to make stress your friend I Kelly McGonigal", TED, 2013.9.5.

265 "Chris Pratt on Career Transition I Jurassic World Dominion", io9, 2022.5.13.

266 Simon Carr, "World War 2 hero 'Mad Jack' Churchill who captured 42 Germans armed with only a sword, killed a Nazi with a bow and arrow and escaped from a concentration camp named one of the world's greatest adventurers", Daily Mail, 2014.3.28.

267 BBC's The One Show 2019년 10월 12일 방영본(The Other Churchill).

268 Koga, Hayami K., Claudia Trudel...Fitzgerald, Lewina O. Lee, Peter James, Candyce Kroenke, Lorena Garcia, Aladdin H. Shadyab, Elena Salmoirago...Blotcher, JoAnn E. Manson, Francine Grodstein, and Laura D. Kubzansky. "Optimism, Lifestyle, and Longevity in a Racially Diverse Cohort of Women." Journal of the American Geriatrics Society (JAGS) 70.10 (2022): 2793-804.

269 박혜은, "#꿈꾸고_춤추는_〈가디언즈 오브 갤럭시〉 I 크리스 프랫 "스타로드는 간절히 기다려온 기회"", 맥스무비, 2017.5.16.

270 Maureen Lee Lenker, "10 adorable photos of Chris Pratt and Anna Faris at Walk of Fame Ceremony", Entertainment Weekly, 2017.4.21.

271 "Chris Pratt's Life Intersected with His Avengers Destiny While Watching MMA with 50 Cent", The Tonight Show Starring Jimmy Fallon, 2018.6.15.

272 "Chris Pratt's 9 Rules Acceptance Speech I 2018 MTV Movie & TV Awards", MTV, 2018.6.19.

273 Stephanie Parker, "'Jesus Told Me to Talk to You' - Chris Pratt Recounts the Moment He Came to Faith", CBN News, 2017.1.6.

274 Rich Cohen, "Cover Story: Chris Pratt's Call to Stardom", Vanity Fair, 2017.1.3.

275 Michael Cavna, "How 'Guardians of the Galaxy Vol. 2' reflects its director's painful childhood", The Washington Post, 2017.5.5.

276 KATIE LEVINE, "THE INDOOR KIDS #58: EVERYTHING WITH JAMES GUNN (NSFW)", Nerdist, 2012.8.13.

277 Maureen Lee Lenker, "James Gunn defends Chris Pratt's prayer tweet to Kevin Smith after backlash", Entertatinment Weekly, 2018.2.26.
기도가 자신의 삶에도 중요한 것이라는 감독의 말은 크리스 프랫이 '건강 악화로 고통받는 한 감독을 위해 자신과 함께 기도하자는 내용을 SNS에 업로드했다.'는 다소 이해하기 어려운 이유로 비난을 받자 감독이 그를 방어하는 차원에서 한 말로, 당시 다른 마블 동료들도 프랫을 옹호하는 발언들을 내놓은 바 있다.
Lauren Huff, "Chris Pratt's Marvel costars, wife defend him after he's dubbed 'Worst Hollywood Chris' on Twitter", Entertatinment Weekly.

278 NEERAJ CHAND, "How Rocket Raccoon Discovered the Possibility of God According to James Gunn", 2020.4.24.

279 Spencer Perry, "Guardians of the Galaxy Vol. 2: James Gunn's Biggest Reveals From Quarantine Watch Party", ComicBook.com, 2020.4.23.

280 "List of the most influential people in Philosophy, for the years 1990 – 2020", Academic Influence.
포브스지에 따르면 Academic Influence는 인용 수 등을 종합적으로 고려하는 AI 알고리즘을 이용해 순위를 선정한다.
Michael T. Nietzel, "New Ranking System: Swarthmore, Amherst Top The 50 Best Liberal Arts Colleges", Forbes, 2021.1.27.
참고로 필자는 크레이그 교수가 대표로 있는 Reasonable Faith의 서울 지부장을 맡고 있다.

281 세계 종교들의 핵심 교리들은 상호 모순되므로 모두가 진실이라고 편하게 생각할 수는 없다. '기독교' 유신론에 관심이 있다면 쉽게 읽히는 성경의 요한복음, 또는 역사적 예수에 관한 다음의 책을 한번 읽어 보라. Strobel, Lee, 『예수는 역사다』, 두란노서원, 2021년.

282 "Sir Roger Penrose & William Lane Craig · The Universe: How did it get here & why are we part of it?", Unbelievable?, 2019.10.4. Episode 2 | Season 2 of The Big Conversation.

283 "God, Science & the Big Questions: Leading Christian Thinkers Respond to the New Atheism", ReasonableFaithOrg, 2015.2.5.

284 "Christianity and the Tooth Fairy | John Lennox at The Veritas Forum at UCLA, 2011", The Veritas Forum, 2011.4.10.
이는 유한한 도구임에도 다가오는 미래에(여러 놀라운 소식들과 함께) 사람들이 마치 신과 같이 여기게 될지 모를 AI에도 동일하게 적용된다.
"ChatGPT, AI and the future – Dr John Wyatt Q&A on Technology and Christianity", Premier Unbelievable?, 2023.1.20.

285 가령 제15대 영국 왕립천문학자이자 영국 왕립학회 회장을 지낸 물리학자 마틴 리스는 "자신은 스티븐 호킹의 40년 지기 친구로서 그가 철학이나 신학에 대해서는 잘 알지 못한다는 사실을 알기에 이 주제에 관한 그의 견해에 어떠한 무게도

실어 줄 필요가 없다."고 공개 발언한 바 있다. 또한 뛰어난 업적 탓에 매스컴의 과장된 관심을 받는 호킹의 발언을 '신탁과도 같다.'고 표현하기도 했다.
"Martin Rees: 'We shouldn't attach any weight to what Hawking says about god'", The Independent, 2010.9.27.

286   Einstein, Albert. "Physics & Reality." Daedalus (Cambridge, Mass.) 132.4 (2003): 22-25.

287   예를 들어 양자 역학은 최소 10개 이상의 수학적으로 모순되지 않으며 경험적으로 동등한 서로 다른 물리학적 해석들을 가짐에도, 종종 베스트셀러들은 분명한 한계들을 가지는 양자 역학의 특정 해석들을 합의된 정설인 양 소개하곤 한다(심지어 일부 '과학' 유튜버들의 경우 철학적으로 유신론에 유리한 양자 역학의 해석을 무신론적으로 해석해 정반대의 결론을 제시하기도 한다).
가령 앞서 언급한 로저 펜로즈는 죽지도 살지도 않은 슈뢰딩거의 고양이도, 마찬가지로 귀류법(reductio ad absurdum)의 사례라고 보는 다세계 해석(관찰할 때마다 매번 세계가 죽은 고양이를 보는 세계와 살아 있는 고양이를 보는 세계로 갈라진다는 추측)도 모두 거부한다.
이는 이론 물리학자 안드레이 린데가 "저널리스트들 사이에서는 아주 인기가 있는 반면 과학자들 사이에서는 인기가 없는 채로 남아있다."고 언급한 바 있는 브레인 우주론(순환적(주기적) 에크파이로틱 우주 이론)이나 바탕이 되는 (초)끈이론(M이론) 등의 경우도 마찬가지다.
Linde, A.D. (2002) 'Cyclic Universe Runs into Criticism', Physics World, June.
양자 역학 연구에 대한 공로로 2022년 10월 노벨물리학상을 수상한 안톤 차일링거 역시 바이에른 가톨릭 아카데미에서 과학과 종교 양측이 합리적인 태도를 가질 것을 강조한 바 있다.
"Prof. Dr. Anton Zeilinger: Naturwissenschaft und Religion - Ein Scheinkonflikt", Katholische Akademie in Bayern, 2014.6.5.
2017년 템플턴상을 수상한 앨빈 플랜팅가는 과학과 종교 사이의 갈등이 얕은 수준에서 존재하나 깊은 수준에서는 존재하지 않으며, 과학과 자연주의 사이의 갈등은 얕은 수준에서는 존재하지 않는 것 같아 보이지만 깊은 수준에서 존재한다고 말했다.
Plantinga, Alvin. Where the Conflict Really Lies : Science, Religion, and Naturalism / Alvin Plantinga. New York: Oxford UP, 2011.

288   Eiseley,Loren C. 『Darwin's Century: Evolution and the Men Who Discovered It』, 1958년. p. 62.

289   과학 분야의 노벨상 수상자들로 좁혀 생각해 봐도 지난 세기를 돌아보면 기독교인 수상자들의 비중은 무신론자와 불가지론자, 자유사상가를 합친 것보다 무려 6배나 많았다.
Baruch A. Shalev, 『100 Years of Nobel Prizes』, 2003년, Atlantic Publishers & Distributors, p. 59 and p. 57.

290 BGV(Borde-Guth-Vilenkin) 정리 등에 따르면 설사 그 우주가 많은 영화들의 소재가 되고 있는 '다중 우주(multiverse)'라고 할지라도 영원한 과거를 갖지 못한다. 또 이것은 종종 대중 매체에서 다루어지는 것과는 달리 '무(無)'가 아니라 물리 법칙의 지배를 받으며 진공 에너지로 차 있는 분명한 '물리적 실체'에 해당하는 양자 진공도 마찬가지다. 무(無)의 물리학 같은 것은 없다.

더불어 만약 구식이 된 (양자) 진공 요동 모형(Vacuum Fluctuation Model)이 사실이라면 무한한 과거를 고려할 때 우리 우주는 불시에 생겨나는 수많은 우주들과 충돌해 사라졌거나 무한한 나이를 가진 것으로 관측되어야 한다. 이를 피하기 위해서는 또다시 팽창의 기원을 갖는 '표준 우주 모형(Standard Model)'의 결론으로 돌아가야만 한다.

이때 오해를 사는 하틀-호킹의 '무경계' 모형을 상정하더라도 우주의 기원은 피할 수 없다. 여러 학자들이(그리고 호킹조차 자신의 저작 『위대한 설계』에서 '시간의 역할을 하는 위도 개념'을 사용해 남극을 언급하며) 지적하듯 '시작점'을 갖지 않는다는 것이 시작하지 않았다는 말이 아니기 때문이다(발사된 대포알의 비유를 생각해보라).

열역학 제2법칙과 같은 여타의 과학적 증거들을 차치하더라도 우주가 존재하기 시작했다는 것은 분명해 보인다.

그렇다면 시공간 우주(그리고 물질과 에너지 등 그 속에 존재하는 모든 것들)의 원인은 시간과 공간을 초월해 무한히 존재하며 원인을 갖지 않는 최초의 비물질적인 원인(결과적으로는 자유 의지를 가진 인격적인 정신)으로 귀결된다.

291 Letter to the Grand Duchess Christina of Tuscany(1615년) by Galileo Galilei.

292 "Chris Pratt, Bryce Dallas Howard, Jeff Goldblum & Cast Of 'Jurassic World: Fallen Kingdom' I TODAY", TODAY, 2018.6.23.

293 박혜은, "#꿈꾸고_춤추는_〈가디언즈 오브 갤럭시〉 I 크리스 프랫 "스타로드는 간절히 기다려온 기회"", 맥스무비, 2017.5.16.

294 "A Q&A between 2020 Nobel Prize Winner Dr. Jennifer Doudna and NIH Director Dr. Francis Collins", National Institutes of Health(NIH), 2020.10.9.

295 이주영, "노벨화학상 2인…크리스퍼 유전자가위로 생명과학 새시대 열어", 연합뉴스, 2020.10.7.

296 (필자 역시 기본적으로는 기술 친화적인 사람이지만)좀비를 만들 수 있다는 것이 좀비를 만들어야만 한다는 의미가 아니라는 사실은 분명해 보인다. 당위의 정당성을 따져 보아야 하는 것이다.

297 기술의 발달로 누구나 쉽게 주방에서 대량 살상이 가능한 생화학 무기를 만들 수 있게 된 상황과, 창고에서 어렵게 딱총을 만들 수 있는 상황이 가지는 윤리적 책임의 무게와 파급효과는 상이하다.

마틴 리스의 말과 같이 "언젠가 부엌 식탁에서 신 놀이를 하는 것이 가능해진다면, 우리 생태계 그리고 심지어 우리 종은 그리 오래 살아남지 못할 수도 있다."

Rees, Martin J, 『온 더 퓨처: 기후 변화 · 생명공학 · 인공지능 · 우주 연구는 인류 미래를 어떻게 바꾸는가』, 더퀘스트, 2019년. p. 107.

298 2021년 말 출간된 존 레녹스 교수의 『2084: 인공지능과 인류의 미래』를 참고해 보라.

299 우주는 다른 모든 것들과 같이 결국 거대한 시체가 되어 간다는 것이 과학의 예측이다. 우주의 열역학적 종말에 관한 '열죽음(Heat death)' 등의 키워드들을 참고하라. 열역학 제2법칙에 의해 종국에는 생명체는 물론 빛도, 열도, 기계를 움직일 수 있는 사용 가능한 에너지조차 모두 사라진다.

300 프로슬로기온의 두 번째 장에 등장하는 aliquid quo nihil maius cogitari possit.

301 앞서 언급한 전 영국 왕립학회 회장 마틴 리스 역시 『온 더 퓨처』(2019년) 등을 통해 트랜스휴머니즘에 관한 경고를 던졌다. 『온 더 퓨처』의 "전체를 관통하는 우울한 주제는 기술적으로 바람직한 것과 실제로 일어나는 것 사이에 격차가 있다."는 것이었다(p. 84~p. 85).

302 John Gray, 『Seven Types of Atheism』, Straus and Giroux, 2018년. p. 70.
레녹스, 존 C., 『2084』, 한국장로교출판사, 2021년. p. 193.

303 "MIT professor, Rosalind Picard, on technology and salvation", The Veritas Forum, 2016.1.12.
(영국 왕실의 과오들은 잠시 차치하고)직접 제2차 세계 대전에 참전했으며 '신앙의 수호자'이기도 했던 영국 엘리자베스 2세 여왕의 서거(2022년)는 우리가 새로운 시대를 앞에 두고 있음을 보여 주는 상징적인 사건처럼 느껴지기도 한다.
"Death of Queen Elizabeth II: Statement from the Secretary General of the Anglican Communion", Anglican Communion News Service, 2022.9.9.

304 해당 종교의 교리가 무엇을 가르치는지, 실제로 그것을 믿고 따른 사람이었는지가 중요하겠지만 단순히 추정치를 통해 결과적으로 역사상 가장 큰 유혈을 경험한 20세기의 학살 독재자 순위를 순서대로 살펴보면 다음과 같다.
마오쩌둥(4,900만~7,800만 명 사망), 이오시프 스탈린(2,300만 명 사망), 아돌프 히틀러(1,700만 명 사망), 레오폴트 2세(500만~1,500만 명 사망), 히데키 도조(500만 명 사망), 이스마일 엔베르 파샤(250만 명 사망), 폴 포트(170만 명 사망), 김일성(160만 명 사망).
역사상 최악의 학살자들로 칭해지는 이들이 가진 종교관에는 어떤 공통점이 있어 보인다.
최정미, "[WIKI 프리즘] 인류역사상 사람들을 가장 많이 죽인 독재자는 누구였을까?", 위키리크스 한국, 2018.8.18.
Juan Carlos, "Top Ten Most Evil Dictators of All Time (in order of kill count)", Popten, 2010.5.4.

305 "Chris Pratt Tried The Daniel Fast, A Bible Diet", The Late Show with Stephen Colbert, 2019.2.8.

306 "Chris Pratt Will Buy Anything You Try to Sell Him", The Late Show with Stephen Colbert, 2016.9.20.

307 "Chris Pratt Was A Kick-Ass Coupon Salesman | CONAN on TBS", Team Coco, 2012.12.19.

308 "Chris Pratt used to chant WHAT every morning? - The Graham Norton Show", BBC America, 2015.5.30.

309 Richard Dawkins, 『River out of Eden: a Darwinian View of Life』, Basic Books, 1996년. p.133. and Richard Dawkins, "The Ultraviolet Garden," Lecture 4 of 7 Royal Institution Christmas Lectures(1992년).
리처드 도킨스, 『에덴의 강』, 사이언스 북스, 2005년. p. 214.
그러나 그가 여러 저서들을 통해 종교를 강하게 비난하는 데서 알 수 있듯이 실제로는 그 역시 완고한 도덕주의자로서 자신의 말대로 살고 있지 못하다.

310 "Sex, Death and the Meaning of Life (Interview between Richard Dawkins and Ricky Gervais)", Clearstory/Channel 4, 2012.10.15-29.

311 Alan Sepinwall / The Star-Ledger, "Parks and Recreation: Interviewing co-creator Mike Schur", NJ.com, 2019.4.1.

312 "Acting In The 'Strangers With Candy' Movie Cost Chris Pratt $3,000", The Late Show with Stephen Colbert, 2016.9.20.

313 Wolf, Maryanne, 『다시, 책으로』, 어크로스, 2019년. p. 157.

314 말 그대로다. 영화를 보면 이해가 될 것이다. 어머니와 달리 피터 퀼의 아버지는 인간이 아니다.

315 영화 속 그루트가 하는 모든 종류의 말은 "나는 그루트다."라고만 표현되는데, 어느 중요한 순간 그루트는 "우리는 그루트다."라는 말을 한다.

316 "J.K. Rowling Harvard Commencement Speech | Harvard University Commencement 2008", Harvard University, 2014.12.2.

317 Lesley Stahl, "The Magic Behind Harry Potter", CBS News, 2002.10.3; re-edited in 2006.

318 Ian Parker, "Mugglemarch J. K. Rowling writes a realist novel for adults.", The New Yorker, 2012.9.24.
조앤 롤링의 아버지는 어머니가 돌아가시고 2년 뒤 재혼했는데, 이후에도 일련의 사건들로 인해 부녀의 관계는 어려움을 겪었다.

319 Liam O'Brien, "Revenge – for everyone turned down by Oxbridge", The Independent, 2012.1.19.

320 "J.K. Rowling Harvard Commencement Speech | Harvard University Commencement 2008", Harvard University, 2014.12.2.

321 Norman-Culp, Sheila. "British author rides up the charts on a wizard's tale," Associated Press Newswires, 23 November 1998.

322 Fraser, Lindsay. "Harry Potter – Harry and me," The Scotsman, November 2002.

323 공교롭게도 조앤 롤링의 아버지와 어머니 역시 '기차'에서 만나 인연을 맺었다.
Omnibus(TV Series) – 〈J.K. Rowling: Harry Potter and Me〉(2001년).

324 BBC Radio Bookclub Interview with J.K. Rowling, 1999.8.1.

325 J.K. Rowling with Simon Armitage on The Poet Laureate Has Gone to His Shed, BBC Radio 4, 2021.7.24.

326 Evan Solomon, "The Rowling Express", CBC News, 2000.7.13.

327 J.K. Rowling on The Diane Rehm Show, WAMU Radio Washington, D.C., 1999.10.20.

328 Omnibus(TV Series) – 〈J.K. Rowling: Harry Potter and Me〉(2001년).

329 Fraser, Lindsay. "Harry Potter – Harry and me," The Scotsman, November 2002.

330 The Newsroom, "The JK Rowling story", The Scotsman, 2003.6.16.

331 Rowling's comments in a BBC Scotland programme about the degenerative disease(Scotland's Hidden Epidemic: The truth about MS), BBC One Scotland, 2008.7.23.

332 Fraser, Lindsay. "Harry Potter - Harry and me," The Scotsman, November 2002.

333 Ian Parker, "Mugglemarch J. K. Rowling writes a realist novel for adults.", The New Yorker, 2012.9.24.

334 "From the 60 Minutes archives: J.K. Rowling", 60 Minutes, 2020.5.29.

335 Fraser, Lindsay. "Harry Potter - Harry and me," The Scotsman, November 2002.

336 Les Steed, "WRITER'S EX Who is JK Rowling's ex-husband Jorge Arantes?", The Sun, 2020.6.11.

337 The Newsroom, "The JK Rowling story", The Scotsman, 2003.6.16.
심지어 당시 해리 포터가 조앤 롤링에게 가지는 의미를 알고 있었던 전 남편은 원고를 숨겨 버리기까지 했고 이에 롤링은 몰래 원고를 복사해야 했다.
Kevin Rawlinson, "JK Rowling tells of fear former husband would burn Harry Potter manuscript", The Guardian, 2023.2.22.

338 Fraser, Lindsay. "Harry Potter - Harry and me," The Scotsman, November 2002.

339 The Newsroom, "The JK Rowling story", The Scotsman, 2003.6.16.

340 "Loan helped Rowling create Potter", BBC News, 2004.3.22.

341 Lesley Stahl, "The Magic Behind Harry Potter", CBS News, 2002.10.3; re-edited in 2006.

342 Ian Parker, "Mugglemarch J. K. Rowling writes a realist novel for adults.", The New Yorker, 2012.9.24.

343 "Harry Potter author: I considered suicide", CNN, 2008.3.23.

344 〈The Oprah Winfrey Show〉 2010년 10월 1일 방영본.

345 "J.K. Rowling Harvard Commencement Speech | Harvard University Commencement 2008", Harvard University, 2014.12.2.

346 Meredith Vieira, "Harry Potter: The final chapter", NBC News, 2007.7.30.

347 J.K. Rowling with Simon Armitage on The Poet Laureate Has Gone to His Shed, BBC Radio 4, 2021.7.24.

348 〈The Oprah Winfrey Show〉 2010년 10월 1일 방영본.

349 "JK Rowling on Death, Influence, and Reality 2012", ABCLibrarySales, 2012.9.27.

350 Bob Chaundy, "Harry Potter's magician", BBC News, 2003.2.18.

351 J.K. Rowling with Simon Armitage on The Poet Laureate Has Gone to His Shed, BBC Radio 4, 2021.7.24.

352 다큐멘터리 〈Harry Potter at the Castle: Magic at Midnight〉(2005년 7월 15일 방영)

353 "J.K. Rowling Harvard Commencement Speech | Harvard University Commencement 2008", Harvard University, 2014.12.2.

354 〈The Oprah Winfrey Show〉 2010년 10월 1일 방영본.

355 McAllister, J.F.O. and Jeff Chu. "The Shy Sorceress," Time Magazine, 2003.6.23.

356 Elisabeth Dunn, "From the dole to Hollywood", The Telegraph, 2007.6.30.

357 조앤 롤링은 이미 대학 시절부터 카페에서 소설을 쓰며 시간을 보내곤 했다. "J.K. Rowling Harvard Commencement Speech | Harvard University Commencement 2008", Harvard University, 2014.12.2.

358 "From the 60 Minutes archives: J.K. Rowling", 60 Minutes, 2020.5.29.

359 당시 법은 주택 부조금을 몰수당하지 않을 정도까지 아주 적은 양의 소득은 허용하고 있었기에 조앤 롤링은 교회에서 사무 업무 등을 보기도 했었다고 한다. 〈Charlie Rose (talk show)〉 2012년 10월 19일 방영본.

360 Evan Solomon, "The Rowling Express", CBC News, 2000.7.13.

361 Omnibus(TV Series) – 〈J.K. Rowling: Harry Potter and Me〉(2001년).

362 "What JK Rowling said about the first Harry Potter book – BBC News", BBC News, 2017.6.26.

363 Boothby, Erica J, Margaret S Clark, and John A Bargh. "Shared Experiences Are Amplified." Psychological Science 25.12 (2014): 2209-216.

364 〈Charlie Rose (talk show)〉 2012년 10월 19일 방영본.

365 〈Harry Potter 20th Anniversary: Return to Hogwarts〉(2022년).

366 〈Charlie Rose (talk show)〉 2012년 10월 19일 방영본.

367 "JK Rowling On Crooked Security Guards That Stole The Manuscripts | Friday Night With Jonathan Ross", Friday Night With Jonathan Ross, 2019.8.3.

368   A Virtual Author Visit with J.K. Rowling, Scholastic(The Harry Potter Reading Club), 2012.10.11.

369   Alison Flood, "JK Rowling reveals her favourite Harry Potter character", The Guardian, 2011.12.2.

370   A Virtual Author Visit with J.K. Rowling, Scholastic(The Harry Potter Reading Club), 2012.10.11.

371   Alison Flood, "JK Rowling reveals her favourite Harry Potter character", The Guardian, 2011.12.2.

372   A Virtual Author Visit with J.K. Rowling, Scholastic(The Harry Potter Reading Club), 2012.10.11.

373   "Living with Harry Potter", BBC Radio 4, 2005.12.10.

374   "JK Rowling On Crooked Security Guards That Stole The Manuscripts | Friday Night With Jonathan Ross", Friday Night With Jonathan Ross, 2019.8.3.

375   다큐멘터리 〈Harry Potter at the Castle: Magic at Midnight〉(2005년 7월 15일 방영).

376   A Virtual Author Visit with J.K. Rowling, Scholastic(The Harry Potter Reading Club), 2012.10.11.

377   Evan Solomon, "The Rowling Express", CBC News, 2000.7.13.

378   Benjamin Franklin wrote it in his book The Way To Wealth(1758년).

379   Raw footage from an interview which was aired on October 8th, 1998, on ITN, The Rowling Library, 2022.6.5.

380   Jeremy Paxman's exclusive Newsnight interview with JK Rowling, BBC News, 2003.6.19.

381   A Virtual Author Visit with J.K. Rowling, Scholastic(The Harry Potter Reading Club), 2012.10.11.

382   National Press Club author's luncheon, NPR Radio, 1999.10.20.

383   A Virtual Author Visit with J.K. Rowling, Scholastic(The Harry Potter Reading Club), 2012.10.11.

384   "J.K. Rowling Harvard Commencement Speech | Harvard University Commencement 2008", Harvard University, 2014.12.2.

385   "Harry Potter and Me", BBC Christmas Special, British version, 2001.12.28.

386 Omnibus(TV Series) – 〈J.K. Rowling: Harry Potter and Me〉(2001년).

387 "From 1999: J.K. Rowling on the origins of Harry Potter", CBS Sunday Morning, 2019.1.30.(Originally broadcast Sept. 8, 1999.)

388 The Elephant House's official website. There is an interview of J.K. Rowling at this coffee place(https://elephanthouse.biz/). https://web.archive.org/web/20220809130732/https://elephanthouse.biz/

389 Meredith Vieira, "Harry Potter: The final chapter", NBC News, 2007.7.30.

390 J.K. Rowling with Simon Armitage on The Poet Laureate Has Gone to His Shed, BBC Radio 4, 2021.7.24.

391 〈The Oprah Winfrey Show〉 2010년 10월 1일 방영본.

392 "From the 60 Minutes archives: J.K. Rowling", 60 Minutes, 2020.5.29.

393 Clay Risen, "Christopher Little, Who Built an Empire Around a Boy Wizard, Dies at 79", The New York Times, Published Jan. 27, 2021(Updated Oct. 12, 2021).

394 "From the 60 Minutes archives: J.K. Rowling", 60 Minutes, 2020.5.29. 물론 크리스토퍼 리틀이 조앤 롤링과 계약을 하는 데에는 Bryony Evans(브리어니 에반스)와 Fleur Howle(플레르 하울) 등 주변인들의 활약도 컸다. The Newsroom, "The JK Rowling story", The Scotsman, 2003.6.16.

395 Anjelica Oswald, "J.K. Rowling shares photos of her rejection letters for 'inspiration'", Insider, 2016.3.26.

396 J.K. Rowling, "On Writing", J.K. Rowling's official website(jkrowling.com), 2019.1.6.

397 J.K. Rowling, "On Writing", J.K. Rowling's official website(jkrowling.com), 2019.1.6.

398 Evan Solomon, "The Rowling Express", CBC News, 2000.7.13.

399 Jeremy Paxman's exclusive Newsnight interview with JK Rowling, BBC News, 2003.6.19.

400 J.K. Rowling on The Diane Rehm Show, WAMU Radio Washington, D.C., 1999.10.20.

401 J.K. Rowling, "On Writing", J.K. Rowling's official website(jkrowling.com), 2019.1.6.

402 J.K. Rowling on Richard & Judy Show, Channel Four, 2006.6.26.

403 Raw footage from an interview which was aired on October 8th, 1998, on ITN, The Rowling Library, 2022.6.5.

404 National Press Club author's luncheon, NPR Radio, 1999.10.20.

405 Evan Solomon, "The Rowling Express", CBC News, 2000.7.13.

406 "Harry Potter and Me"(American version of 2001's BBC Christmas Special), A&E Biography, 2002.11.13.

407 "What JK Rowling said about the first Harry Potter book - BBC News", BBC News, 2017.6.26.
     This was aired on December 17th, 1997, on BBC One.

408 "JK Rowling Opens Up About Her Roots And 'Fantastic Beasts' | TODAY", TODAY, 2018.9.25.

409 J.K. Rowling's address on Twitter, 2021.12.31.
     https://web.archive.org/web/20220420200449/https://twitter.com/jk_rowling/status/1476881758826160129

410 크리스토퍼 리틀은 영국(과 영연방 국가들)에서의 판권을 2,500파운드, 약 3,400달러에 판매했다. 이는 현재의 기준으로 약 5,800달러, 약 694만 원에 해당한다.
     Clay Risen, "Christopher Little, Who Built an Empire Around a Boy Wizard, Dies at 79", The New York Times, Published Jan. 27, 2021(Updated Oct. 12, 2021).

411 "The man who discovered Harry Potter - BBC News", BBC News, 2015.8.12.

412 "From the 60 Minutes archives: J.K. Rowling", 60 Minutes, 2020.5.29.

413 BBC Radio Bookclub Interview with J.K. Rowling, 1999.8.1.

414 "What JK Rowling said about the first Harry Potter book - BBC News", BBC News, 2017.6.26.

415 Jacob Shamsian, "How J.K. Rowling went from struggling single mom to the world's most successful author", Insider, 2018.7.31.

416 "From the 60 Minutes archives: J.K. Rowling", 60 Minutes, 2020.5.29.

417 A Virtual Author Visit with J.K. Rowling, Scholastic(The Harry Potter Reading Club), 2012.10.11.

418 "The man who discovered Harry Potter - BBC News", BBC News, 2015.8.12.

419 "From the 60 Minutes archives: J.K. Rowling", 60 Minutes, 2020.5.29.

420 The Elephant House's official website. There is an interview of J.K. Rowling at this coffee place(https://elephanthouse.biz/). https://web.archive.org/web/20220809130732/https://elephanthouse.biz/

421 Gary Susman, ""Harry Potter" crosses 250 million sales threshold", Entertainment Weekly, 2003.11.13.

422 "500 million Harry Potter books have now been sold worldwide", Wizarding World(Originally published on Pottermore), 2018.2.1.

423 Wikipedia contributors. (2022, September 6). List of best-selling books. In Wikipedia, The Free Encyclopedia. Retrieved 11:37, September 6, 2022, from https://en.wikipedia.org/w/index.php?title=List_of_best-selling_books&oldid=1108804485

424 송혜민, "20년 전 나온 '해리 포터' 한 권, 1억 5430만원에 낙찰", 나우뉴스, 2017.11.16.

425 임현석 · 김윤종, "오탈자 덕에… 해리포터 1편 초판, 1억3000만원에 팔렸다", 동아일보, 2021.8.1.

Kaya Terry, "Potter gold! Rare first edition of JK Rowling's book about boy wizard Harry sells for £70,000 – 25 years after owner nearly returned it to bookshop demanding his £12.99 back", Daily Mail Online, 2022.3.9.

기사에도 언급되었듯 당시 초판본 500권 중 약 300권은 학교와 도서관에 배포되었기 때문에 일반 판매되었던 것은 200권 남짓에 불과했다. 한 사람은 이를 고작 1파운드(약 1,600원)에 구입했다가 이후 큰 차익을 벌기도 했다고 한다.

송현서, "1500원 주고 산 '해리포터' 알고보니 1억짜리 희귀 초판본", 서울신문 나우뉴스, 2021.4.1.

426 널리 알려진 대로 이것이 조앤 롤링(결혼 후 조앤 머리)이 출판사의 권유를 받고 'J.K. 롤링'이 된 이유이다. 더 나아가 성공한 작가에 관한 통념과 달리 조앤 롤링은 아침형 인간이 아닌 올빼미형 인간이었으며, 일기장을 채워 본 적도 없었고 심지어는 판타지 장르의 책들을 거의 읽지도 않았다.
〈ICONS: Big Star Profiles〉 시즌 1 에피소드 17 방영본(2013년).
〈The Oprah Winfrey Show〉 2010년 10월 1일 방영본.
"Exclusive interview with JK Rowling", Australian Women's Weekly, 2001.10.22.
"Harry Potter and Me"(American version of 2001's BBC Christmas Special), A&E Biography, 2002.11.13.
"JK Rowling in conversation with Val McDermid at Harrogate International Festival", 2014.7.18.

427 조앤 롤링과 마찬가지로 이혼의 상처를 가진 마취과 의사 닐 마이클 머리.
Matthew Knowles, "JK Rowling to marry again", Daily Mail, 2001.5.13.

428 임정환, "영화로 제작 '해리포터' … TV 시리즈로 재탄생", 문화일보,
2023.4.13.
Adrian Horton, "Harry Potter TV series announced, with JK Rowling
executive-producing", The Guardian, 2023.4.12.
원작자이자 총괄 프로듀서로 참여할 예정인 조앤 롤링은 TV 시리즈의 제작을 앞
두고 "내게는 내 책의 내용을 온전히 보존하겠다는 맥스 측의 약속이 중요하다."
고 밝혔다.

429 "JK Rowling On Crooked Security Guards That Stole The Manuscripts
| Friday Night With Jonathan Ross", Friday Night With Jonathan Ross,
2019.8.3.

430 Bloomberg Game Changers: J.K. Rowling/Harry Potter(J.K. Rowling:
Creating Harry Potter's Fantasy Empire), 2015.2.3.

431 〈Harry Potter 20th Anniversary: Return to Hogwarts〉(2022년).

432 갈색 눈이 아닌 벽안(푸른 눈)이나 녹안(녹색 눈)을 가진 배우를 원했다.
Bill Bradley, "The Hilarious Reason Daniel Radcliffe Was Cast As Harry
Potter", HuffPost, 2020.8.28.

433 Barry Koltnow, "One enchanted night at theater, Radcliffe became
Harry Potter", East Valley Tribune, 2007.7.8(Updated Oct 7, 2011).

434 Bill Bradley, "The Hilarious Reason Daniel Radcliffe Was Cast As Harry
Potter", HuffPost, 2020.8.28.

435 〈Harry Potter 20th Anniversary: Return to Hogwarts〉(2022년).

436 J.K. Rowling's live interview on Scholastic.com, Scholastic.com,
2000.10.16.

437 Raw footage from an interview which was aired on October 8th, 1998,
on ITN, The Rowling Library, 2022.6.5.

438 다큐멘터리 〈Harry Potter at the Castle: Magic at Midnight〉(2005년 7월
15일 방영)

439 The Elephant House's official website. There is an interview of J.K.
Rowling at this coffee place(https://elephanthouse.biz/).
https://web.archive.org/web/20220809130732/https://
elephanthouse.biz/

440 This video clip is from the Harry Potter Wizard's Collection(Creating
the World of Harry Potter, Part 7: Story) which is released September 7,
2012.

441 Jeremy Paxman's exclusive Newsnight interview with JK Rowling, BBC News, 2003.6.19.

442 'Harry Potter: A Blue Peter Special.' Blue Peter(CBBC), BBC One, British Broadcasting Corporation (UK), 2007.7.20.

443 〈The Oprah Winfrey Show〉 2010년 10월 1일 방영본.

444 Evan Solomon, "The Rowling Express", CBC News, 2000.7.13.

445 "J.K. Rowling on Desert Island Discs", BBC Radio 4, 2000.11.10.

446 "JK Rowling On Crooked Security Guards That Stole The Manuscripts I Friday Night With Jonathan Ross", Friday Night With Jonathan Ross, 2019.8.3.

447 CBS 〈Saturday Edition Early Show〉 2003년 6월 28일 방영본 "Rowling teases kids about Harry's future", CNN International, 2003.6.27.

448 "Front Row – J K Rowling", BBC Radio 4, 2012.9.27.

449 〈The Oprah Winfrey Show〉 2010년 10월 1일 방영본.

450 Raw footage from an interview which was aired on October 8th, 1998, on ITN, The Rowling Library, 2022.6.5.

451 J.K. Rowling On The Donny & Marie Show, ABC, 1999.11.9.

452 Evan Solomon, "The Rowling Express", CBC News, 2000.7.13.

453 J.K. Rowling with Simon Armitage on The Poet Laureate Has Gone to His Shed, BBC Radio 4, 2021.7.24.

454 〈ICONS: Big Star Profiles〉 시즌 1 에피소드 17 방영본(2013년).

455 J.K. Rowling on Richard & Judy Show, Channel Four, 2006.6.26.

456 "Front Row – J K Rowling", BBC Radio 4, 2012.9.27.

457 Martin Bright, "Harry Potter's creator richer than the Queen", The Guardian, 2003.4.27.

458 "JK Rowling pockets more than queen", CNN, 2002.12.29.
조앤 롤링은 2017년 『해리 포터와 저주받은 아이』를 출간하며 다시금 포브스가 선정한 '2017년 세계 최고 소득 작가'에 올랐다.
Alison Flood, "JK Rowling's return to Harry Potter makes her world's richest author in 2017", The Guardian, 2017.8.3.

459 "Rowling joins Forbes billionaires", BBC News, 2004.2.27.

460 하버드대학교에서 명예 문학박사 학위를 수여받고(2008년) SF 소설과 판타지 소설 작가의 최고 영예라고 할 수 있는 휴고상을 수상(2001년)한 것 외에도 조앤 롤링은 2001년 OBE(대영 제국 훈장 4등급)를, 2017년 영국 1.5등급 훈장에 해당하는 컴패니언 오브 아너(CH, Order of the Companions of Honour) 훈장을 받았다.

461 Priyanka Aribindi, "J.K. Rowling's 10 Most Inspiring Quotes", TIME, 2016.7.29.

462 Raw footage from J.K. Rowling interview recorded on July 8th, 2000, for CNN, The Rowling Library, 2022.7.20.
The interview was done by journalist Nick Glass.

463 〈The Oprah Winfrey Show〉 2010년 10월 1일 방영본.

464 〈The Oprah Winfrey Show〉 2010년 10월 1일 방영본.

465 Raw footage from an interview which was aired on October 8th, 1998, on ITN, The Rowling Library, 2022.6.5.

466 J.K. Rowling on Richard & Judy Show, Channel Four, 2006.6.26.

467 "J.K. Rowling Harvard Commencement Speech | Harvard University Commencement 2008", Harvard University, 2014.12.2.

468 J.K. Rowling with Christopher Lydon on The Connection, WBUR Radio, 1999.10.12.

469 네빌의 부모님은 벨라트릭스 레스트랭에게 크루시아투스 저주를 당한 후유증으로 심신상실 상태가 된 뒤 병원에 입원해 있으며, 할머니가 부모님을 대신해 네빌을 키워 주었다.

470 책에서 네빌은 전향을 거절한 뒤 덤블도어의 군대를 부른다.
조앤 K. 롤링, 『해리포터와 죽음의 성물(IV)』, 문학수첩, 2007년. p. 262~p. 263.

471 조앤 K. 롤링, 『음유시인 비들 이야기』, 문학수첩 리틀북스, 2008년.

472 "J.K. Rowling Harvard Commencement Speech | Harvard University Commencement 2008", Harvard University, 2014.12.2.

473 BBC Radio Bookclub Interview with J.K. Rowling, 1999.8.1.

474 J.K. Rowling on The Diane Rehm Show, WAMU Radio Washington, D.C., 1999.10.20.

475 조앤 K. 롤링, 『해리포터와 마법사의 돌(II)』, 문학수첩, 2002년. p. 193.

476 "J.K. Rowling on Desert Island Discs", BBC Radio 4, 2000.11.10.

477 "J.K. Rowling on Desert Island Discs", BBC Radio 4, 2000.11.10.

478 〈The Oprah Winfrey Show〉 2010년 10월 1일 방영본.

479 〈ICONS: Big Star Profiles〉 시즌 1 에피소드 17 방영본(2013년).

480 J.K. Rowling with Simon Armitage on The Poet Laureate Has Gone to His Shed, BBC Radio 4, 2021.7.24.

481 〈The Oprah Winfrey Show〉 2010년 10월 1일 방영본.

482 〈Charlie Rose (talk show)〉 2012년 10월 19일 방영본.

483 CBS 〈This Morning〉 2012년 10월 15일 방영본.

484 〈Charlie Rose (talk show)〉 2012년 10월 19일 방영본.

485 J.K. Rowling with Simon Armitage on The Poet Laureate Has Gone to His Shed, BBC Radio 4, 2021.7.24.

486 "Front Row - J K Rowling", BBC Radio 4, 2012.9.27.

487 존 F. 케네디의 동생이자 자신의 개인적인 영웅인 로버트 F. 케네디와 어린 시절 만들어냈던 이름인 엘라 갤브레이스에서 따온 것이다.
Pugh, Tison, 『Harry Potter and beyond: on J. K. Rowling's Fantasies and Other Fictions』, University of South Carolina Press, 2020년. p. 116.

488 이와 같이 '성장 마인드셋(growth mindset)'을 가진 사람들이(특히 장기적으로) 더 높은 성취를 거둘 확률이 높다는 것은 다음의 연구 외에도 다수의 연구들을 통해 확인된다.
Blackwell, Lisa S, Kali H Trzesniewski, and Carol Sorich Dweck. "Implicit Theories of Intelligence Predict Achievement Across an Adolescent Transition: A Longitudinal Study and an Intervention." Child Development 78.1 (2007): 246-63.
Mangels, Jennifer A, Brady Butterfield, Justin Lamb, Catherine Good, and Carol S Dweck. "Why Do Beliefs about Intelligence Influence Learning Success? A Social Cognitive Neuroscience Model." Social Cognitive and Affective Neuroscience 1.2 (2006): 75-86.
모든 인간은 실패로 인해 성장할 수 있으며 성공 때문에 퇴보할 수도 있다.

489 J.K. Rowling with Simon Armitage on The Poet Laureate Has Gone to His Shed, BBC Radio 4, 2021.7.24.

490 Evan Solomon, "The Rowling Express", CBC News, 2000.7.13.

491 "J.K. Rowling 'The Casual Vacancy' Interview Excerpt: Author Reads on 'GMA'", ABC News, 2012.9.28.

492 Troy Nankervis, "JK Rowling pledges all new Fantastic Beasts book royalties to Comic Relief's Red Nose Day", Metro UK, 2017.3.24.

493 Reuters Staff, "Amazon.com buys J.K. Rowling tales", Reuters, 2007.12.14.

494 "JK Rowling donates £15.3m to Edinburgh MS research centre", BBC News, 2019.9.12.

495 Matilda Battersby, "JK Rowling wins 'substantial donation' to charity from law firm behind Robert Galbraith confidentiality leak", The Independent, 2013.7.31.

496 Hannah Ellis-Petersen, "Sir Elton John and JK Rowling listed as most charitable UK celebrities", The Guardian, 2016.4.17.

497 〈The Oprah Winfrey Show〉 2010년 10월 1일 방영본.

498 "Daniel Radcliffe Outsmarted Paparazzi By Wearing Same Clothes For Months", The Kelly Clarkson Show, 2022.7.28.

499 Suzannah Ramsdale, "Emma Stone And Andrew Garfield Give A Lesson In Dealing With Paparazzi", Marie Claire, 2014.6.18.

500 Jessica Fecteau, "Emma Stone and Andrew Garfield Hide from the Paps - for a Good Cause", People, 2014.6.18.

501 조앤 롤링은 생물학적 성의 구분을 인정하면서 여성을 '여성'이 아닌 '월경하는 사람'으로 지칭하는 현상을 지적했다.
Brandon Showalter, "JK Rowling explains views on transgenderism: 'I refuse to bow down'", Christian Post, 2020.6.12.
조앤 롤링은 입장문을 통해 자신이 성폭행 생존자라는 사실을 처음으로 밝히며 본인이 트랜스젠더 남성과 관련된 이슈에 민감한 이유를 자세히 설명했다.
J.K. Rowling, "J.K. Rowling Writes about Her Reasons for Speaking out on Sex and Gender Issues", J.K. Rowling's official website(jkrowling.com), 2020.6.10.

502 "JK Rowling responds to trans tweets criticism", BBC News, 2020.6.11.
이런 연유로 조앤 롤링이 〈해리포터 20주년: 리턴 투 호그와트〉에 출연하지 못했다는 보도가 돌았으나 이는 사실이 아니다.
J.K. Rowling on The Graham Norton Radio Show, Virgin Radio UK, 2022.8.27.

503 "JK Rowling says trans activists posted her address online", BBC News, 2021.11.22.

504 해리 포터 시리즈에서 기원했지만 롤링이 보증한 적도 없었던(현실 속) 퀴디치 리그들은 조앤 롤링과의 절연을 선언하며 종목명을 Quadball(쿼드볼)로 바꾸기도 했다.
Alex Traub, "Quidditch Becomes 'Quadball,' Leaving J.K. Rowling Behind", New York Times, 2022.7.20.
"Quidditch Changes Name to Quadball", US Quadball, 2022.7.19.

505 J.K. Rowling's address on Twitter, 2021.11.22.
https://web.archive.org/web/20220726084557/https://twitter.com/jk_rowling/status/1462759297465692162
조앤 롤링은 2022년 8월에도 피습당한 루슈디를 걱정하는 트윗을 올렸다가 살해 협박을 받고 경찰 조사가 이루어지기도 했다.
Mark Brown, "Police investigate threat to JK Rowling over Salman Rushdie tweet", The Guardian, 2022.8.14.

506 Evan Solomon, "The Rowling Express", CBC News, 2000.7.13.

507 캐나다 프로 미식축구 리그(Canadian Football League).

508 Madeline Berg, "The Highest-Paid Actors 2019: Dwayne Johnson, Bradley Cooper And Chris Hemsworth", Forbes, 2019.8.21.

509 Ruth Umoh, "The Rock: This was the 'best thing that never happened' to me", Make It - CNBC, 2017.8.11.

510 Alexandra Gibbs, "JK Rowling's 'Harry Potter' chair sells for almost $400K", CNBC, 2016.4.7.

511 Raw footage from an interview which was aired on October 8th, 1998, on ITN, The Rowling Library, 2022.6.5.

512 J.K. Rowling talks Harry Potter, Blue Peter, BBC One(BBC Archive), 1997.12.17.
물론 대학 시절(조앤 롤링이 하버드대학교 졸업 연설에서 밝힌 것처럼 돈과는 가장 거리가 멀어 보였던) 서양 고전학을 공부하며 얻었던 신화와 라틴어 관련 지식도 상당한 도움을 주었다.
Kim Renfro, "The real scientific meaning behind 13 'Harry Potter' spells", Insider, 2020.9.30.

513 The Elephant House's official website. There is an interview of J.K. Rowling at this coffee place(https://elephanthouse.biz/).
https://web.archive.org/web/20220809130732/https://elephanthouse.biz/

514 〈The Oprah Winfrey Show〉 2010년 10월 1일 방영본.

515 "J.K. Rowling on Desert Island Discs", BBC Radio 4, 2000.11.10.

516 Jeremy Paxman's exclusive Newsnight interview with JK Rowling, BBC News, 2003.6.19.

517 Jeremy Paxman's exclusive Newsnight interview with JK Rowling, BBC News, 2003.6.19.

518 "Facebook Live: J.K. Rowling in conversation with Lauren Laverne", Lumos, 2016.9.26.

519 "The man who discovered Harry Potter – BBC News", BBC News, 2015.8.12.

에필로그

---

520 "Natalie Portman Harvard Commencement Speech | Harvard Commencement 2015", Harvard University, 2015.5.28.
     나탈리 포트만은 하버드대학교에서 히브리 문학과 신경 생물학을 공부해 심리학 학사를 취득했다.

엠마 왓슨이
해리 포터를 고민했다

초판 1쇄 발행 2023. 7. 21.

지은이 박찬준
삽 화 박영목
펴낸이 김병호
펴낸곳 주식회사 바른북스

편집진행 김재영
디자인 최유리

등록 2019년 4월 3일 제2019-000040호
주소 서울시 성동구 연무장5길 9-16, 301호 (성수동2가, 블루스톤타워)
대표전화 070-7857-9719 | **경영지원** 02-3409-9719 | **팩스** 070-7610-9820

•바른북스는 여러분의 다양한 아이디어와 원고 투고를 설레는 마음으로 기다리고 있습니다.

이메일 barunbooks21@naver.com | **원고투고** barunbooks21@naver.com
홈페이지 www.barunbooks.com | **공식 블로그** blog.naver.com/barunbooks7
공식 포스트 post.naver.com/barunbooks7 | **페이스북** facebook.com/barunbooks7

ⓒ 박찬준, 2023
ISBN 979-11-93127-63-6 03190